中國學術思想 研究輯刊

十 六 編

林 慶 彰 主編

第 18 冊

錢鍾書學術思想研究
——以《管錐編·老子王弼注》爲主

林 耀 椿 著

花木蘭文化出版社

國家圖書館出版品預行編目資料

錢鍾書學術思想研究——以《管錐編・老子王弼注》為主／
林耀椿 著 — 初版 — 新北市：花木蘭文化出版社，2013〔民
102〕
目 2+218 面；19×26 公分
（中國學術思想研究輯刊 十六編；第 18 冊）
ISBN：978-986-322-143-2（精裝）
1. 錢鍾書 2. 學術思想
030.8   102002271

ISBN-978-986-322-143-2

9 789863 221432

中國學術思想研究輯刊
十六編　第十八冊   ISBN：978-986-322-143-2

錢鍾書學術思想研究——以《管錐編・老子王弼注》為主

作　　者　林耀椿
主　　編　林慶彰
總 編 輯　杜潔祥
出　　版　花木蘭文化出版社
發 行 所　花木蘭文化出版社
發 行 人　高小娟
聯絡地址　235 新北市中和區中安街七二號十三樓
　　　　　電話：02-2923-1455／傳眞：02-2923-1452
網　　址　http://www.huamulan.tw 信箱 sut81518@gmail.com
印　　刷　普羅文化出版廣告事業
封面設計　劉開工作室
初　　版　2013 年 3 月
定　　價　十六編 25 冊（精裝）新台幣 42,000 元

謹以此書
懷念柳存仁先生（1917-2009）

錢鍾書學術思想研究
——以《管錐編·老子王弼注》爲主

林耀椿　著

作者簡介

林耀椿，1962 年生，臺灣臺中縣龍井鄉人，臺中僑光商專企業管理科；東海大學哲學系；暨南國際大學中文研究所碩士。自小喜愛中國繪畫、書法；受曾文正公家書影響，沉浸宋明理學天地，並對於中國典籍、目錄版本、金石碑帖的興趣。1990 年進入中央研究院中國文哲研究所服務，任圖書館館員擔任圖書採訪、善本古籍、金石碑帖整理工作。參與鍾彩鈞先生主持《泉翁大全集》點校：林慶彰先生主持《姚際恆著作集》點校；吳宏一先生主持《清代詩話考述》計畫，並完成《清代詩話知見錄》(臺灣地區)；黃英哲先生等人主持《許壽裳書簡集資料匯編》點校；李奭學先生主持《古新聖經》點校。完成《錢鍾書學術思想研究》、《錢鍾書與書的世界》、〈錢鍾書研究書目〉、〈錢鍾書在臺灣〉、〈江亢虎在臺灣〉、〈江庸與臺灣半月記〉、〈蘇軾表忠觀碑考述〉等文。

提　要

「錢學」成為二十世紀八十年代學術界的一門顯學，它所形成的背景及原因值深入研究。錢鍾書先生是位學問淵博、智慧過人的學者，在不同的時代氣候下，俱有擲地有聲的著作，而且在「文化大革命」的動亂時代裏，完成了《管錐編》鉅作，這部書融合中國典籍及西方經典為一爐，它將一個「母題」(Motif)在中國文化典籍中所呈現的意義或引申意義，做全面性的詮釋，其中涉及文字、聲韻、訓詁等學問的解說，在這個基礎加以批判及申述，往往引用了中西方不同語言的解釋，加以歸納及分析，由點、線、面多方面旁徵博引，呈現「七度空間」的悠遊，語出獨見，言現妙論，中西融匯，合成一爐。

本論文以《管錐編‧老子王弼注》為討論的核心，從錢先生針對《老子王弼注》一書，深入他在「文化大革命」其間完成《管錐編》的情境，從中顯現他受《老子》的人生哲學影響，及想與黑格爾的「奧伏赫變」(Aufheben)媲美的心境。本論文擬分五章加以討論：

第一章緒論。針對「錢學」研究論題的動機及方法，分別就收集的材料，對於大陸地區及大陸以外地區的研究成果，先做研究成果的評價，從中顯示出「錢學」的發展、研究方向及議題的討論等問題，並陳述文獻材料收集的過程。

第二章錢鍾書個人背景的分析。針對錢鍾書個人背景與時代的互動關係及其生平、著作、師友及學術淵源做深入的分析，從中明瞭他的學術思想。

第三章錢鍾書的方法論。就方法論的角度說明他對於研究的方法及對比較文學、翻譯及他個人所使用的學術用語等問題的討論。

第四章《管錐編》思想分析以《老子王弼注》為主。以《管錐編‧老子王弼注》為討論的核心，就哲學思想、倫理思想及文字、訓詁、修辭等三個角度來闡述《管錐編》全書的「母題」意涵。

第五章結論。就《管錐編》討論的「母題」做出結論，並對於研究的成果不及之處加以檢討及提出一些展望。

目

次

外国文学研究所

耀椿先生大鉴：得
青岛感慨三月间
惠函未奉答甚感中衷属
二事身入疎文事实属聊答
期许草此奉
远怀即颂
迟祉

钱锺书 三月廿三日

中国社会科学院

耀榜先生文几大鉴：辱
书奉悉，夢在之在
弟乃彼报纸上得见，所言都头实，记者强
不知以多知，不足计載也。捧誉水谭矣，
寔不敢当，四年来疾恙迁身，加之耄耋，
已成杇物陳人，送医戒謝多謝事。
犬馬齒長，華楷景迫，须臾稳称，
尽意铭刻云。力疾草復即叙

近安

                弟二杨绛因候
                十月十三言

第一章 緒 論

第一節 研究動機與方法

　　錢鍾書（1910～1998）字默存，號槐聚，筆名中書君，江蘇無錫人。在世紀交換之前，他過完八十八歲生日，於 1998 年十二月十九日過世，享年八十八歲。〔註1〕這一位才高識卓，片言隻字皆為世所寶的才子學人，在中國現代學術史上無疑已佔有崇高的席位，給世人留下的學術著作，值得細細去研究探索，對於他本人的各種評價在謝世後，或可較客觀去評斷及研究。

　　錢先生的博學及才華引起眾人的興趣，有名的人物往往經不起雪片紛飛的信函及懇求訪見，他總是拒絕一切的訪問，徵求他著作重印，他亦是拒人於千里之外。所以常常遭人埋怨及嫉妒，認為他崖岸太高。有時他調侃人令人噴飯：「假若你吃了一個雞蛋覺得不錯，又何必認識那下蛋的母雞呢？」他淡泊名利，不願意「走江湖賣狗皮膏藥」〔註2〕的做法，當然遭人質疑，認為

〔註1〕 有關錢先生過世的訊息，參見台北《聯合報》14 版；《中國時報》11 版，87 年 12 月 21 日及 22 日，陸緯〈清華狂才子——悼念重要學者、小說家錢鍾書〉，〈聯合副刊〉87 年 12 月 22 日；黎活仁〈懷念錢鍾書先生〉，〈聯合副刊〉88 年 1 月 7 日；大陸《光明日報》及《人民日報》當日均有報導。澳洲雪梨《東華時報》先後刊載有李慎之：〈千秋萬歲名寂寞身後事——送別錢鍾書先生〉（1999 年 1 月 28 日）及錢先生學生沙子（許德政）〈依然寸結千思——懷念錢鍾書先生〉（1999 年 7 月 15 日及 22 日），以茲紀念。此二份剪報承柳存仁先生賜贈並蒙費心修改拙文，謹此致謝。

〔註2〕 林耀椿〈從錢鍾書「退」的人生觀看錢學的發展〉，《國文天地》9 卷 2 期（1993 年 7 月），頁 98～100。

是故作姿態，事實上他的一切做法都是眞誠的，他不願意別人去研究他，亦不允許《錢學研究》叢刊的出版，聞有人爲他開家學研討會便說：「不必花些不明不白的錢，找些不三不四的人，講些不痛不癢的話。」〔註3〕他的著作亦不允許出版社出版，目前《管錐編》續集及《感覺、觀念、思想》（英文）均未見蹤跡。而《錢鍾書集》〔註4〕這部書是錢先生生前編訂的文集。這些新著作及註解補充，可給世人新的思考空間，去理解錢先生的學術思想，爲錢學研究者所期待。

　　被喻爲營建巴別塔（Tower of Babel）的錢先生一生的評價，後人可就好幾個角度去評驚。生前由於多所顧忌，他的門生及學人皆不敢多爲文，而今他謝世自可較客觀去評斷，同時亦可就個人親身經驗或各種軼事用文字紀錄，如抗戰的錢鍾書或文革的錢鍾書，這幾個時段，留下的蛛絲馬跡並不多，若有更多人參與，對於《錢鍾書傳》將有更充實的補充及對他學術研究上有更客觀的評價。筆者對於錢先生學問關注多年，亦曾寫過、編過相關文章〔註5〕，就是想探索這位學人浩瀚無比的學海，縱然沒有他那樣的學養，但總是心嚮往之，且

〔註3〕　《錢鍾書研究》第二輯（北京：文化藝術出版社，1990年），頁1，鍾叔河〈編委筆談〉。劉再復〈學者、蒼蠅、臭肉〉《中國時報·人間副刊》，第27版1997年10月24日錢先生告訴劉再復不要任《錢鍾書研究》的編委。按：劉氏當時任中國社會科學院文學所所長。

〔註4〕　依《讀書》（2000年11期），頁139。有報導《錢鍾書集》出版的訊息，依此報導只知有一部新的著作從未結集出版過，書名叫《寫在人生邊上的邊上》，此書收入錢先生一些著作、書評、隨感及譯作等文章。新版《錢鍾書集》初步的閱讀，只是將《管錐編》增訂部份回復到本文中，故有增一至增五，而增五台北書林版《管錐編》第五冊早已補進去，而北京中華版卻未收。

〔註5〕　筆者曾寫過有關錢鍾書的文章，(1)〈窺探錢學的堂奧〉，《國文天地》（第7卷6期，1991年11月），頁51～60。(2)〈錢鍾書研究的里程碑〉，《國文天地》（第9卷1期，1993年6月），頁124～129。(3)〈從錢鍾書退的人生觀看錢學的發展〉，《國文天地》（第9卷2期，1993年7月），頁98～100。(4)〈錢鍾書在臺灣〉，《中國文哲研究通訊》（第5卷4期，1995年12月），頁33～43。(5)〈錢鍾書與學文月刊〉《國文天地》（第11卷8期，1996年1月），頁88～92。(6)〈錢鍾書研究書目〉（上），《中國文哲研究通訊》（第7卷1期，1997年3月），頁21～108。(7)〈錢鍾書研究書目〉（下），《中國文哲研究通訊》（第7卷2期，1997年6月），頁41～95。(8)〈《吳宓日記》中的錢鍾書〉，《文訊雜誌》（第121期，1999年1月），頁27～28。(9)〈錢鍾書在臺灣演講〉，李洪岩、范旭侖編《錢鍾書評論》卷一（北京：社會科學文獻出版社），頁30～43。(10)〈錢鍾書研究評介與展望〉，林慶彰先生主編《國際漢學論叢》第一輯（臺北：樂學書局，1999年），頁187～222。

孜孜不倦收集相關著作，依他的研究方法及專注的方向，作爲自己學習的典範。

　　對於錢鍾書學問之研究，在第三章將會說明所謂「錢學」之定義，現在簡單的說，所謂「錢學」是針對錢先生著作，做多元化解釋及注解，甚至與其他學科做比較研究。這方面的論文及著作，已相當可觀。筆者編的《錢鍾書研究書目》可做爲研究的參考。依據此書目，觀察錢學研究的情況及發展方向，故先對中國大陸地區以外之研究成果和大陸地區之研究成果，做簡單的評介。以下分兩節評述。

第二節　「錢學」研究在臺灣及海外地區研究成果之評介

　　錢先生的著作，在學生時代大都是散文，而他在牛津大學的學位論文《十七世紀英國文學裡的中國》（China In The English Literature of The Seventeenth Century）及《十八世紀英國文學裡的中國》（China In The English Literature of The Eighteenth Century），這兩篇論文曾登在《圖書季刊》〔註6〕，至目前爲止甚少人加以引用或研究。而他受人青睞的作品大概是《寫在人生邊上》（1941）及《圍城》（登在《文藝復興》1946）。海外知道錢先生的大名應是從夏志清先生的《中國現代小說史》（A History of Modern Chinese Fiction）開始，此書是1961年出版，但錢先生一直到1978年才知道有此書專章論述他的作品〔註7〕，這一年九月錢先生出席意大利奧爾蒂賽召開的第26屆歐洲漢學會議，他發表了〈古典文學研究在現代中國〉〔註8〕，這篇文章或許是他在1948年4月在台灣講〈中國詩與中國畫〉〔註9〕之後在海外的第一次演

〔註6〕 Chien Chung-Shu "China in the English Literature of the Seventeenth Century" *Quarterly Bulletin of Chinese Bibliography*, 1:4（December,1940）, pp351-384; Chien Chung-Shu "China in the English Literature of the Eighteenth Century I" *Quarterly Bulletin of Chinese Bibliography*, 2:1-2,1941, pp.7-48; Chien Chung-Shu "China in the English Literature of the Eighteenth Century II," *Quarterly Bulletin of Chinese Bibliography*, 2:3-4（December,1941）, pp.113-152 這兩篇論文承李奭學老師惠贈，謹此致謝。

〔註7〕 夏志清〈重會錢鍾書紀實〉，《新文學的傳統》（台北：時報出版公司，1979年），頁359。

〔註8〕 錢鍾書〈古典文學研究在現代中國〉，《錢鍾書研究》第二輯（北京：文化藝術出版社，1990年），頁4～18。

〔註9〕 錢鍾書〈中國詩與中國畫〉〔台灣大學法學院演講〕，《自立晚報》（1948年

講。由於他熟悉引用意大利的作家，無論是名作家甚至二、三流作家皆能背誦他們的作品，引起歐洲漢學家的驚訝與佩服。他在此次學術訪問中亦知海外有人對他的研究及《圍城》有法、俄、捷克文三種語言的翻譯，可見對錢先生著作的注意，是來自夏志清先生的介紹。〔註10〕

以下略述臺灣及海外的地區對「錢學」研究之評介：

（一）蘇聯方面

蘇聯漢學家索羅金（V. Sorokin）翻譯《圍城》爲俄文，任俄羅斯科學院遠東研究所所長，1992 年曾來台北漢學研究中心及中央研究院中國文哲研究所訪問，他另譯巴金《滅亡》、老舍《老牛破車》、郁達夫《沉淪》等小說，曾與錢先生在義大利漢學會議見面〔註11〕，從《圍城》俄文本再版前言，可知索氏致力於中國現代文學的研究，曾以《魯迅早期創作與思想》獲博士學位，並注意台灣文學作品，他曾與筆者談起吳濁流《無花果》及白先勇《台北人》等人的作品，也有心研究。此外，他也致力於元雜劇的研究。長期與錢先生有書信往來，對於「錢學」有相當程度的貢獻。另外李福清（B. Riftin）也曾爲文，討論《圍城》。李先生有一段很長時間在臺北研究訪問，致力於中國古典小說研究。〔註12〕

（二）德國方面

德國漢學家致力於「錢學」研究的，以 Monika Motsch（錢先生譯爲莫芝或莫妮克）〔註13〕，最有成就。她與 Jerome Shih 在 1988 年將《圍城》譯成德文本，"*Die umzingelte Festung*"，她撰寫「錢學」論文並已譯成中文的有：

1. 〈《管錐編》一座中國式的魔鏡〉《錢鍾書研究》第一輯
2. 〈中西靈犀一點通：錢鍾書的《管錐編》〉《錢鍾書研究》第二輯

---

4 月 14〜16 日）：林耀椿〈錢鍾書在台灣〉，《中國文哲研究通訊》第 5 卷第 4 期（1995 年 12 月），頁 33〜43。另見附錄四。

〔註10〕 索羅金〈《圍城》俄文版再版前言〉，《錢鍾書研究采輯》第二輯（北京：三聯書店，1996 年），頁 172。索氏說：「夏教授的著作幫助各國漢學家正確評價了錢鍾書的《圍城》」。

〔註11〕 索羅金〈《圍城》俄文版再版前言〉，《錢鍾書研究采輯》第二輯（北京：三聯書店 1996 年），頁 172。又參見孔慶茂《錢鍾書與楊絳》（海口：海南國際新聞出版中心，1997 年），頁 288。

〔註12〕 孔慶茂《丹桂堂前——錢鍾書家族文化史》（武漢：長江文藝出版社，2000），頁 192。

〔註13〕 陸文虎編《錢鍾書研究采輯》第二輯（北京：三聯書店，1996 年）。

3. 〈倩女離魂法──錢鍾書作爲中西文化的牽線人〉《錢鍾書研究采輯》第一輯

4. 〈中文總結：管窺錐度杜甫〉《錢鍾書研究采輯》第二輯

另錢先生爲莫芝的專書寫序，中文書名《〈管錐編〉與杜甫新解》〔註14〕（"Mit bombusrohr und Ahle: von Qian Zhongshus Guanzhuibian zu einer Neubetrachtung Du-Fus"），這部書是西方對《管錐編》有系統研究的第一部專書，她與錢先生有往來，對於錢先生有所批評，所以錢先生在序中說：

> 莫芝博士也許是西方第一個發現《管錐編》而寫成一系列研究文章
> 的人。對贊美，我當然喜歡，對毀罵，我也受得了。

莫芝在該書上編論述《管錐編》的方法及題材範圍，其中提出母題（Motif）、文題、及宇宙觀三個範疇，這些論述皆是《管錐編》重要思惟表現，其中以母題最爲重要。莫芝一開始便認定錢先生爲比較文學家，全書皆是扣緊此論題全面發揮，不過論述仍然不足，其中在思想上的論證不多，雖然有宇宙論（Cosmology），但只就儒家與道家簡單表述，佛家並沒有提及。下編對杜甫詮釋，並沒有談論到《談藝錄》。此外，馬漢茂（Helmut Martin）亦有錢先生文章的翻譯。〔註15〕

（三）美國方面

英語世界對於「錢學」研究，著作較多。最引人注目的是夏志清先生《中國現代小說史》（*A History of Modern Chinese Fiction*），夏先生在該書中有專章論述《圍城》，他認爲「該書是中國近代文學中最有趣味和最用心經營的小說，可能亦是最偉大的一部」〔註16〕，就當時情勢，夏先生能討論《圍城》，實有先見之明，吾人以爲不外是對知識份子的反思，當時中共清算一些作家，夏先生在海外或有所聞，因而他針對《宋詩選注》序文有所指責，說：「假若編者無須在序言中奉毛澤東爲文學權威，無須在書中加入這麼多描述宋代社會狀況的詩論，這本書會比較好的多。」〔註17〕夏先生那時當然不知道，這部書並非錢先生所能掌控，錢先生自己亦說：「這部選本不很好，由於種種緣因，我以爲可選

〔註14〕莫芝著，馬樹德譯《管錐編與杜甫新解》（石家莊：河北教育出版社，1998年）。

〔註15〕潘耀明〈錢鍾書訪問記〉《當代大陸作家風貌》（台北：遠景出版公司，1990年），頁126～127。馬教授不幸於1999年6月7日病逝。

〔註16〕夏志清《中國現代小說史》（中譯本）（香港：友聯出版社，1979年），頁380。

〔註17〕夏志清《中國現代小說史》（中譯本）（香港：友聯出版社，1979年），頁374。

的詩往往不能選進去，而我以爲不必選的詩倒選進去了。」又說「所以這本書
的〈序〉和選目一仍其舊，作爲當時氣候的原來物證，更確切地說，作爲當時
我自己盡可能適應氣候的原來物證。」〔註18〕另提及《人獸鬼》四篇小說及《管
錐編》的出版，他在〈重會錢鍾書紀實〉大大的贊譽此書，也給海外學人一個
啓迪的作用，不過他撰寫時根本沒有看到原書，故記述是有錯誤的。〔註19〕

　　此外，有胡定邦（Dennis T.Hu）及胡志德（T. D.Huters）的博士論文〔註20〕，
胡志德的《錢鍾書》（Qian Zhong Shu）已有張晨等人〔註21〕及張泉〔註22〕譯成
中文，作者曾受教於劉若愚與葉嘉瑩兩位先生，對於《談藝錄》有所著墨，這
部書算是西方研究錢先生的第一部專著。《圍城》英譯本有 J. Kelley 及 M. K. Mao
（茅國權）之譯本，書名 Fortress Besieged。書前有茅國權之導言〔註23〕，忠實
論述《圍城》的背景及錢先生之寫作技巧、分析透徹、面面俱到。錢先生在美
國訪問，除夏志清、湯晏所作的哥倫比亞大學訪問記外，另有水晶寫錢先生柏
克萊加州大學訪問記錄〈侍錢拋書雜記〉〔註24〕亦值得一提。水晶對於錢學研
究具有相當大的興趣，連他的博士論文寫的是《肉蒲團》亦搬上台面與錢先生
討教，水晶發問的問題，均見錢先生幽默睿智的回應，難怪水晶佩服的說他是
拜錢的 Devotees（皈依者）。在史丹福大學演講，錢先生有沒有指責馮友蘭的公
案，只有當年爲文的莊因最清楚了，這些公案如同錢先生有沒有說「吳宓太笨」

〔註18〕 錢鍾書〈模糊的銅鏡〉〔爲香港版《宋詩選注》所寫的前言〕見《宋詩選注》
　　　　（北京：人民文學出版社，1995 年），頁 298～299。

〔註19〕 夏志清〈重會錢鍾書紀實〉《新文學的傳統》（台北：時報文化出版公司，
　　　　1979 年 10 月）頁 264～268。按有關錢先生在 1979 年 5 月間訪問紐約哥倫
　　　　比亞大學，另有湯晏〈錢鍾書訪哥大側記〉《南北極》（1979 年），頁 42～
　　　　43。

〔註20〕 Dennis T.Hu, *A Linguistic-Literary Study of Chien Chung-shus Three Creative
　　　　Works,* University of Wisconsin ,Madison 1977; Theodore David Huters,
　　　　Traditional Innovation:Qian Zhong-shu and Modern Chinese Letters, Stanford
　　　　University Press, 1977.

〔註21〕 張晨等人譯《錢鍾書》（北京：中國廣播電視出版公司，1991 年）

〔註22〕 張泉譯《錢鍾書論》〈錢鍾書和他的《圍城》〉（北京：中國和平出版社，1991
　　　　年），頁 115～303。

〔註23〕 茅國權《《圍城》英譯本導言〉曾振邦譯《聯合文學》，第 5 卷 6 期（1989 年
　　　　4 月），頁 164～173；陸文虎譯《錢鍾書研究》第一輯（北京：文化藝術出版
　　　　社 1989 年），頁 250～268。

〔註24〕 水晶〈侍錢拋書雜記——兩晤錢鍾書先生〉《明報月刊》，第 14 卷 7 期（1979
　　　　年 1 月），頁 35～41；《錢鍾書研究》，第二輯（北京：文化藝術出版社，1990
　　　　年），頁 312～328。

一樣，事隔久遠難加以考證。〔註 25〕

（四）日本方面

日本漢學界最先注意錢先生的可能是小川環樹〔註 26〕，他為錢先生之《宋詩選注》寫了書評，也由於這篇書評，終止對錢先生批評的人，大張旗鼓攻擊的舉動，當時此書被列為「白專道路」之樣品。〔註 27〕白專相對於紅專即為資產階級反動學術權威的代號，錢先生免遭圍攻，所以他在重印《宋詩選注》序說保其原序，「作為當時氣候的原來物證」，可見他的用心，還給歷史一個清白。荒井健在 1975 年以為錢先生過世，便將《圍城》譯成日文，以便紀念他，在《颲風》發表，連譯了五章。〔註 28〕這份刊物刊載了中國古典文學及中國現代文學之論文及翻譯，荒井健與他的學生中島長文合作譯完《圍城》，1988 年岩波書店出版，譯名為《包圍された砦》，錢先生對荒井健之美意是感動欣喜，因荒井健以為他的死訊而譯此書，錢先生說：「在我故鄉舊日有個迷信，錯報某人死了，反而使他延年益壽。」〔註 29〕另外，《颲風》亦刊載中島長文譯楊絳〈錢鍾書與圍城〉及《談藝錄》為日譯本。此外，日本宋代詩文研究會譯《宋詩選注》刊於《橄欖》第 1 期至第 4 期（1988～1991）、內山精也譯《宋詩選注》之序文，這些皆展現日本漢學界對於「錢學」的熱衷，同時給予很高評價與肯定。內山精也亦與錢先生對話過，都能看出日本漢學界對於錢先生的信服。〔註 30〕錢先生 1980 年在日本訪問時，在早稻田大學有演講稿〈詩可以怨〉，收入《七綴集》，在京都大學的情形，見孔芳卿（陳耀南）〈錢鍾書京都座談記〉，在愛知大學有演講稿〈我對文學現狀的一點感想〉〔註 31〕及王水照〈《對話》的餘思〉一文。

〔註 25〕莊因〈錢鍾書印象〉《聯合報副刊》（1979 年 6 月 5 日）；〈錢鍾書印象的補充〉，《聯合報副刊》（1979 年 6 月 26 日）。范旭侖、李洪岩〈楊絳〈吳宓先生與錢鍾書〉證偽〉《當代》第 136 期（1998 年 12 月），頁 77。

〔註 26〕小川環樹〈錢鍾書的《宋詩選注》〉，原文載京都大學《中國文學報》第 10 冊（1959 年），頁 160～165；《錢鍾書研究》第一輯（北京：文化藝術出版社，1989 年），頁 284～299。

〔註 27〕孔芳卿〈錢鍾書京都座談記〉，《錢鍾書研究》（北京：文化藝術出版社，1990 年 11 月），頁 332。另見同註 25，頁 125。

〔註 28〕荒井健《包圍された砦》（被包圍的城堡），《颲風》，第 8 號 1977 年 10 月～1981 年 9 月第 13 號計五章。

〔註 29〕錢鍾書《圍城》日譯本序〉，《讀書》（三聯書店，1990 年 2 期），頁 97～98。

〔註 30〕王水照〈《對話》之餘思〉，《隨筆》（1990 年 2 期），頁 7～21。此文承王水照先生惠贈，謹此致謝。

〔註 31〕錢鍾書〈我對文學現狀的一點感想〉，《書城》（1999 年 5 期），頁 19；何暉、

（五）香港方面

香港對於「錢學」研究，在 1976 年麥炳坤即以《錢鍾書的散文和小說》爲題得碩士學位〔註32〕，其指導教授余光中相當推崇，又林以亮（宋淇）備讚有加。對於錢先生研究時加以推崇及往來的有黃維樑、潘耀明（彥火）、黎活仁、馬力、黃國彬，……等人。黃維樑與錢先生有長期往來，他分別在 1984 年及 1994 年造訪北京三里河錢宅〔註33〕，黃先生受錢先生的影響甚深，在打通中西文學方法與態度上也接受錢先生的教導，對於學者式散文亦有所體會。《聯合文學》之「錢鍾書專輯」便是黃先生精心所策劃，同時他對於「錢學」研究，時有精彩論文出現，如〈與錢鍾書論比喻——《管錐編》管窺〉、〈徐才叔夫人的婚外情——讀錢鍾書的〈紀念〉〉、〈文化的吃——錢鍾書〈圍城〉中的一頓飯〉等。宋淇與錢鍾書、張愛玲是極爲熟識的朋友，甚愛談錢鍾書與吳興華，「宋淇和五四以來幾位極著名的文人如錢鍾書、傅雷等都是密友。」〔註34〕不過，我們只能欣賞他的紅學及翻譯的論著，卻未見有「錢學」的著作，在上海法租界時，宋淇與錢先生時有往來，他說：「那時候錢也隱居於法租界內，在法國天主教會主辦的震旦女子文理學院擔任幾小時的課程，我每星期總要和他長談一次。」〔註35〕此外，黃國彬也是個淵博之士，懂「法文、德文、西班牙文、義大利文不是玩票，眞是能說、能寫、能讀、能聽的。」他那一篇〈在七度空間消遙——錢鍾書談藝〉〔註36〕認爲錢先生是在七度空間逍遙的人，可見對於外文掌握的重要，歌德曾說：「對於不懂外國語的人，對於本國語言是會一無所知。」這種互動關係是可以理解的。研究徐志摩的梁錫華也有論文如〈當時年少春衫薄——錢鍾書先生的少作〉〔註37〕，現爲

方天星《一寸千思》（瀋陽：遼海出版社，1999 年），頁 543～549。

〔註32〕麥炳坤〈錢鍾書的生平和著述〉，《明報月刊》（1976 年 8 月），頁 50～54。

〔註33〕黃維樑〈錢鍾書的成就〉；黃詠梅〈空白的哀思——海内外學人痛悼錢鍾書先生〉《羊城晚報》（1998 年 12 月 24 日），第 14 版。此份剪報承黃維樑先生惠贈，謹此致謝。

〔註34〕思果《沙田隨筆》（台北：洪範書店，1982 年 1 月），頁 82～83。參見金兆：〈懷璧其罪——悼吳興華老師〉，《師友篇》（台北：聯經出版公司，1987 年），頁 67～72。楊絳〈記傅雷〉，《楊絳散文》（杭州：浙江文藝出版社，1994 年），頁 74～81。

〔註35〕宋淇〈赫胥黎的小說〉，《海内知己》（台北：晨鐘出版社，1971 年），頁 195。

〔註36〕黃國彬〈在七度空間逍遙——錢鍾書談藝〉，《聯合文學》第 5 卷 6 期（1989 年 4 月），頁 137～144

〔註37〕梁錫華〈當時年少春衫薄——錢鍾書先生的少作〉，《聯合文學》第 5 卷 6 期（1989 年 4 月），頁 155～163。

《明報月刊》總編輯潘耀明（彥火）與錢先生也常往來，其「錢學」相關文章，如〈錢鍾書小說創作與文學評論〉、〈錢鍾書訪問記〉等。其訪問記相當珍貴，錢先生在〈模糊的銅鏡〉一文便直接引用彥火的話，「我省力偷懶，就抄襲他寫的文字罷，因為他的也充得是我的，而我的何妨原是他的。」〔註38〕潘先生訪談了大陸作家四十三人，寫了《當代大陸作家風貌》對於三十年代作家風采，提供了第一手資料。他採訪錢先生是在 1979 年訪美、日等國之後，紀錄稿透露了許多線索，如錢先生的《管錐編》，及他另有評論《全唐文》、《杜甫詩》、《韓愈全集》等五部書的消息，這些蛛絲馬跡對當時注意錢先生著作的人極為珍貴。黎活仁與馬力編有〈有關錢先生一些資料〉〔註39〕，黎先生於錢先生過世後的追憶文章，談及署名錢基博為錢賓四（1895～1990）《國學概論》所作的序，實為錢先生自己捉刀，錢先生在信上說「商務印書館出版之《國學概論》或《清儒學術思想》之類一書，有先君所作序，實為弟費半日之力代筆，中引少陵『吾宗老孫子』之句，天壤間當有尚存此書，可以覆檢。」〔註40〕這便可檢證錢先生為其父捉刀為文之公案。

（六）台灣方面

在臺灣研究錢先生始於鄒文海（1908～1970）那一篇回憶文章〔註41〕，鄒文海與錢先生是同學又是同事，所述的生活軼事應皆屬實，錢先生喜歡讀字典，鄒文海說字典是他旅途中的良伴，楊絳亦說：「我和鍾書有時住在父親那邊，父親忽發現鍾書讀字典大樂。」〔註42〕鄒文海又述他們一道去寶慶藍田師範學院，情景與《圍城》中三閭大學的情景相似。這些可做為研究《圍城》的材料。其次是秦賢次，秦先生是中國現代文學研究者，收集的三十年代文獻史料令人敬佩〔註43〕，整理過無數學人的文獻資料，他在臺灣為錢先生寫第一篇介紹文章〈錢鍾書這個人〉，這一篇文章就他當時掌握材料撰寫而成，描繪到 1958 年前，當然已將錢先生重要事蹟陳述出來，由於當時在臺灣是戒嚴時期，無法充分發揮。出版錢先生研究專著的是周錦，他致力於

〔註38〕錢鍾書《宋詩選注》，（北京：人民文學出版社，1989 年），頁 298。

〔註39〕馬力、黎活仁〈有關錢鍾書的一些資料〉，《開卷》1 卷 7 期頁 111～112：2 卷 1 期 p43～44：2 卷 2 期，頁 37。

〔註40〕黎活仁〈懷念錢鍾書先生〉，《聯合副刊》1999 年 1 月 7 日。另見附錄六。

〔註41〕鄒文海〈憶錢鍾書〉，《傳記文學》，第 1 卷 1 期（1962 年 9 月）頁 21～22。

〔註42〕楊絳〈回憶我的父親〉，《將飲茶》（北京：三聯書店，1987 年），頁 44。

〔註43〕秦先生近來已將他一生搜集的三十年代文學書籍，陸陸續續捐贈給中央研究院中國文哲研究所圖書館典藏。

中國現代文學研究，所著《〈圍城〉研究》〔註44〕亦早聞名。周先生評論此
書，採用段落分析、層層解剖，分八章節討論，議題涉及人物、比喻、技巧、
俗語等方面。不過外界對於此書的評價卻多保留。譬如他在題記說：「《圍城》
不是頂好的長篇小說。」又在前言說「《圍城》是一本好小說。」前後矛盾，
作者並沒有發現。解嚴之前，討論「錢學」只在於回憶或《圍城》兩個題目
之內做文章。直到《聯合文學》由黃維樑製作「錢鍾書專輯」，此專輯曾經
錢先生同意，才可說是「錢學」研究，首次在台灣正式展開。其中收有黃慶
萱〈從《易》一名三義說到模稜語〉，此文分析《易》之一名有三義，簡易、
變易、不易，並簡要論析模稜語（ambiguity）在《易》學上的產生。另收有
上海華東師範大學陳子善編〈錢鍾書佚文繫年〉及黃維樑之〈評論、介紹、
訪問錢鍾書資料目錄初編〉皆為重要的文獻材料。讓讀者按圖索驥，極為珍
貴。此外，杜松柏〈錢鍾書《宋詩選註》之評論〉，就《宋詩選注》選詩之
準則、全書體例，提出批評，對於錢先生的政治取向有所指責，懷疑他的政
治動機，全是當時的政治氣候所造成的。〔註45〕趙制陽〈談錢鍾書先生《毛
詩正義》〉一系列文章，評論《管錐編》論《詩經》篇章中的問題及對「興」
的解說，是近來研究「錢學」較深入的論文。〔註46〕馬森就他訪問錢先生夫
婦寫了〈失落的繆斯——楊絳與他的戲劇作品〉〔註47〕；姜穆〈錢鍾書以默
獲存〉〔註48〕；鈕先銘〈記錢鍾書夫婦〉〔註49〕、〈錢鍾書其人其事〉〔註50〕，
分別談論錢先生的人品與著作，均有參考之價值。筆者自 1990 年以來始注

〔註44〕 周錦《〈圍城〉研究》（台北：成文出版社，1980 年）。按周錦先生的藏書身後
由其夫人謝霜天女士全贈給中央研究院中國文哲研究所圖書館典藏。

〔註45〕 杜松柏〈錢鍾書《宋詩選注》之評論〉，《中華文化復興月刊》第 22 卷 5 期（1989
年 5 月），頁 43～53。

〔註46〕 趙制陽〈談錢鍾書先生《毛詩正義》〉，《孔孟月刊》第 36 卷 3 期（1997 年 11
月），頁 1～4。趙先生在《孔孟月刊》發表一系列評論《管錐編》有關《毛詩
正義》的文章。此外，在《中國語文》也有相同的評論文章。

〔註47〕 馬森〈失落的繆斯——楊絳與他的戲劇作品〉，《國魂》（1993 年 8 月）頁 79
～81。

〔註48〕 姜穆〈錢鍾書以默或存——細說三十年代文學〉，《文藝月刊》1987 年第 7～9
期。

〔註49〕 鈕先銘〈記錢鍾書夫婦——兼談傷痕文學〉，《中外雜誌》第 20 卷 6 期（1981
年 12 月），頁 85～87。

〔註50〕 鈕先銘〈錢鍾書其人其事〉（上），《中外雜誌》第 23 卷 2 期（1983 年 2 月），
頁 80～84。鈕先銘〈錢鍾書其人其事〉（下），《中外雜誌》第 23 卷 3 期（1983
年 3 月），頁 114～120。

意「錢學」，亦著手編輯〈錢鍾書研究書目〉〔註51〕及撰寫相關文章，這個
書目花了不少時間，平時閱讀及訪查資料中，遇有錢先生相關材料即著錄，
或相識學人請教他們與錢先生的往來紀錄。此外在偶然機緣下，見到錢先生
給蘇正隆的信，說「台灣爲弟舊遊之地，嘗寓草山一月。」〔註52〕。筆者爲
探尋錢先生來臺之事，從《槐聚詩存》1948 年〈草山賓館作〉及〈贈喬大壯
先生〉二首詩更確證錢先生來臺訪問，皆見拙文〈錢鍾書在臺灣〉〔註53〕。
這些皆是筆者對於「錢學」所做一些嘗試性的工作。另外還有東吳大學許佩
馨之碩士論文《錢鍾書小說〈圍城〉與〈人獸鬼〉研究》，成功大學中文所
鄭如秀《錢鍾書神韻觀之研究》、中正大學辛金順《錢鍾書小說主題思想研
究》及臺灣大學潘少瑜《錢鍾書詩論研究》等論文，可見對於錢學的研究，
仍有許多人在關注研究。

第三節　「錢學」研究在大陸地區研究成果之評介

　　1949 年之後，海峽兩岸分隔，加上台灣戒嚴，對於錢先生一切活動，沒
有任何音訊。在 1975 年還謠傳他已過世，引起夏志清寫了〈追念錢鍾書先
生兼談中國古典文學研究之新趨向〉〔註54〕日本荒井健乃在《圍城》日譯本
提及紀念錢先生，錢先生爲日譯本做序說：「1975 年左右，國外流傳著我的
死訊，荒井先生動手譯《圍城》，寓有悼念深情。」〔註55〕而錢先生這時正
是丟了《百合心》未完稿，也就放棄一切創作，專心於《宋詩選注》的工作。
近來夏志清認爲「《百合心》原稿一共幾萬字，它是否遷京前就給扔掉？只

〔註51〕 林耀椿〈錢鍾書研究書目〉（上‧下），《中國文哲研究通訊》第 7 卷 1 期及 2
　　　　期，頁 21～108，頁 41～95，1997 年 3 月及 6 月。
〔註52〕 此信由蘇正隆胞弟蘇恒隆賜閱，謹此致謝。
〔註53〕 林耀椿〈錢鍾書在臺灣〉，《中國文哲研究通訊》第 5 卷 4 期（1995 年 12 月）
　　　　頁 p33～44。近發現錢先生給陸文虎寫的墨寶將〈草山賓館作〉改爲〈文成山
　　　　莊作〉，錢先生應知草山即陽明山，卻用「文成」二字代替「陽明」，他這樣
　　　　寫或者有他的用意？參見陸文虎《〈圍城〉內外》（北京：解放軍文藝出版社，
　　　　1992 年 4 月）。鄭振鐸《鄭振鐸全集‧日記》第 17 冊（石家莊：花山文藝出
　　　　版社，1998 年），頁 548～558。
〔註54〕 夏志清《人的文學》（台北：純文學出版社，1977 年），頁 177～194，此文引
　　　　起夏志清與顏元叔對中國傳統詩話與詞話的筆戰。參見沈謙《文學的批判層
　　　　次》（台北：時報文化出版公司，1979 年），頁 79～102。
〔註55〕 錢鍾書《〈圍城〉日譯本》，《讀書》（1981 年 10 月），頁 97～98。

有楊絳才知道答案。在我看來，錢氏夫婦皆心細如髮，誤扔尚未完成之手稿簡直是不可能的事。」〔註56〕由於「文化大革命」的妖孽作祟，造成幾億人口過著不愉快的生活，這在錢先生說來也是一場極爲悲痛的回憶，這一場慘絕人寰的悲劇〔註57〕，在研究「錢學」上無疑是一個重要的思考方向，假若不能對於此段歷史背景有所瞭解，從歷史透視（Historical Perspective）角度來看，那麼讀錢先生的《管錐編》又怎能探索其內心深處？可是大陸研究「錢學」的人似乎極少願意討論這一層因素。莫芝（Monika Motsch）已提出這個認識，他說：「有關文革的影射，一件文學作品和現實形勢有無關聯，讀者最好下判斷，中國文人借古諷今，傳統有之。」胡范鑄在《錢鍾書學術思想研究》一書也提出相同看法，他說：「讀《宋詩選注》，不會察覺不到知識份子思想改造運動與反右運動的痕跡及其反搏；讀《管錐編》又不會感受不到文革的風雲與對文革的思考。」〔註58〕可見這前提若不能確切的研究，很難理解《管錐編》之內涵。

以下將大陸地區「錢學」研究成果稍作評介。

錢先生膾炙人口的著作應是《圍城》，此書寫於孤島上海時期，1944年動筆，1946年完成，原載《文藝復興》〔註59〕，直到1947年上海晨光出版社才出單行本。故事描繪學人的學校及家庭生活，也是現代儒林外史另一章。夏志清稱譽「中國近代文學中最有趣味和最用心經營的小說。」故事引用法國人一句話「不說是鳥籠，說是被圍困的城堡 Forteresse assiegee，城外的人想衝進去，城裡的人想出來。」亦即「英國古話，說結婚彷彿金漆的鳥籠，籠子

〔註56〕 夏志清〈錢氏未完稿《百合心》遺落何方？〉，《明報月刊》第34卷第2期（1999年2月），頁26。

〔註57〕 對於文革之反省，回憶錄、小說汗牛充棟，如巴金《隨想錄》、楊曦光《牛鬼蛇神錄》、季羨林《牛棚雜憶》、楊絳《幹校六記》、于光遠《文革中的我》、周一良〈畢竟是書生〉……等等，此外另有「傷痕文學」作品，如陳若曦《尹縣長》即是。錢先生以爲「文學史的主流一直是傷痕文學」。見莫尼克《管錐編與杜甫新解》（石家莊：河北教育出版社，1998），頁174。及孔芳卿〈錢鍾書京都座談記〉，《明報月刊》（1980年4期），頁100。另見林耀椿〈含冤的靈魂仍飄盪在大地之上〉，《文訊雜誌》（1996年8月）頁14～15。

〔註58〕 莫妮卡〔莫芝〕〈中西靈犀一點通〉，《錢鍾書研究》第二輯（北京：文化藝術出版社，1990年），頁114～115；胡范鑄《錢鍾書學術思想研究》（上海：華東師範大學出版社，1993年），頁206。

〔註59〕 《文藝復興》第1卷第2期〔1946年2月25日〕至第2卷6期〔1947年1月1日〕。

外面的鳥想衝進去，籠內的鳥想飛出來，所以結而離，離而結，沒有了局。」這個比喻表象是指男女愛情憧憬渴望及愛情破壞分離，這對比在故事結構上描繪相當精彩。如同楊絳在《圍城》改拍電視劇的片頭說：「圍在城裡的想逃出來，城外的人想衝進去。對婚姻也罷，職業也罷，人生的願望大都如此。」不過錢先生在撰述這部小說的序中說：「這本書整整寫了兩年，兩年裡憂世傷生，屢想中止，……以錙銖積累地寫完。」可見他背後的心酸。讀者常常對號入座，指名情節的人物是誰，如主角方鴻漸是錢鍾書本人的猜測。在小說情節是描繪抗戰時期，如三閭大學是否為西南聯大的爭論〔註60〕，從鄒文海的回憶裡提及錢先生在 1939 年 11 月去寶慶藍田師範學院，作者所說情景與小說雷同。不過《圍城》中對於知識份子醜陋嘴臉，為何有如此栩栩如生的描繪，他為何要離開西南聯大？《圍城》深層結構中所表達的意義是什麼？他要抗議的是什麼？他所埋怨又是什麼？這些議題值得深入研究。

　　《圍城》在大陸一直到 1980 年才再重印，當然研究的人才逐漸展開。依筆者編輯〈錢鍾書研究書目〉統計計有 400 多篇有關《圍城》研究的論文。其中楊芝明《〈圍城〉十年研究綜述》〔註61〕這一篇文章解析大陸在《圍城》研究的許多論題，如主題意涵、人物的形象、藝術成就皆有所討論。解志熙以為錢先生受存在主義的影響，故說：「錢鍾書的《圍城》與卡夫卡的《城堡》、沙特的《噁心》及加繆的《局外人》等存在主義的經典作品極為相近。」〔註62〕錢先生受存在主義影響或許會有，不過故事情境往往很難說與每個思想學派是有關連。有專著討論《圍城》的有張明亮《槐陰下的幻境——論〈圍城〉的敘事和虛構》，此書是作者多年來對於《圍城》研究的結集。另陸文虎《圍城內——錢鍾書的文學世界》亦以《圍城》為討論對象。〔註63〕《圍城》受廣大的讀者的喜愛，達到高潮階段乃拍成連續劇，黃蜀芹導演，孫飛雄改編，拍攝過程經錢先生的首肯，不過撰文討論者參差不齊，孫琮有〈關於電

〔註60〕張健〈三閭大學絕對不是影射西南聯大〉，《聯合副刊》（1997 年 4 月 11 日）。
〔註61〕楊芝明《〈圍城〉十年研究綜述》，《錢鍾書研究》（北京：文化藝術出版社，1989 年），頁 251～274。
〔註62〕解志熙〈形象的哲學及其他——《圍城》補論〉《錢鍾書研究》第二輯（北京：文化藝術出版社，1990 年 11 月），頁 214；解志熙〈病態文明的病態產兒〉《錢鍾書研究》第一輯（北京：文化藝術出版社，1989 年 11 月），頁 120～137。
〔註63〕張明亮《槐陰下的幻境——論〈圍城〉的敘事和虛構》（石家莊：河北教育出版社，1997 年 7 月）。陸文虎《圍城內外——錢鍾書的文學世界》（北京：解放軍出版社，1992 年 4 月）

視劇《圍城》的評論綜述〕〔註64〕，錢先生說「報紙上得見所言都失實，記者強不知以爲知，不足計較也。」〔註65〕有兆明者，狗尾續貂寫了《圍城之後——圍城續集》及胥智芬作《圍城校本》〔註66〕都引起錢先生的不高興，以致打起官司。〔註67〕這一件事又見錢先生耿介的一面。

《寫在人生邊上》是錢先生一部精簡的散文集，1983年福建人民出版社曾印過，收入《上海抗戰時期文學叢書》第二輯、另外，《人獸鬼》收入第一輯中。原本錢先生不同意再印行，經柯靈的說明，直到1990年他八十壽誕，才又同意出版《寫在人生邊上》這一本小書。錢先生文筆犀利帶以嘲諷，刻劃人生百態，怒罵眾生，〈談教訓〉文中「假道學也就是美容的藝術」，讀者往往從中會心一笑，看盡他文筆的悠游、嘲戲。他說：「人生據說是一部大書」，就是至理之言。研究者有吳福輝、馬光裕等人。〔註68〕

《談藝錄》的初稿本是錢先生在離開西南聯大到湖南藍田師範學院（1939～1941）的兩年內完成，1948年6月由上海開明書店出版。從序中可知他寫作時的心情，錢先生說：

> 《談藝錄》一卷，雖賞析之作，而實憂患之書也。……予侍親率眷，兵罅偷生。如危幕之燕巢，同枯槐之蟻聚。

此序寫於1942年，正值對日抗戰，國事蜩螗，兵荒馬亂之際，所以纔說「憂患之書」，錢先生這種憂患意識也必然在書中有所反應，研究時固不能等閒視之，甚或視而不見。

《談藝錄》出版三十五年後的1983年，錢先生再度爲《談藝錄》作補訂，其後又有補正。補訂表示錢先生這三十五年來在心境與文學思想上的變化，

〔註64〕 孫琮〈關於電視劇《圍城》的評論綜述〉《錢鍾書研究》第一輯（北京：文化藝術出版社，1989年11月），頁213～228及林耀椿《錢鍾書研究書目》（上），《中國文哲研究通訊》（第7卷2期，1997年3月），頁26。

〔註65〕 錢先生給筆者的信。另見附錄二。

〔註66〕 兆明《圍城之後——圍城續集》（瀋陽：春風文藝出版社，1992年）此書承林慶彰老師於山東曲阜闕里賓館旁書攤購得轉贈，謹此致謝。胥智芬校：《圍城校本》（成都：四川文藝出版社，1992年）。

〔註67〕 關於這兩本書，引起錢先生相當不悅，打起官司，見阿塗〈續書者的歉意和愧意——寫在《圍城之後》風波平息後〉《文學報》（1993年4月22日第630期）；謝海陽〈圍城匯校本侵權案——審判決原告錢鍾書等勝訴兩被告表示不服〉，《文學報》（1994年12月15日第739期）

〔註68〕 討論的論文詳見林耀椿編〈錢鍾書研究書目〉（上），《中國文哲研究通訊》（第7卷1期，1997年3月），頁106～108，計有40篇。

他在引言中感慨的說：

> 三十五年間，人物浪淘，著述薪積。何意新編，未遭棄置，切磋拂
> 拭，猶仰故人。

顯然錢先生對三十五年來學界的研究成果，並不十分滿意。同時也表示他在研究上已經有變化，對自己的陳編也不十分滿意，因此纔要重新補訂，這個新舊版本間的不同，正是可以考察錢先生文學思想前後變化的不同。錢先生的憂患之書，和前後版本內容差異，對瞭解錢先生人格及文學思想具有相當重要的意義。

目前對於《談藝錄》之研究當推周振甫及冀勤合著《錢鍾書〈談藝錄〉讀本》，〔註69〕這部書臚列七個論題，分別加以闡析。周先生是《談藝錄》及《管錐編》二書標立目次者，故對於全書旨趣及結構是瞭若指掌，可說是理解《談藝錄》一部入門書。其次如何開四《碧海擎鯨錄──錢鍾書美學思想的歷史演進》、陳子謙《錢學論》皆是目前討論此書的佼佼者，加上陸文虎編有《談藝錄索引》在研究上已有了成果。〔註70〕

《宋詩選注》1958 年出版，當時錢先生受人批判爲「白專道路」的「資產階級文學研究」代表作，經印出的詩，當然他不滿意，倒是胡適之先生認爲註釋相當好。〔註71〕這部書是錢先生花費二年心力挑選的，所惜並非照他本意完成的書。

《七綴集》是《舊文四篇》及《也是集》計七篇文章的合集，其中〈中國詩與中國畫〉此文表達錢先生對於中國傳統詩畫觀的不同看法。錢先生「只闡明中國傳統批評對於詩和畫的比較估價」，故有「詩和畫號稱姊妹藝術」，郭熙《林泉高致》也說：「詩是無形畫，畫是無形詩。」把詩畫當成一律，但萊辛（Gotthold Ephraim Lessing，1729～1781）他在《拉奧孔》（*Laokoon*）便反對詩畫爲姐妹，而是「絕不爭風吃醋的姊妹」。〔註72〕討論這類文章不多，如何開四〈錢鍾書詩畫論〉、李志堅〈錢鍾書對中國書畫史論的貢獻〉、李廷華〈錢鍾書論書札記〉、〈老坡意趣此中勘──讀錢鍾書先生書法〉。此

〔註69〕周振甫、冀勤《錢鍾書〈談藝錄〉讀本》（上海：上海教育出版社，1992 年）。

〔註70〕陸文虎《管錐編、談藝錄索引》（北京：中華書局，1990 年）。

〔註71〕胡頌平編《胡適之先生晚年談話錄》（台北：聯經出版公司，1984 年），頁 20～21。王水照〈記憶的碎片──緬懷錢鍾書先生〉，《新華月報》（1999 年第 2期），頁 55～58。

〔註72〕錢鍾書《七綴集》（上海：上海古籍出版社，1995 年），頁 1；頁 5～7。

外，另可以引申對錢先生在書法上的臨習研究，以便瞭解他對於中國傳統書畫的內涵。從他畫押式的簽名及行草的筆觸，對於他的書法另眼看待。吳忠匡曾提到「他閱碑帖，臨寫草書、楷書的師法即模仿近人張裕釗（1823～1894）等，算不得高古，後來好像學過蘇、褚、二王的字，不過都不下功夫，隨便臨摹成不了氣候。」錢先生的書法受二王的影響是很容易辨識的。〔註 73〕

〈林紓的翻譯〉此文表達錢先生對於翻譯的看法，他認爲「文學翻譯的最高理想可以說是化，把作品從一國文字轉變另一國文字，既能不因語文習慣的差異而露出不生硬牽強的痕跡，又能完全保存原作的風味，那就算得入於化境。」〔註 74〕「化」做爲錢先生對翻譯最高標準及藝術，這一篇文章向來亦作爲翻譯工作者的指導論著。他身爲《毛澤東詩詞》及《毛澤東選集》英譯本的定本者，據說毛澤東（1893～1976）〈延安文藝座談會講話〉一文英譯，便是出自他的手筆。〔註 75〕此外，他與楊絳等人另譯《外國理論家作家論形象思維》這本書甚少人注意，有錢先生的譯文。〔註 76〕可見翻譯一事，在他學術生命中是重要的一環。討論者如羅新璋〈錢鍾書譯藝談〉，此文蒐羅闡析錢先生對於翻譯的看法，詳盡完備。〔註 77〕

司馬遷所說的話，也可用在《管錐編》的寫作上：

> 蓋文王拘而演《周易》，仲尼厄而作《春秋》，屈原放逐，乃賦《離騷》，……大抵聖賢發憤之所爲作也。

錢先生這一部著作是在極艱難處境下完成的，其面臨的情境或可用司馬遷所述的境域來比擬。〔註 78〕想見他被規爲「資產階級反動學術權威」批鬥時，其憂心忡忡的心情是可想而知的。又下五七幹校勞動，張炯回憶說：「他〔指

〔註 73〕李廷華〈錢鍾書論書札記〉，《中國書法》（1995 年 1 期）；〈老坡意趣此中勘——讀錢鍾書先生書法〉，《中國書法》（1999 年 4 期），頁 62～64；吳忠匡〈記錢鍾書先生〉，《中國文化》第一期（1989 年 12 月），頁 196。

〔註 74〕錢鍾書〈林紓的翻譯〉，《七綴集》（上海：上海古籍出版社，1995 年）頁 80。

〔註 75〕*"Talks At The Yenan Forum On Literature And Art" Selected Works Of Mao Tse-Tung* Volume III，PP69-98 Peking：Foreign Language Press，1967。李洪岩：〈錢鍾書與近代學人〉（天津：百花文藝出版社，1998 年），頁 178

〔註 76〕《外國理論家作家論形象思維》（香港：三聯書店，1980 年）。

〔註 77〕羅新璋〈錢鍾書譯藝錄〉，《中國語文通訊》（1990 年 11 期），頁 14～26。

〔註 78〕季進以爲「《管錐編》這部孕育於黑暗中的巨著——體現了錢鍾書深廣的憂憤，學術的良心。」〈錢鍾書著作的話語空間〉，《文學評論》（2000 年 2 期），頁 119。

錢先生〕負責看管農具等活計，別人都不敢或沒有勁頭在學習文化知識，錢
先生則不然，他訂一份西德共產黨出版的《紅旗報》，每天的繁重勞動後，經
常坐在一隻小馬扎上，仔細閱讀這份德文報紙。」〔註79〕可見他仍孜孜不倦
的補充新知識。而這部用文言文完成的鉅作，他別有用意。柯靈曾問他，他
說：「因為都是在難以保存的時代寫的，並且也藉此測驗舊文體有多少彈性可
以容納新思想。」〔註80〕柯靈並說此二句話有「慷慨悲涼弦外之音」，這是他
的匠心別具之作，在那時氣候下，他用文言文來抒發內心愁境，用古典文言
文調侃時局人，在明眼人眼中已嗅出味道，時下那些將「麵」當「面」的人，
何能去瞭解他的心府。李慎之說：「因此，1979 年我看完四卷《管錐編》後，
就去向他祝賀，特別欽佩他自說自話，無一趨時語，一個字都沒有理睬三十
年來統治全中國的意識形態。他只淡淡一笑，搖搖手說『天機不可洩漏』。」
〔註81〕這就是《管錐編》一直吸引人去研究的地方。他所謂「打通」理論乃
別於別人常說他使用比較文學的方式，他以為在中西文學描寫手法上有一條
規律乃「在日常經驗裏視覺、聽覺、嗅覺、味覺，往往可以彼此打通或交通。」
〔註82〕使詩心、文心互能融會貫通。錢先生並沒有提倡過比較文學，而只有
應用過比較文學之一些方法。此書引起比較文學廣泛討論。〔註83〕關於比較
文學的議題，另一節再加以說明。

　　《管錐編》討論十部書，含括經、史、子、集，體系龐大，時有獨見，融
會中西思想，涉及文學、哲學、歷史、心理學、政治學等學科，通盤比較、打
通。此書另有討論全唐文、杜甫詩、韓愈詩等幾部書，到目前並未出版。〔註84〕
錢先生在討論《管錐編》時所引用的文字有多種，憑他的博學睿智，發出智慧
的火光。文中也有不少憂世傷生的感傷情懷。文革潛伏的精心之作，他似乎在

〔註79〕單三、梁若兵、李韻〈風範長存，蠋照學界──社會科學界部分學者追憶錢
　　　　鍾書先生〉，《光明日報》，第二版，1998 年 12 月 22 日
〔註80〕柯靈〈促膝閒話中書君〉，《聯合文學》，第 5 卷第 6 期（1989 年 4 月），頁 135。
〔註81〕李慎之〈千秋萬歲名，寂寞身後事〉，雪梨《東華時報》（1999 年 1 月 28 日）。
　　　　另收入何暉、方天星《一寸千思：憶錢鍾書先生》（瀋陽：遼海出版社，1999），
　　　　頁 186～196。
〔註82〕錢鍾書〈通感〉，《七綴集》（上海：上海古籍出版社，1994 年），頁 65。
〔註83〕趙毅衡〈《管錐編》中的比較文學平行研究〉，《讀書》（1981 年 2 期），頁 41
　　　　～47；張隆溪〈錢鍾書談比較文學與文學比較〉，《讀書》（1981 年 10 期），頁
　　　　132～138。
〔註84〕潘耀明〈錢鍾書訪問記〉，《當代大陸作家風貌》（台北：遠景出版公司，1990
　　　　年），頁 122

暗喻時代的愚笨及對「神」崇拜的無知。「走向世界」是他汲汲所求,他爲鍾叔河《走向世界——近代知識份子考察西方的歷史》所作的序說:「中國走向世界,也可以說是世界走向中國。」〔註85〕可見他的心思在於希望封閉的中國,當急快邁出腳步,向外發展。晚清以來諸多知識份子無不關心中國如何強盛,錢先生所關心便是在此,最近出版由錢先生掛名主編的《近代中國學術名著精選叢書》又見一例證。〔註86〕

目前對於《管錐編》做全面性討論的專著,計有以下六部書:

1. 蔡田明:《《管錐編》述說》,北京:中國友誼出版社,1991年4月。

2. 陳子謙:《錢學論》,成都:四川文藝出版社,1992年8月。

3. 臧克和:《語象論》,貴陽:貴州教育出版社,1992年9月。

4. 臧克和:《錢鍾書與中國文化精神》,江西:百花洲文藝出版社,1993年5月。

5. 莫芝:《《管錐編》與杜甫新解》,石家莊:河北教育出版社,1998年1月。

6. 張文江:《《管錐編》讀解》,上海:上海古籍出版社,2000年3月。

蔡田明的書是他多年研讀《管錐編》的筆記,依原文逐步解析,贏得周振甫的青睞爲他寫序。作者熟讀《管錐編》從札記中提煉出精華,從中歸納註解全書的旨趣,勾勒出《管錐編》的全貌,使讀者更清楚深入涵詠全書。陳子謙該書乃他的碩士論文的擴充,論文原由鄭朝宗所指導。全書計分品格論、情境論、比喻論、方法論等四部分進行銓釋。臧克和二書就文字及語言角度探索《管錐編》用傳統訓詁方法來解析及評述。莫芝該書是西方學界第一本評述《管錐編》專著。錢先生爲此書寫序,莫芝討論比較文學問題、天人合一觀及宇宙觀,皆有精闢之見。張文江針對《管錐編》作精細闡釋,是近年「錢學」研究上一部力作。

以上所述是大陸研究「錢學」成果評介。不過,錢先生著作精深難懂,涉及層面又廣,所以在「錢學」的研究仍有待努力開墾。故胡河清以爲「錢

〔註85〕鍾叔河《走向世界——近代知識份子考察西方的歷史》(北京:中華書局,1985年),頁2。

〔註86〕朱維錚《求索真文明——晚清學術史論》(上海:上海古籍出版社,1997年)按此書收有該叢書朱維錚爲每一本書所寫的導言。此叢書已由香港及北京三聯出版社出版。朱先生曾向筆者表示,錢先生實際參與此叢書之工作,並非只是掛名而已。

「學」的研究者缺乏嚴謹性、精確性、系統性及科學性。〔註87〕這幾年致力於「錢學」研究的刊物及著作另有以下幾種：

1. 錢鍾書研究編委會編：《錢鍾書研究》，北京：文化藝術出版社。已出版三輯。
2. 陸文虎編：《錢鍾書研究采輯》，北京：三聯書店，已出版二輯。
3. 馮芝祥：《錢鍾書研究集刊》，上海：上海三聯書店，已出版二輯。

前兩種刊物討論「錢學」水平較高，亦獲得錢先生默許。目前並沒有再出版的消息，研究「錢學」者或多或少，在這兩份刊物中，認識到研究者的用心及投入。後一種刊物，是新加入的錢學研究集刊，其系統、及風格與前兩種迥然不同，有互相抗庭之味道。

4. 胡范鑄：《錢鍾書學術思想研究》，上海：華東師範大學出版社，1993年5月。

胡范鑄研究「錢學」甚深，發表「錢學」單篇論文甚多，此書是單篇論文結集而成。論述的角度區分有喻象論、文體論、風格論等主題評述錢先生思想，及觀念方法，在「錢學」研究上給予多樣式思考空間。

5. 范旭侖、牟曉明：《記錢鍾書先生》，大連：大連出版社，1995年11月。
6. 范旭侖、李洪岩：《錢鍾書評論》，北京：社會科學出版社，1996年11月。

此二書評價不一，甚至遭到停銷之命運〔註88〕，但皆出於對「錢學」熱心的推動，此二書內容皆是與錢先生有往來學者的回憶性文章，增加讀者對錢先生進一步的認識。范旭侖為文不用本名，常用白克明、趙玉山、范明輝等筆名，他就是不願「借錢鍾書大撈書中錢」。多年來大力推動「錢學」廣受學術界注意。

7. 范旭侖、李洪岩：《為錢鍾書聲辯》，天津：百花文藝出版社，2000年。

這本著作所收入文章均是探討錢鍾書先生爭議性的問題，譬如錢先生有沒有說吳宓很笨或指責馮友蘭不是，諸如此類問題的爭辯，引來楊絳先生之不滿，甚至打起官司來。

〔註87〕王曉明編《胡河清文存》（上海：三聯書店，1996年），頁176～177。
〔註88〕范、牟、李三位先生所編的書，因文中有些材料未經錢先生的同意，擅自引用，造成錢先生的不悅，而打起官司，以至於停銷。

8. 河北教育出版社出版《錢鍾書研究叢書》，目前已出版二輯六冊，分別介紹如下：

（1）胡河清：《眞精神與舊途徑——錢鍾書的人文思想》，1995 年 5 月。

（2）李洪岩：《智者的心路歷程——錢鍾書的生平與學術》，1995 年 5 月。

（3）李洪岩，辛廣偉：《撩動繆斯之魂——錢鍾書的文學世界》，1995 年。5 月。

（4）張明亮：《槐陰下的幻想——論〈圍城〉的敘事與虛構》，1997 年 7 月。

（5）王衛平：《東方睿智學人——錢鍾書的獨特個行與魅力》，1997 年 5 月。

（6）莫芝：《〈管錐編〉與杜甫新解》，1998 年 1 月。

以上論著可窺見研究「錢學」者的努力。胡河清英年早逝，致力於「錢學」研究，在錢谷融的指導下取得博士學位，該書乃博士論文修改而成。〔註 89〕李洪岩另著《錢鍾書與近代學人》〔註 90〕他與范旭侖二人全力推展「錢學」，不過他遭人指責，才大氣粗〔註 91〕，不夠沉潛。錢先生每每鼓勵年輕學人不必追逐名利，要多充實思想、多層次、多方位去思考。這種苦口婆心，正是研究者應做爲借鑑的。

關於錢鍾書傳記，他自己是「敬謝不敏」，他說：「回憶是最靠不住的，一個人在創作時的想像往往貧薄可憐，到回憶時，他的想像力常常豐富離奇得驚人。」這正是他不汲汲寫回憶錄的原因。坊間倒是有幾部錢先生傳記：

1. 愛默：《錢鍾書傳稿》，天津：百花文藝出版社，1992 年 4 月。

2. 孔慶茂：《錢鍾書傳》，杭州：江蘇文藝出版社，1992 年 4 月。

3. 張文江：《錢鍾書傳》，臺北：業強出版社，1993 年 6 月。

4. 李洪岩：《智者的心路歷程》，石家莊：河北教育出版社，1995 年 5 月。

5. 孔慶茂：《錢鍾書與楊絳》，海口：海南國際新聞出版中心，1997 年 3 月。

〔註 89〕胡河清《靈地的緬想》（上海：學林出版社，1994 年）。

〔註 90〕李洪岩《錢鍾書與近代學人》（天津：百花文藝出版社，1994 年）。

〔註 91〕陳子謙《錢學論》〔修訂本〕（北京：教育科學出版社，1994 年）。

　　6. 王吟鳳：《走出魔鏡錢鍾書》，北京：金城出版社，1999 年 1 月。
這幾部傳記均以錢先生著作爲討論主軸，並依序譜寫而成。利用材料各有千
秋，不過有的材料皆有待考證。錢先生過世後，有幾本紀念性及回憶性的書，
結集出版。分別敍說如下：

　　1. 何暉、方天星：《一寸千思：憶錢鍾書先生》，瀋陽：遼海出版社，1999
　　　年。

　　2. 李明生、王培元：《文化崑崙：錢鍾書其人其文》，北京：人民文學出
　　　版社，1999 年。

　　3. 沈冰：《不一樣的記憶：與錢鍾書在一起》，北京：當代世界出版社，
　　　1999 年。

以上三書是錢先生友人談論與錢先生往來軼事的追念，這是錢先生生前不大
願意見到的，在他謝世之後，許多友人紛紛表述。這些文字，可以提供關心
錢先生的人，進一步認識及研究他。

　　以上將臺灣及以外地區，關於「錢學」研究成果，略做分析評介。這些
成果提供我們對於錢先生在學術研究上或生平文獻上，許多第一手材料。基
於以上的回溯，使我們對於「錢學」研究，在方法上，初步了解研究情形。

第四節　文獻資料的收集及探索

　　讀錢先生的著作，每次讀到精湛處，總是會望洋興嘆，佩服他那照相機式
的記憶，在考證、申論上，旁徵博引，所引用的典籍中西賅備，同時在語言上，
更是令人嘆爲觀止。筆者自一九九零年來中研院文哲所圖書館服務，成天與圖
書爲伍，林慶彰老師專研經學及文獻學，這兩方面他均有斐然之成績，他知道
我是錢迷，故建議我先爲錢鍾書研究編一個書目，這是他爲學之方法，因爲這
是基礎工作。有了這個書目，便可按圖索驥去研究。於是我便著手這工作。經
過六年之收集，先於《中國文哲研究通訊》發表了〈錢鍾書研究書目〉（1913
～1995）〔註92〕，這目錄錯誤及漏收的書目及論文甚多，希望以後再修改，至
今仍不斷收集錢學相關的書目。我以爲這些文獻材料，其中以錢先生友人之回
憶記述最爲珍貴，由於錢先生與友人約法三章，不允許他們紀錄他的事蹟，加

〔註92〕林耀椿〈錢鍾書研究書目〉（上），《中國文哲研究通訊》（第 7 卷 1 期，1997
　　　年 3 月），頁 21～108。〈錢鍾書研究書目〉（下），《中國文哲研究通訊》（第 7
　　　卷 2 期，1997 年 6 月），頁 41～95

上他沒有回憶錄及自傳，當世人爲他立傳，在材料上，可信度便值得懷疑。吾
人以爲這些著作中，除了幾位長期與錢先生有往來之學者如周振甫、鄭朝宗、
敏澤、舒展、王水照、黃維樑、莫尼克等人的著作，其參考性高外，其他相關
著作，在引用上，勢必要謹慎。就整體學養來說，我們很難超越錢先生，不過
針對一個論題，他的見解亦不見得完全正確。他在引用原典時，也因爲在核對
原文上有所疏忽，故往往有許多錯誤。這些在討論錢學，也應當提出來討論。
其次，吾因工作上之方便，除了收集紙面上的文獻材料，也針對與錢先生有往
來之學者，做多方面之訪談，從中體會出他們對於錢先生的觀感。我將這些訪
談過的學者臚列以下，大陸方面的學者如，王水照、董乃斌、楊義、胡明等人，
這些學人皆是錢先生在中國社會科學院文學所工作時的同仁，均與錢先生有往
來。王先生因編《中國文學史》與錢先生有所討論。董先生在五七幹校與錢先
生住同上下鋪。胡明較爲年輕常跟與錢先生討教，從他身上可知錢先生對年輕
人相當照顧的。此外，未曾謀面的大連圖書館范旭侖先生多年以來，推廣錢學
不餘遺力，出版錢學相關著作多種。〔註93〕香港中文大學黃維樑先生與錢先生
往來密切，曾賜贈錢先生給他的信函與我參考。澳洲柳存仁先生多年來，提供
我有關錢先生最新材料，今年（2000）十一月，他還到北京南沙溝拜訪楊絳先
生，亦知楊先生最新的近況。柳先生賜我最多，不僅是錢先生的消息，更是在
爲人、論學上都給我無數之啓迪，這是老輩學人提攜後輩的典範。此外，法國
陳慶浩先生將錢先生寄給他的信件原件，轉贈給我參考。陳先生提供我有關錢
先生對於情色小說的看法。又如李田意先生、饒宗頤先生、夏志清先生等人，
皆能略述他們所知及觀感。李先生當年在西南聯大，故知那一年（1939）錢先
生爲何離開西南聯大。這些訪談，對於錢先生之生平有很大的幫助，提供我在
論文上的一些觀察及探索，而這些觀察，對於時下批評錢先生的不是，是可以
提出反駁及說明的。

第五節　《管錐編》與黑格爾的「奧伏赫變」

　　基於以上的評介、收集及探索，由於大多數研究者，大半皆沒有扣緊時
代的問題來探索及研究，筆者以爲《管錐編》是文革期間著筆，整部札記性
文字，在材料上或許早有所釐訂，但在詮釋時，因爲是文革期間整理，在脈
絡上，不能將時代因素排除，對於作者心境上的因素，當然要加進來討論。

〔註93〕近來新作范旭侖、李洪岩《爲錢鍾書辯護》（天津：百花文藝出版設，2000）

　　很顯然《管錐編》在第一冊討論《周易正義》時，便提出「奧伏赫變」
（Aufheben）為例，說明其意義及思辯，（《管錐編》頁 1），依黑格爾在《小
邏輯》說明「Aufheben（或譯揚棄）一字的雙層意義，揚棄一詞有時含有取消
或捨棄之意，依此意義，譬如我們說，一條法律或一種制度被揚棄之意。其
次，揚棄又含有保持或保存之意。在這種意義下，我們常說，某種東西是好
好地被揚棄（保存起來）。這個字的兩種用法，使得這字具有積極的和消極的
雙重意義。」〔註94〕這「揚棄」的意義，在《管錐編》討論《老子》一章中，
彼此有深入的討論，其中在討論《老子》第四十章中，「反者，道之動」更提
出彼此的深邃的涵義，錢先生說：「《老子》用反字，乃背出分訓之同時合訓，
足與『奧伏赫變』齊功比美，當使黑格爾自漸於吾漢語無知而失言者也。」（《管
錐編》頁 445）可見，錢先生想與黑格爾相比美的意念，又因為他對「黑格爾
與老子」之辯證法兩者思想受益最多，（錢先生曾告訴敏澤）〔註95〕故足見「奧
伏赫變」的概念在討論《老子》一章中，有互為印證的地方。因為討論「錢
學」的學者不加進「文革」這時代變數，使得整部《管錐編》進行討論時，
失去了「奧伏赫變」辯證的意涵。因此，本文將在第四章，嘗試就《管錐編》
討論《老子》部份，做為論文探索的核心，但所擬定的議題中牽涉到《管錐
編》所討論的其它書，及相同議題，亦會收納進來做為討論，這是本論文進
行的方式。

〔註94〕黑格爾著賀麟譯《小邏輯》（北京：商務印書館，1994），頁 213。
〔註95〕敏澤〈永留的豐碑──追憶錢鍾書先生〉，收入何暉，方天星編《一寸千思》
　　　　（瀋陽：遼海出版社，1999），頁 295。

第二章 錢鍾書個人背景的分析

第一節 錢鍾書及其時代的關係

　　晚清以來知識份子面對文化的衝擊，造成極大的震撼，同時如何面臨外來新穎的知識及如何突破傳統之束縛。在這樣紛爭的時代，學術界各種聲音、各種主張、各種派別皆能各自表述不同的意見。「晚清學界之爭論，有政治路線（保皇/革命）、有門戶家法（今文/古文）、有文化理想（中學／西學），更有將三者混為一談的『求是與致用』。」〔註1〕這種現象的分歧是無法加以爭辯的。錢基博說：「而歐洲思潮又適以時澎湃東漸，入主出奴，聚訟盈庭，一閱之市，莫衷其是，權而為論，其蔽有二：一曰執古，一曰鶩外。何謂鶩外？歐外之東，淺識或自菲薄，衡政論學，必準諸歐。」〔註2〕西學東漸的潮流促成晚清學術另一股宏大的學術爭辯，這新的思潮也使保守的中國傳統學界有一股新的活力，陳寅恪（1890～1969）便說：「其真能於思想上自成系統，有所創獲者，必須一方面吸收輸入外來之學說，一方面不忘本來民族之地位。」〔註3〕梁啓超（1873～1929）也說：「故我輩雖當一面盡量吸收外來之新文化，一面仍萬不可妄自菲薄，蔑棄其遺產。」〔註4〕錢先生自己便是如此肯定的說：「東海西海，心理攸同；南學北學，道術未裂。」〔註5〕這顯現出他對於東西

〔註1〕 陳平原《中國現代學術之建立》（北京：北京大學出版社，1998年），頁14。
〔註2〕 錢基博《現代中國文學史》（出版地及時間不詳），頁6。
〔註3〕 陳寅恪〈馮友蘭《中國哲學史》下冊審查報告〉，見《陳寅恪先生文集》（三）（臺北：里仁書局，1981），頁252。
〔註4〕 梁啓超《清代學術概論》（臺北：臺灣商務印書館，1977），頁176。
〔註5〕 錢鍾書《談藝錄》（臺北：書林出版公司，1988年），序頁1。

方思潮衝擊所作的回應及看法。同時他對於西學的傳入及交流的書籍相當重視。其中有兩個證明，可以說明，一是他爲鍾叔河《走向世界：近代知識份子考察西方的歷史》〔註6〕一書作序，序中說：

中國「走向世界」也可以說是「世界走向中國」，咱們開門走出去，

正由于外面有人推門、敲門、撞門，甚至破門跳窗進來。

這段話是八十來年代說的，這個思考向來都是他所關切的，而鍾叔河主編《走向世界叢書》〔註7〕是一套走向世界如何與外界交流溝通的著作。錢先生在序中又說：「差不多四十年前（約1944年），我用英語寫過關於清末我國引進西洋文學的片段，常涉獵叔河同志所論述的遊記、旅行記、漫遊日錄等等。」這便證明他對於東西方文化的融合、打通，前後是一致的，且沒有中斷，這樣的思考，在他著作中皆顯示出來。二是他任《中國近代學術名著叢書》〔註8〕的主編，這套叢書有些是面對與西方的交流及受衝擊的著作，是向外招手及交流的紀錄與文獻。錢先生生長的時代充滿挑戰。民國初年政治詭譎變化多端，政黨各派、軍閥割據各佔四方，生長的江蘇無錫，也是中國文化發展的重要地區。加上他父親錢基博（子泉，1887～1957）是傳統儒家的學者，錢先生圃守於中國典籍，如《古文辭類纂》、《十八家詩鈔》、《駢體文鈔》的研讀及背誦，但他對於林紓（琴南）（1852～1924）翻譯的小說特別興趣，遍讀林氏的翻譯小說。胡志德（Theodore Huters）說：「他甚至認爲最終決定專攻外國語，部份原因也是因爲林紓的譯作激發起了他閱讀西洋小說原著的願望。」〔註9〕晚清以來，知識份子期盼中國如何走向現代化吸收西方思想，這種期望應是普遍的共識。如嚴復（又陵）（1854～1921）〔註10〕，史華茲（Benjamin Schwartz）全面性對嚴復提出客觀討論，對於他如何吸收斯賓塞（H.Spencer，1820～1903）、赫胥

〔註6〕 鍾叔河《走向世界：近代知識份子考察西方的歷史》（北京：中華書局，1985），頁2。

〔註7〕 鍾叔和主編《走向世界叢書》在八十年代初由河南人民出版社陸續出版，錢先生對於這一套叢書有很大的鼓勵，更爲鍾叔河著作寫序。

〔註8〕 《中國近代學術名著叢書》（香港：三聯書店，1998），由錢鍾書先生主編，朱維錚任實際編輯，該書共收有《新學僞經考》、《劉師培辛亥前文選》、《漢學師承記》、《東塾讀書記》、《訄書》、《書目答問》、《弢園文新編》、《康有爲大同論》、《郭嵩燾等始西記》、《萬國公報文選》等種。據朱先生於1999年7月9日訪文哲所時，向筆者表示錢先生對於這些書是實際參與，並非只是掛名的主編。

〔註9〕 胡志德著，張晨等人譯《錢鍾書》（北京：中國廣播電視出版社，1991），頁4。

〔註10〕 史華茲（B.Schwartz）《尋求富強——嚴復與西方》（南京：江蘇人民出版社，1996）

黎（T.H.Huxley，1825～1895）、亞當史密（A.Smith，1723～1790）、穆勒（J.S.Mill，1806～1873）、孟德斯鳩（Charles Louis de Secondat Montesquieu，1689～1755）等人之思路，同時比較彼此之間的影響。梁啓超奔走於學術與政治之間；王國維吸收了尼采（F.W.Nietzsche，1844～1900）、叔本華（A. Schopenhauer，1789～1860）、康德（Immanuel Kant，1724～1804），使西方思想融入分析中國名著中，《紅樓夢評論》便是其中一部。這些文人之心思，皆可見有共同的期望。

　　錢先生入清華大學外文系是 1929 年，這一年清華大學國學研究院導師梁啓超先生過世，當然錢先生無緣親炙。加上 1927 年王國維（1877～1927）自盡，這兩位大師，錢先生皆沒有機會碰面請益的機會，同時他入清華大學這一年國學研究院遭裁徹〔註 11〕，這兩位學貫中西之學人，勢必在錢先生心中佔有重要的地位，因爲他們的思想及學問是全方位，同時不囿於傳統的學問。當時以吳宓（雨僧，1894～1978）爲主之學衡派，堅守傳統中國文化，而錢先生此時就讀於吳宓主持的外文系。當年的錢先生是位桀傲不馴的學生，「據說他只選過楊樹達（1885～1996）、蔣廷黻（1895～1965）及趙萬里（1905～1980）三人的課。」〔註 12〕在清華大學時代，他到底修了那些人的課，目前不能完全清楚，但當時之外籍教授有著名的 R.Winter 和 I.A.Richards，Richards 是「新批評」的創始人。因此，他在嚴厲家庭教育受其父親錢子泉的薰陶，奠下中國傳統學問的根基，又入清華大學面臨各方面學問的衝擊，造成他在 1935 年出國留學英國牛津及巴黎大學。在牛津得了 B.Litt 學位，論文題目《十七世紀英國文學中的中國》（China In The English Literature of The Seventeenth century）及《十八世紀英國文學中的中國》（China In The English Literature of The Eighteenth Century）〔註 13〕，這兩篇論文錢先生似不甚滿意，不允許出版

〔註 11〕蘇雲峰《從清華學堂到清華大學》（臺北：中央研究院近代史研究所，1996），頁 319～376。：劉夢溪《傳統的誤讀》（石家莊：河北教育出版社，1996），頁 149。錢先生入清華這一年，同時取消清華大學畢業學生，不能再直接留學美國的制度。蘇雲峰《抗戰前的清華大學》（臺北：中央研究院近代史研究所，2000），頁 243。

〔註 12〕李洪岩《智者的心路歷程》（石家莊：河北教育出版社，1995），頁 78。

〔註 13〕Chien Chung-Shu "China in the English Literature of the Seventeenth Century" *Quarterly Bulletin of Chinese Bibliography,* 1:4（December, 1940），PP351-384; Chien Chung-shu "China in the English Literature of the Eighteenth Century I" *Quarterly Bulletin of Chinese Bibliography,* 2; 1-2, 1941, pp7-48; Chien Chung-Shu "China in the English Literature of the Eighteenth Century II" Quarterly Bulletin of Chinese Bibliography, 2:3-4（December, 1941）pp113-152。

社出版。1938 年他回國，國事蜩螗，他在昆明西南聯大任教，一共教過三門
課程，分別爲文藝復興時代文學、現代小說、大一英文等〔註 14〕。這位剛從
國外回來的年輕學人，吳宓在日記已紀錄他的蹤跡。〔註 15〕錢先生教過的學
生皆是佼佼者，如許國璋、楊周翰、王佐良、周珏良、李賦寧等人，不過他
在西南聯大只待一年，至於促使他離開原因，或許有人嫉妒他或排擠他，或
是他看不貫學術生態。此事當時在西南聯大的李田意先生（1917～2000）曾
向筆者表示錢先生之所以離開乃看不慣連某人皆能入西南聯大任教，他只好
辭職。〔註 16〕李先生所說應屬實，依錢先生當時才 29 歲，才氣出眾恃才傲物
是可以理解的。今從《吳宓日記》我們或可以瞭解當年（1938～1939）他與
系上老師互動關係。

1939 年 3 月 30 日

訪沈從文，適邀友茶敘，客有蕭乾、馮至、錢鍾書、顧憲良、傅雷
等。（《吳宓日記》第七冊，頁 14）

1939 年 7 月 1 日

至下午 4:00 方擬入城赴錢鍾書招宴於柏廬菜館。（頁 21）

1939 年 7 月 2 日

先訪錢鍾書於文化巷 11 號寓所談次。……乃對鍾書略述心一（按指
吳宓夫人陳心一，當時吳氏正苦求毛彥文）方面宓之冤苦。不意明晚滕君宴
席中，鍾書竟以此對眾述說，以爲談柄。（頁 22）

1939 年 7 月 29 日

上午讀寧（李賦寧）所記錢鍾書 Contemporary Novel 講義完，甚佩。

〔註 14〕《國立西南聯合大學史料》第三冊教學科研卷（昆明：雲南教育出版社，
1998），頁 152。

〔註 15〕吳宓《吳宓日記》（北京：三聯書店，1998）；林耀椿〈吳宓日記中的錢鍾書〉，
《文訊雜誌》，（第 121 期，1991 年 1 月），27～28。

〔註 16〕李田意先生今年（2000）過世，當年他在臺灣東海大學任教時，筆者曾經旁聽
他的課，述說他如何在日本某古寺爲了看孤本（似《二拍》）的小說，與寺廟的
小僧周旋的故事，今仍歷歷在目。後來又在中研院文哲所相會，李先生訪問其
間與我談起錢先生在西南聯大的軼事。便提及錢先生辭職離開西南聯大之事，
似乎與沈沈的先生有關。此外，另有多種說法，參見謝詠〈錢鍾書與西南聯大〉，
《博覽群書》（1996 年 9 期），頁 31。楊樹勳〈憶吳雨僧教授〉一文提到「對沈
從文之升任教授，（吳宓）極爲贊成，不若其他人士之尚作議評。」不知其他人
士就是指錢先生否？《傳記文學》第 1 卷 5 期（1962 年 10 月），頁 26。

（頁 79）

1939 年 9 月 30 日

　讀寧所記錢鍾書之 Renaissance Literature 講義甚佳。（頁 80）

　　眾人皆知，錢先生曾有一段公案，引起過無謂爭執。他在離開西南聯大時，曾說：「西南聯大的外文系根本不行，葉公超（1904～1981）太懶、吳宓太笨、陳福田太俗。」這段傳言引起楊絳（季康，1910～）為文〈吳宓先生與錢鍾書〉〔註 17〕為之辯護，及他人的反駁。〔註 18〕我們以為吳宓對這位「人中之龍」的學生是相當器重的，當錢先生要離開西南聯大時，他在十月四日（1939）日記記「讀寧所記錢鍾書 Renaissance Literature 講義完。并甚佩服，而惜錢君今年之改就師範學院教職也。」（即湖南藍田師範學院）他感到相當可惜；又在 1940 年 3 月 12 日日記「寅恪教宓，不可強合，合反不如離，謂錢鍾書也。」這二段日記，可見錢鍾書先生當時在西南聯大時受吳宓的賞識。又為系所器重，他在 11 月 6 日記記「F.T（指陳福田）.請便宴，商清華系務，……而席間議請鍾書回校任教，忌之者明示反對，但卒通過。」從這些蛛絲馬跡或可知道，他處的時代在鋒火連天的對日抗戰中〔註 19〕，當然不能安於學校任教。不過他的才華仍是多方所激賞，浦江清當時代理中文系主任事務，他在《清華園日記》中記：「所擬有孫蜀丞（人和）、朱東潤（1896～1988）、呂叔湘（1904～）、錢默存、董同龢（1911～1963）等，錢、呂雖高明、可來之成分甚少也。」〔註 20〕從以上的引證，錢先生有沒有說出指責這些老師的話，因為純是傳言，故很難加以斷定是非。不過，依錢先生年輕氣盛，又是學成歸國的學人，若是講這樣的一段話，依常理應不會感到意外的。

　　四九年之後，他回清華大學外文系，因他是外文的狀元，所以 1953 年便開始任《毛澤東選集》英、法文譯本定稿工作，這從王佐良〈一個業餘翻譯者的回顧〉〔註 21〕一文可知道「金岳霖（1895～1984）譯了〈實踐論〉、〈矛

〔註 17〕楊絳〈吳宓先生與錢鍾書〉，《讀書》（1998 年 6 月），頁 13～16；《當代》（第 136 期，1998 年 12 月），78～82。

〔註 18〕范旭倫，李洪岩〈楊絳〈吳宓先生與錢鍾書〉證偽〉，《當代》（第 136 期，1998 年 12 月），頁 66～77。

〔註 19〕斯諾（Edgar Snow）《西行漫記》（Red Star Over China），胡愈之譯《胡愈之譯文集》（南京：譯林出版社，1999），128～557。

〔註 20〕浦江清《清華園日記》（北京：三聯書店，1999），頁 245。

〔註 21〕王佐良〈引言：一個業餘翻譯者的回顧〉頁 92，收入《翻譯：思考與試筆》，

盾論〉，錢先生譯了〈在延安文藝座談會上的講話〉，亦擔任《毛澤東詩詞》翻譯。」這象徵在四九年之後初期，錢先生仍受尊重，在學術上也有很大的成就，他在鄭振鐸提議下，開始編選《宋詩選注》（1955）〔註22〕。這部選集是 1958 年出版，但正巧遇上批判「白專道路」，這部書卻列爲「資產階級文學研究」代表作，引來許多批判。這段經過本是無奈的，錢先生在《宋詩選注》香港版的前言說：「所以這本書的序和選目一仍其舊，作爲當時氣候的原來物證，更確切的說，作爲當時我自己儘可能適應氣候的原來物證。」〔註23〕由於「文化大革命」的瘋狂行爲，將中國人弄的天翻地覆，從姚文元〈評新編歷史劇《海瑞罷官》〉〔註24〕，掀起「文化大革命」之號角，這場論戰主要是政治勢力的大鬥爭，毛澤東在此階段被奉爲偶像，〔註 25〕加上黨策略的推展，使人們更陷於鬥爭的環境中。我們從西蒙・列斯（李）（Simon Leys）《中國大陸的陰影》〔註 26〕，可見文革的大陸各種樣態。這部書是外國人眞實反映出文革時期，內部老百姓生活情況、官僚體制及文化現象，連支持中共的費正清（John K. Fairbank，1907～1991）也在《紐約書評周刊》有相當好的評

（北京：外語教學與研究出版社，1997）；葉君健〈毛澤東詩詞的翻譯：一段回憶〉，《中國翻譯》（第 4 期，1991 年）；方丹〈我所認識的錢鍾書〉，《明報月刊》（第 8 期，1979 年），42～44。童元方〈費孝通和楊絳與錢鍾書〉：《聯合報副刊》2000 年 3 月 30 日，第 37 版。文章提到喬冠華找費孝通主持《毛澤東選集》英譯，費轉推薦錢鍾書參加。張吉堂〈費孝通與楊絳，錢鍾書與毛澤東〉《聯合報副刊》2000 年 4 月 16 日，第 37 版。

〔註22〕錢鍾書《宋詩選注》（北京：人民文學出版社，1995）。

〔註23〕錢鍾書《宋詩選注》（北京：人民文學出版社，1995），頁 299。附錄：香港版《宋詩選注》前言，原題爲《模糊的銅鏡》。

〔註24〕姚文元〈評新編歷史劇《海瑞罷官》〉，《新華月報》（總 254 期，1965 年），108～117。此文原載《文匯報》1965 年 11 月 10 日；《人民日報》1965 年 11 月 30 日。

〔註25〕張力波〈文化大革命時期若干重要問題〉收入《中國歷史研究專題述評》（黑龍江：黑龍江人民出版社，1990），頁 635。

〔註26〕西蒙・列斯（李）（Simon Leys），黃文範譯《中國大陸的陰影》（臺北：中央日報社，1979）Leys 是作者的筆名，原名爲 Pierre Ryckmans。曾爲陳若曦《尹縣長》英譯本寫導言。又將《論語》譯成法文與英文，受學界所重視。另見柳存仁〈百年來之英譯《論語》其一讀西蒙李（Simon Leys）新譯《論語》〉收在《國際漢學》第四輯（鄭州：大象出版社，1999），頁 110～127。Simon Leys 在法國《世界報》（1983 年 6 月 10 日）曾說：錢鍾書對中國文學，西方傳統，和世界文學都有深廣的了解，錢鍾書在今的中國，甚至在全世界都是無人可以相比的。」轉引自張隆溪〈論錢鍾書語言藝術的特點〉，註 19，《錢鍾書研究采輯》第二輯，（北京：三聯出版社，1996），頁 47。

價。這些歷史沉淪反映在後來的「傷痕文學」〔註27〕、或「回憶錄」，每部書皆是血淚史〔註28〕，如巴金《隨想錄》〔註29〕、季羨林《牛棚雜憶》〔註30〕，楊曦光（楊小凱）《牛鬼蛇神錄》〔註31〕、周一良《畢竟是書生》〔註32〕及楊絳《幹校六記》，《幹校六記》紀錄錢先生夫婦在五七幹校勞動的真實紀錄。在文革中，關於錢先生的材料，目前只能藉楊絳這部「報導文學」的描繪，想像當時歷史長河中，他們的生活點滴。在顧潮《歷史終教志不灰——我的父親顧頡剛》〔註33〕一書，1966 年 8 月 27 日日記載有「8 月 27 日學部召開大會，所屬各所之戴高帽者七八十人均集中在此聽批判，父親看到翁獨健（1906～1986）、錢鍾書、陸志韋（1894～1970）等皆在內。」這些著名學人皆必要接受這樣的批判，顯示出這場運動的悲慘，也造成如老舍、傅雷、沈從文……等許多人的自殺。〔註34〕這些苦痛的命運皆是政治因素所引起的，錢先生就在這一場運動中，「默存」耕耘他的《管錐編》，楊絳在〈丙午丁未年紀事——烏雲與金邊〉一文提及「默存寫《管錐編》經常要核對原書，不論中外文書籍，他要什麼書，書就應聲而來。如果是文學所和外文所都沒有的書，有人會到北大圖書館或北京圖書館去借。如果沒有這種種幫忙，《管錐編》不知還得延遲多少年月才能完成呢？」〔註35〕總之，文化大革命的運動中知識份子被視為「牛鬼蛇神」（巴金認為「牛鬼蛇神」一詞來自 1966 年 6 月 1 日《人民日報》社論〈橫掃一切牛鬼蛇神〉）被侮辱、毒打、懲罰，身心皆受到空前的迫害，錢先生卻能在逆境中默默去整理這部有「五大麻袋筆記」

〔註27〕　許子東分析 50 篇文革小說，這些文學作品皆稱為傷痕文學，作者分析每一本小說的旨趣，論述它們所含寓之內容。他說：「文革小說在一定程度上兼有歷史記載，政治研究，法律審判，及新聞報導的某種功能。」《為了忘記的集體記憶——解讀 50 篇文革小說》（北京：三聯書店，2000）

〔註28〕　林耀椿〈含冤的靈魂仍飄盪在大地上——讀巴金及楊楊曦光〉《文訊雜誌》（第 92 期，1996 年 8 月），14～15。

〔註29〕　巴金《隨想錄》（香港：三聯書店，1988）

〔註30〕　季羨林《牛棚雜憶》（香港：三聯書店，1999）

〔註31〕　楊曦光《牛鬼蛇神錄》（香港：牛津大學出版社，1994）

〔註32〕　周一良《畢竟是書生》，《周一良全集》（瀋陽：遼寧教育出版社，1998），頁 318～425。

〔註33〕　顧潮《歷史終教志不灰——我的父親顧頡剛》（上海：華東師範大學出版社，1997），頁 305～306。

〔註34〕　李澤厚、劉再復《告別革命——回望二十世紀中國》（香港：天地圖書公司，1996），頁 202。

〔註35〕　楊將《將飲茶》（北京：三聯書店，1987），頁 180。

〔註 36〕的大書，他自己感慨的說：「現在事過境遷，也可以說水落石出。在這次運動裏，如同在歷次運動裏，少不了有三類人。……或者（就像我本人）慚愧自己是懦怯鬼，覺得這裏面有冤屈，卻沒有膽氣出頭抗議，至多只敢對運動不很積極參加。」〔註 37〕所以他說《幹校六記》應再加一篇「運動記愧」。吾人以爲這是時代的大轉折及大破壞，亦促使他沉潛去思考學術之工作，用驢子磨豆的精神完成了鉅作。

第二節　錢鍾書生平及其著作

一、錢鍾書生平

　　古今中外著名的學人有其成就，背後絕大多數皆有一個嚴屬的家庭，錢先生誕生在山明水秀的江蘇無錫，無錫爲江南著名的旅遊勝地，人才倍出，物產豐富，史籍有志參見《無錫金匱縣志》〔註 38〕。錢先生父親爲著名大學者錢基博（1887～1957），號潛廬，字子泉。我們可從他的〈自傳〉略知他的生平及著作，也作爲子泉先生家世的基本資料。錢先生大伯父錢基成（子蘭）無子嗣，故錢基博將錢鍾書過繼給大伯父撫養，楊絳記述說：「鍾書周歲，抓周抓了一本書，因此取名鍾書。他出生那一天，恰有人送來一部《常州先哲叢書》，伯父已爲他取名仰先，字哲良。……伯父去世後，他父親因鍾書愛胡說亂道，爲他改字默存，叫他少說話的意思。」〔註 39〕不過，我們從他小時候的癡氣知他的秉賦甚高，加上嚴父錢基博的管教，受此環境的薰陶又與堂弟錢鍾韓（錢基厚之長子，1911～）兩人在學業上的互相砌磋及競爭，他回憶說「余十六歲與從弟鍾韓自蘇州一美國教會中學（按，指美國聖公會辦的無錫輔仁中學）返家度暑假，先君適自北京歸，命同爲文課，乃得知《古文辭類纂》、《駢體文鈔》、《十八家詩鈔》等書」〔註 40〕。這幾部

〔註 36〕楊絳《將飲茶》（北京：三聯書店，1987），頁 180。
〔註 37〕錢鍾書《〈幹校六記〉小引》，收入楊絳《從丙午到流亡》（北京：中國青年出版社，2000），頁 56。
〔註 38〕臺北市無錫同鄉會曾向中央研究院歷史語言研究所借印了光緒七年《無錫金匱縣志》（1968 年出版），同時並陸續出版了與無錫相關的書籍《無錫文獻叢書》已有十輯，如《四庫全書中的無錫縣志》、《錫金識小錄》、《錫金志外》等等。
〔註 39〕楊絳《將飲茶》（北京：三聯書店，1987），頁 118。
〔註 40〕錢鍾書《談藝錄》（臺北：書林出版有限公司，1988），頁 346。

書是傳統中國家庭教育後代必讀的典籍，無怪乎鄒文海當年他大人責怪他說：「我過錢家，每回都聽到鍾書書聲朗朗，誰像你一回家就書角都不翻了。」〔註41〕這時段除了中國典籍之外，他喜愛商務印書館印《林譯小說叢書》，他後來寫了〈林紓的翻譯〉大作，其中說明他對於外文的興趣是有其原因，他說：「我自己就是讀了林譯而增加學習外國語文的興趣的。商務印書館發行的那兩小箱《林譯小說叢書》是我十一二歲時的大發現，帶領我進了一個新天地，一個在《水滸》、《西遊記》、《聊齋誌異》以外另闢的世界。」〔註42〕在中西方的文集中他都能融會貫通，同時在學問養成階段突飛猛進，加上他的知識及廣度更為精進，故偶而會代他父親寫信及著作，楊絳曾說：「那時商務印書館出版錢穆的一本書，上有鍾書父親的序文。據鍾書告訴我，那是他代寫的，一字沒有改動。」〔註43〕此書應指《國學概論》，依序時間是1930年，錢先生正好在清華大學就讀。〔註44〕香港大學黎活仁曾與錢先生往來，錢先生曾對這問題在信上說明，他說「商務印書館出之《國學概論》或《清儒學術思想》之類一書。有先君所作序，實弟費半日之力代筆，中引少陵「吾宗老孫子」之句，（原文為『方且誦杜陵吾宗老孫子之語，而相視以笑。』）天壤間當有尚存此書，可以覆檢。」這一公案，從這一段話已經是水落石出，更確定此事的真實性。又從該序中我們略可窺出錢先生的筆意，如「古人貌異心同之故」、「可以三隅反也」這些用詞在錢先生著作時時可見。父子情深辯論學術上的議題時的衝突有之，依錢先生之個性當然好勝不服輸，錢基博《古籍舉要》（即《後東塾讀書記》）記錄有父子在辯論陳澧與朱一新誰的功力（指學識及文章）較強，父子辯論各持己見，互不相讓。「傍晚納涼庭中，與諸兒論次及之，以為《答問》（指朱一新《無邪堂答問》）可配陳澧《東塾讀書記》，儻學者先讀陳《記》以端其緒，繼之《答問》以博其趣，庶於學問有從入之途，不為拘虛囿之見。兒子鍾書因言：『《答問》與陳《記》同一

〔註41〕鄒文海〈憶錢鍾書〉收入沈冰《不一樣的記憶——與錢鍾書在一起》（北京：當代世界出版社，1999），頁80。

〔註42〕錢鍾書〈林紓的翻譯〉（上海：上海古籍出版社，1994），頁82。

〔註43〕楊絳《將飲茶》楊絳《將飲茶》（北京：三聯書店，1987），頁130。

〔註44〕李洪岩《智者的心路歷程》（石家莊：河北教育出版社，1995），頁69。黎活仁〈懷念錢鍾書先生〉《聯合報副刊》（1999年1月7日，第37版）。按：目前錢穆《國學概論》臺灣商務印書館的「人人文庫本」及聯經出版社的《錢賓四先生全集》均將錢基博此序刪去。參見該書原版是1931年5月商務印書館分上下兩冊出版。

兼漢宋，若論識議閎通，文筆犀利，則陳記遠不如答問。』」〔註45〕

1929 年錢先生進入清華大學外文系，是戲劇性的入學，他數學只考得 15 分，但中、英文分數奇佳，使當時的校長羅家倫（1897～1969）破格錄取這位奇才，亦開啓了他在水木清華的四年大學生活。這一年（1929）清華國學院已在六月底正式結束，梁啓超在一月十九日過世，清華改屬教育部爲國立大學。外文系這一年聘請 I. A Richard 來任教，另聘蔣廷黻（1895～1965）、葉公超（1904～1981）、黃節（1873～1935）等人。他同時代同學如吳辰伯（1909～1969）、吳組緗（1908～1994）、喬冠華（1913～1983）、萬家寶（曹禺）（1910～）等後來皆是知名的學者，清華三才子就是以錢鍾書爲首，另兩個是吳辰伯及夏鼐（1910～1985）。吳宓盛贊錢先生說：「當今文史方面的傑出人才，在老一輩中要推陳寅恪，在年輕一輩中要推錢鍾書，他們都是人中之龍，其餘如你我，不過爾爾。」〔註46〕

吳宓對於這位學生在他日記載有，「九月十日（1929），早上編《學衡》，北大學生高昌運、張秉禮偕清華新生錢鍾書來。錢生持其叔（嗣父）介紹函。叔即錢基博君，函中對宓奬許甚至。」〔註 47〕這段記載可見吳宓相當注意錢基博推介這位新生，但吳宓將錢基博誤爲錢鍾書的叔父，當時錢鍾書爲錢基成之養子，非嗣父應是生父。在當時外文系任教的老師有郭斌龢（1897）、葉公超、陳福田、吳宓、王文顯、溫德（R. Winter）等人。他在就學其間已發表了 16 篇書評〔註48〕，畢業後有一段公案，這也是錢先生晚年不想見到的，當《吳宓日記》出版後，吳宓女公子吳學昭取日記示錢先生，並希望他爲該日記寫一段序，這一甲子前陳年往事，儘管當時錢先生年輕氣盛，而今在序文見到錢先生態度謙恭，同時對於當年的態度，亦感抱歉。該事原委是由於溫源寧（1899～1984，亦爲清華教授）要錢先生爲他的著作 *Imperfect Understanding*（《不夠知己》，其中有專篇論及吳宓），寫一篇英文書評，當時錢先生在英國留學，他寫好書評即先寄給溫源寧，但他以爲不會那麼早刊出，溫氏應會給吳宓過目。故錢先生又曾修改過一稿直接寄給吳宓。吳宓在三月

〔註45〕錢基博《古籍舉要》（臺中：文宗出版社，1970），序頁 3，
〔註46〕鄭朝宗〈但開風氣不爲師〉，收入《文化崑崙》（北京：人民文學出版社，1999），頁 24。
〔註47〕吳宓《吳宓日記》第四冊（北京：三聯書店，1998），頁 282。
〔註48〕林耀椿〈錢鍾書研究書目 1913～1995〉《中國文哲研究通訊》（第 7 卷 1 期，總 25 期，1997 年 3 月），頁 21～108。

三十日（1937）日記上寫「下午，接錢鍾書君自牛津來三函，又其所撰文一篇，題曰：Mr.Wu MI and His Poetry，系爲溫源寧所編之英文《天下》月刊而作。乃先寄宓一閱，以免宓責怒，故來函要挾宓以速將全文寄溫刊登，勿改一字。如不願該文公佈，則當寄還錢君，留藏百年後質諸世人云云。至該文內容，對宓備致譏詆，極尖酸刻薄之致，而又引經據典，自詡淵博。」〔註49〕因錢先生在評論文章傷及吳宓當時的愛人毛彥文（1898～1999）〔註50〕，說她是 super-annuated Coquette（賣弄風情的女人），使吳宓痛心至極。《日記》又記「又按錢鍾書君功成明就，得意歡樂，而如此對宓，猶復繆托恭敬，自稱贊揚宓之優點，使宓尤深痛憤。乃即以原件悉寄溫君刊登，又復錢君短函（來函云候復），告以稿已照寄」〔註51〕吳宓雖然痛心，但仍將文章寄給溫源寧刊登。但是先前溫氏已將第一稿刊出，故在四月十一日日記有記「日昨接溫源寧寄回三月三十日所寄去之錢鍾書撰《論吳宓之詩》一文。附函，謂半月前錢君曾致溫君一函，中論宓詩，命刊登《天下》，業以登入。今此文更詳，礙難重登。應由錢君負責也云云。宓即又以原稿，並溫函，寄回牛津錢君收，以了此公案云。」〔註52〕這段公案引來楊絳寫了一篇文章〈吳宓先生與錢鍾書〉說明此事的原委，楊絳說此事發生後，錢先生在昆明已向吳宓賠罪，吳宓說他早已忘了。但錢先生始終沒有忘懷，在《吳宓日記》序文說：「先師傷心如此，罪不可逭，眞當焚筆硯矣！」又「先師大度包容，式好如初，而不才內疚於心，補過無從，惟有愧悔。」楊絳最後說明外傳錢先生在離開西南聯大說：「吳宓太笨」之傳說，並向李賦寧求證。因爲這段話來自當時亦爲西南聯大學生，現仍健在的李賦寧，李先生則鄭重否認。不過，我們認爲這事已過，錢先生在日記序中已向他老師表達歉意，今人再不必做無謂的揣測及指責。

〔註49〕吳宓《吳宓日記》第六冊（北京：三聯書店，1998），頁96～97。

〔註50〕毛彥文於 1999 年 9 月 3 日過世於臺北，享年一百零二歲。毛女士在 1935 年與熊希齡成婚後，便忙於北平香山慈幼院及國際紅十字會救濟工作。1937 年熊希齡過世後，便寡居。參見滕興傑〈皓潔坦然，無愧無憾——感念慈幼先進毛彥文教授〉，《聯合副刊》1999 年 12 月 4 日。及沈衛威〈我到臺北找海倫〉，《中國時報》第 23 版〈生活書摘〉2000 年 11 月 12 日。按：海倫就是毛彥文。文中提到有回憶錄《往事》是 1989 年出版的。《往事》一書經羅久芳、羅久蓉校訂在北京重新出版。（北京：商務印書館，2012）。

〔註51〕吳宓《吳宓日記》第六冊（北京：三聯書店，1998），頁 97。

〔註52〕吳宓《吳宓日記》第六冊（北京：三聯書店，1998），頁 107。

　　錢鍾書先生在 1948 年曾經來過臺灣，這次的訪問，是教育部在臺北要舉行一個文物展覽會。應邀參加的人員在 1948 年 3 月 18 日抵達基隆港，由當時的省政府教育廳長許恪士（1895～1967）親自登輪迎接。成員是當時中央圖書館館長蔣復璁（1898～1990）、中央博物館向達（1900～1966）、王振鐸、故宮博物院莊尚嚴（1899～1980）、及教育部人員、上海市收藏家計 22 人。促成這次文物展覽會者乃當時教育部長朱家驊（1894～1963），報載說：

> 教育部長朱家驊，前次莅臺視察返京後，為關懷啓發臺胞教育，使
> 臺灣同胞借鏡觀覽祖國歷代文物，特諭由中央圖書館、中央博物院、
> 故宮博物院酌配歷代文物與善本圖書，並邀滬市藏家參加。品類有
> 圖書、瓷器、銅器、銀器、俑及善本書等，計 661 件。〔註53〕

展覽會是 3 月 24 日在臺北市博物館、圖書館舉行，當時由教育部次長田培林主持開幕。依當時國事危急，國內戰事紛擾，國共雙方角力鬥爭中。〔註 54〕有這樣的舉辦活動，可見當時政府或者有遷臺的構想，而當時來臺視察的人很多，如蔣介石（1887～1975）夫婦（1946 年 10 月 21 日）、宋子文（1894～1971）（1946 年 1 月 25 日）、蔣經國（1910～1988）（1947 年 3 月 17 日）等政府官員，此外，文化界的學者來參觀、訪問、表演也是很多，如馬思聰（1912～1987）（1946 年 7 月）、歐陽予倩（1989～1962）（1947 年 1 月）、劉海粟（1895～）（1948 年 2 月）、田漢（1898～1968）（1947 年 11 月）、豐子愷（1898～1975）（1949 年 10 月）、袁珂（1916～）、李霽野（1904～）、魏建功（1901～1980）、羅根澤（1900～1960）等人。〔註55〕

　　除了展覽會外，另有專家專題演講。演講地點在臺灣大學法學院。依《自立晚報》記者記錄有以下幾場演講：

〔註53〕《自立晚報》1948 年 3 月 19 日第一版。另見朱家驊〈向臺灣全省教育人員廣播詞〉（1948 年）及〈臺灣省第一屆全省教育會議致詞〉（1948 年 1 月 18 日在臺中），《朱家驊先生言論集》（臺北：中央研究院近代史研究所，1997），頁 207～213。昌彼得〈我所認識的莊慕陵〉文中提到「那年初教育部籌組文物宣慰團到臺北舉辦中華文物展覽，以宣慰重回祖國懷抱的臺灣同胞，派蔣慰堂先生為團長。」莊申等人《故宮、書法、莊嚴》（臺北：雄獅圖書有限公司 1999），頁 232。

〔註54〕易君左《烽火夕陽紅》（臺北：三民書局，1971）。此書紀錄作者在 1948 年至 1949 年國共內鬥的慘痛情形及逃亡的經過。

〔註55〕林耀椿〈錢鍾書在臺灣〉《中國文哲研究通訊》第 5 卷 4 期（1995），頁 42。這些資料均來自《自立晚報》。

第一場	3 月 30 日上午	向達〈敦煌佛教藝術〉（講稿登在 4 月 1，2 日）
第二場	3 月 30 日下午	李玄伯（1895～1975）〈中國古代社會與近代初民社會〉（4 月 4～6 日）
第三場	3 月 31 日上午	王振鐸〈指南針發明史〉（4 月 7，9，10 日）
第四場	3 月 31 日下午	莊尚嚴〈中國繪畫概說〉（4 月 11，12 日）
第五場	4 月 1 日上午	錢鍾書〈中國詩與中國畫〉（4 月 14～16 日）
第六場	4 月 1 日下午	屈萬里（1907～1979）〈中國刻本書前的圖書〉（4 月 17～18 日）
第七場	4 月 2 日上午	蔣復璁〈中國書與中國圖書館〉（4 月 19～21 日）

　　錢先生這一場演講〈中國詩與中國畫〉〔註56〕，依記者的報導，盛況空前，茲轉錄如下：

> 文物展覽學術講座今日爲第三日，上午第五次演講，當講者，爲小說家錢鍾書，題爲〈中國詩與中國畫〉，九時後聽眾漸多，女師商職學生佔了三分之一座位，是三日以來最多者。十時錢氏步上講臺，劉院長介紹後即由幽默語開始說。劉院長（按：劉鴻漸）介紹使我心理很惶恐，像開出一張支票，怕不能兌現，引得哄堂大笑。後又說，好在今天是愚人節，我這愚人站在這裡受審判。接著開講，由中外畫上引證畫與詩本是一件東西用兩種技巧，二種不同工具表現出來的東西，後即對中國畫與中國詩並不是足可以代表，中國畫的畫中就可以找到中國詩的特點，說明頗詳，旁敲側擊，說得的頭頭是道，至十一時始畢。〔註57〕

幽默風趣的錢先生被視爲小說家，早在五十年前的臺灣已如此風采，受人歡迎。他們在臺北停留的時間也拜訪臺大中文系系主任喬大壯（1892～1948）（喬劬），錢先生在《槐聚詩存》有詩〈贈喬大壯先生〉詩曰：〔註58〕

　　一樓波外許摳衣，適野寧關吾道非，春水方生宜欲去，青天難上苦

〔註56〕錢鍾書〈中國詩與中畫〉初載藍田《國立師範學院季刊》第 6 期。而後收入《開明書店二十週年紀念文集》（北京：中華書局，1985），頁 157～188。及收入《舊文四篇》（上海：上海古籍出版社，1979）及《七綴集》（上海：上海古籍出版社，1985）。

〔註57〕《自立晚報》1948 年 4 月 1 日第一版。講詞中劉院長爲臺灣大學法學院長劉鴻漸。見中國青年互助會總會《最近全國私立專科以上學校概況一覽》（南京：中央青年出版社，1948），頁 48。

〔註58〕錢鍾書《槐聚詩存》（北京：三聯書店，1995），頁 96。

思歸。耽吟應惜拈髭斷，得酒何求食肉飛，著處行窩且安隱，傳經
心事本相違。

臺大中文系前一任系主任爲許壽裳（1883～1948），因這一年（1948）2月18
日被編譯館的員工刺殺身亡，造成社會的譁然大波。這訪問團正好遇上此事，
《自立晚報》每天皆有報導。之前1947年2月28日島內發生「二二八」事
件。這兩件事件或許影響許多學人留在臺灣的意願，而錢先生送喬大壯詩中
有小註「先生思歸蜀，美髯善飲」，可以爲證。不過，錢先生對於臺灣仍留有
好的印象，當時他們住於草山賓館，詩曰〈草山賓館作〉：

空明丈室兩修廊，睡起憑欄送夕陽，花氣侵身風入帳，松聲通夢海
掀床。放慵漸樂青山漸，無事方貪白日長，佳處留庵天倘許，打鐘
掃地亦清涼。〔註59〕

從詩作中看出錢先生心境，幽境空靈的草山，松聲山泉飛瀑，鳥語花香滿室，
宛如與世無爭的桃花源。可見錢先生對於此地印象，極爲贊賞。否則不會有「打
鐘掃地也清涼」的心境。〔註60〕當時臺灣剛回歸祖國，內地的人皆懷有憧憬，
想來看看。楊雲萍說：「近來，有一種流行，就是從省外來臺灣視察的貴客，莫
不以稱贊本省，嘉許本省的現狀的話，作爲他們的視察的感想。」〔註61〕但有
的看法是說臺灣不好的，如錢歌川（1903～）就說：「勝利到臨，許多朋友，都
隨著陳儀長官到了臺灣。從事文教工作，也頗不乏人，有的流連忘返，有的卻
不到幾個月就重返內地了。……有的人把台灣比同仙境，說的天花亂墜，有人
卻訴說台灣生活之苦，枯燥乏味，一無可取。」〔註62〕

我們不難看出當時臺灣與內地學術界往來之頻繁，同時對內地的出版界
資訊，文藝活動等皆有掌握。可是政治情勢的改變，有些人畏懼二、二八事
件、許壽裳事件諸如此類悲劇再發生，便紛紛回到內地。如李霽野在二、二
八事件發生之後，便返回內地。他無奈的說：「要逮捕我的傳聞又迫使我深夜

〔註59〕錢鍾書《槐聚詩存》（北京：三聯書店，1995），頁95～96。
〔註60〕關於錢先生對於臺灣的印象，吾人如此判斷。後來欒貴明先生曾在1996年5
月20日代楊季康先生給筆者的信提到「錢先生多次談起，五十年前的寶島之
行，對海天青山，學府學人讚不絕於口。」訪問團在臺灣停留多久，另見《鄭
振鐸全集・日記》（石家莊：花山文藝出版社，1998），頁548～558。
〔註61〕楊雲萍〈近事雜記〉（二），《臺灣文化》，（第2卷第1期，1947年1月），頁
18。
〔註62〕味橄（錢歌川）〈入臺記〉，《臺灣文化》（第2卷6期，1947年9月），頁6
～9。

攜家逃亡，經香港於 1949 年五一節前夕到達天津。」〔註63〕總之，錢先生這次與訪問團來臺北演講，之後，回上海訪鄭振鐸（1898～1957），說明此行的經過，可是《鄭振鐸日記》〔註64〕並有記錄眾人在臺灣購紀念物品送給他的紀錄。〔註65〕不過，錢先生有〈贈喬大壯先生〉、〈草山賓館作〉兩首詩及對他學生所述臺北情形，我們或可以瞭解他對臺灣的印象，並不模糊。對於當時政治詭譎多變的臺灣與內地之間的緊張情勢，及文人對於留在臺灣的意願，各有不同。在臺灣這幾天的訪問，在他生命長河中也許有不同的解讀，而吾人曾對於此事經過詳加討論及研究，主要針對當時學人來臺訪問考察及參觀，從中剖析他們的內心對於臺灣在脫離日本人統治後，如何與內地文人之間的互動關係，實在有其必要。〔註66〕

　　文革期間他是「資產階級學術權威」，在 1969 年到河南羅山「五七幹校」勞動，〔註67〕後遷入息縣明港，楊絳在《幹校六記》有戲劇性的描述。當然錢先生生前不允許他的學生及友人描繪他的事情，這亦是他生前絕少有學生來描述他的原因。他身後至少有三本專輯，〔註68〕收入不少他的學生及友人悼念及懷念的文章，這亦是提供錢先生這位神秘人物在文獻材料上的寶貴資料。文化大革命將知識份子貶低的意識思惟，原意於毛澤東個人意志，他認為讀書人當接受勞動與工農兵在一起，體驗一下社會主義的無產階級專政的教義，不過背後原始意識或可能是當年毛澤東在北京大學圖書館，受那些高級知識份子的看不起，〔註69〕這些怨氣等到文化大革命時，整個發洩出來。

〔註63〕李霽野：〈自傳及著譯簡談〉，《中國當代社會科學家》第二輯（北京：書目文獻出版社，1982），頁 182。

〔註64〕鄭振鐸《鄭振鐸日記》第十七冊（石家莊，花山文藝出版社，1998），頁 558。

〔註65〕鄭振鐸在日記於 1948 年 3 月 14 日記載「十一時，默存來，慰堂、覺明、傅、屈、顧、蘇、玄伯、森老等陸續來，在此午餐。」這段紀錄可能是來臺訪問團在來臺之前，先拜訪鄭振鐸討論相關事宜。4 月 9 日記載「今日覺明諸人從臺灣歸。五時許，至揚子飯店，晤覺明、天木、森老及莊慕林（應是陵），……濟川代購臺灣蓆一：欲購已久，居然得之，頗高興。」四月十日記載「慰堂來，送來臺灣草帽一頂，屈萬里來，送來臺灣拖鞋等。」

〔註66〕林耀椿〈錢鍾書在臺灣〉，《中國文哲研究通訊》第 5 卷 4 期（1995）。

〔註67〕俞平伯於 1970 年 4 月 17 日日記上載「十七日以後仍在唐坡上工，有周德恆、吳世昌、錢鍾書」。見俞平伯《幹校日記》（1969～1973）《明報月刊》（1992 年 12 月），頁 108。此日記由韋奈整理。

〔註68〕何暉、方天星編《一寸千思》（瀋陽：遼海出版社。1999）；李明生編《文化昆崙》（北京：人民文學出版社，1999）；沈冰編《不一樣的記憶》（北京：當代世界出版社，1999）

〔註69〕斯諾（E.Snow）《西行漫記》，胡愈之譯《胡愈之譯文集》（南京：譯林出版社，

沒有一個知識份子能免除受批判及考驗。在此環境下，絕大多數的知識份子
皆噤若寒蟬，亦就是這些歷史政治事故，反而促使知識份子沉默於知識的沉
澱及醞釀。依劉士杰回憶在 1966 年有人貼大字報誣告錢先生對毛澤東的不
敬，錢先生自己申辯說：「自己一向敬仰毛澤東主席，正因爲如此，他才認眞
負責地主持審定英文版的《毛澤東選集》。他根本沒有，也不可能對毛主席著
作有絲毫不敬之意。」〔註70〕文革後，錢先生說：「對於傷害他的人，特別是
年輕人，他都不會記仇的。」這位姓鄭的作者，便是當年看管錢先生的年輕
人。至於「五七幹校」，錢先生有個外號叫「錢不開」，鄭士杰亦提及。中國
社會科學院文學所董乃斌，當年便是與錢先生在五七幹校時，同住上下鋪的
同事，董先生曾與筆者提及此事。〔註71〕由於眾人皆尊敬錢先生，似有約法
三章，都不願提這些事。故關於錢先生的軼事便很少紀錄。當他離開五七幹
校回北京後，有一件公案，至今仍在北京熱烈討論〔註72〕，便是他們夫婦與
文學所濮良沛（按：濮氏筆名爲林非，也服務於中國社會科學院文學所，研
究魯迅）、蕭鳳（北京廣播學院中文系）夫婦當年爲房舍打架的事。此是源於
楊絳〈從摻沙子到流亡〉文中提到 1972 年 12 月之事，這一年 3 月他們從幹
校回北京。下幹校前他們的女婿（王得一，錢先生女兒錢瑗丈夫），因五一六

1999），頁 242。毛澤東向斯諾抱怨說：「李大釗給我找到工作，當圖書館的助
理員，……我的地位是這樣地低下，以致於人們都躲避我。我擔任的工作是
登記來圖書館讀報紙的人，可是大多數人們，都不把我當做人類看待。在這
些來看報的人當中，我認識了許多有名的新文化運動領袖們的名字，像傅斯
年、羅家倫和一些別的人，……可是他們都是忙人，他們沒有時間去傾聽一
個圖書館助理員說南方土話。」：李洪林《中國思想運動史》(1949～1989)（香
港：天地圖書公司，1999），頁 417～418。

〔註70〕 鄭士杰〈幸福的回憶　終生的財富——憶錢鍾書先生〉，收入《文化崑崙》（北
京：人民文學出版社，1999），頁 181～194。四九年之後知識份子在新中國體
制之下，剛開始皆有一翻新的熱誠。如金毓黻：「毛澤東主席是我們最好的老
師」《靜晤室日記》第 10 冊（瀋陽：遼審書社，1995），頁 6894。

〔註71〕 所謂「錢不開」的外號，是錢先生在幹校負責燒開水，因爲每當有人將開水
喝掉，錢先生怕後來的人水不夠用，便又將冷水加進去，但當開水未煮開時，
便有人又去倒水，故開水皆不熱。以至有人給錢先生取這個外號叫「錢不
開」。

〔註72〕 除了林非及蕭鳳兩篇文章，另外有蕭爲〈錢濮公案〉，《明報月刊》(2000 年 8
月號)，頁 85～89。朱健國〈錢鍾書被毆的網上爭議〉，《開放雜誌》(2000 年
4 月號)，頁 61。劉曉波〈錢鍾書和他的學問〉，《開放雜誌》(2000 年 8 月號)，
頁 93。都加入討論。劉曉波此文對於錢先生文革時沉默，不能反抗強權，很
不以爲然。曾敏之〈錢鍾書沉默有罪嗎？〉，《明報月刊》(2000 年 10 月號)，
頁 82。爲錢先生反駁。

〔註73〕而自殺，這事對他們打擊相當大，楊絳說「我女婿得一的自殺，是我家的一椿大罪。」〔註74〕因爲錢先生原住家分一半給林非家住。有一日楊絳請一位女子來幫忙洗衣服，蕭鳳亦要請這位女子洗，而且爭一定要先爲她洗，錢瑗說些話，蕭鳳便打錢瑗一巴掌，楊絳以母親本能便還手，後來錢鍾書大概在書房看書，亦出來探究竟，眼見對方夫婦二人打楊絳，便加入理論，造成此次不愉快之事件。〔註75〕我們從蕭鳳〈林非被打眞相〉〔註76〕及林非〈駁方丹先生的謠言〉〔註77〕兩篇反駁的文章看來，寫得比楊絳文章兇狠得多，且硬辯當年的無理。事隔二十七年他們在回憶時，不知道是否有加進不必要的字眼。楊絳文章陳述事實很厚道，亦看不出強詞奪理，同時亦爲對方留下後路。不過，這事對於研究錢先生學術思想是有其陳述必要的，因爲楊絳在文章提到說這時候「錢鍾書開始寫他的《管錐編》。」這種事當時錢先生心境一定是不愉快的，不免影響他的生活，及思考的情緒。

　　文革後，八十年代初，錢先生之活動熱鬧起來，1978 年他赴意大利出席第 26 屆歐洲漢學會議。1979 年參加中國社會科學院代表團赴美國訪問，訪問了哥倫比亞大學、加州大學柏克萊分校、耶魯大學、史丹佛大學等學校，這些訪問過的學校，皆有人爲文記述錢先生的訪問過程。

　　1. 在哥倫比亞大學訪問有夏志清《會錢鍾書紀實》。

　　2. 在柏克萊大學有水晶〈兩晤錢鍾書先生〉。

　　3. 在史丹佛大學有莊因〈錢鍾書印象記〉。

在 1980 年赴日本訪問，在京都大學有孔芳卿（陳耀南）〈錢鍾書京都坐談會〉，這些紀錄多少看出，中共在 1978 年十一屆三中全會後，將這些歷史罪過全都歸罪於四人幫，被整肅過的人，亦漸漸平反的現象，訪問團在海外爲中共宣傳的用意，亦表露無遺。在訪美期間，錢先生有一個公案是晚年常被人提及

〔註73〕五一六事件，所謂五一六乃指五一六兵團，爲紅衛兵組織。初以極左派的姿態出現，受王力、關鋒等人指揮。因太過狂肆而遭到周恩來等人的制止，並宣佈爲反革命的組織，遭殃的青年成千成萬。另見王樹明編《悲愴記事》（臺北：聯經出版事業公司，1985），頁 64。

〔註74〕楊絳〈從摻沙子到逃亡〉（北京：中國青年出版社，2000），頁 137。

〔註75〕此事，早在 1979 年 8 月號《明報月刊》便刊有方丹〈我所認識的錢鍾書〉一文，文中便提到「錢鍾書雖然當了黑幫，但並不認爲自己就低人一等，人家動手打他他就還擊，絕不幹君子讓人的儒家勾當。」

〔註76〕蕭鳳〈林非被打眞相〉，《魯迅研究月刊》（1999 年 12 期），頁 70～73。

〔註77〕林非〈駁方丹先生的謠言〉，《明報月刊》（2000 年 8 月號），頁 90～91。

的，似乎也引起不小的風波，就是他在史丹佛大學訪問期間，席間有沒有說過對馮友蘭（1895～1990）不敬的話。這文章是莊因的受訪稿，執筆者爲丘彥明，一共有兩篇，刊於臺北《聯合報副刊》1979 年 6 月 5 日及 6 月 26 日，文章說「馮友蘭簡直沒有文人的骨氣。」又說「馮友蘭捏造事實，坑人使人妻小俱死。」又說「馮友蘭出賣朋友。」這事件馮友蘭女兒宗璞質問楊絳到底錢先生有沒有說過。我以爲莊先生當年受訪時，眞正原委如何，只有莊因才能說明。同時採訪撰稿的丘彥明，她是否有加油添醋，不可得知。到目前爲止，莊、丘兩人皆沒有爲此事提出說明，但已經使錢先生晚年受了不少質疑。〔註 78〕

自從錢先生八十年代初訪問日本後，便不接受任何邀請出國，在《管錐編》問世之後，他甚至拒絕一切的採訪，有許多人皆遭閉門羹。他避開這些糾纏，免受外力的打擾，亦省下不少心力，直到多病纏身謝客謝世。雖然，他的整個人生經過看來，仍可說是多彩多姿，在中國現代學術思想史上，他的學術，他的人格風範都有奇特的顯現，他於 1998 年 12 月 19 日過世，在 21日即火化，沒有任何儀式，這樣一位著名學人生前爲中國社會科學院副院長，卻拋棄世俗的繁文縟節，遺囑寫著「遺體只要兩三個親友送送，不舉行任何儀式，懇辭花籃花圈，不留骨灰。」〔註 79〕

二、錢鍾書的著作

錢先生的著作大致上依時間可以臚列如下：

（一）寫在人生邊上，上海：開明書店，1941 年 12 月出版

這部散文集序文是 1939 年他在西南聯大教書寫的，序文開頭便說：「人生據說是一部大書。」做爲作者亦成爲書評家，因爲每個人皆是一部大書，書評家談論眾生時，多少要費斗大的心力才能有細緻的評騭，不過錢先生在每一篇散文中皆充滿幽默調侃的文筆，在揶揄諷刺每個眾生，所以他說：「假使人生是一部大書，那麼，下面的幾篇散文只能算是寫在人生邊上的。」這

〔註 78〕筆者曾經請教過王靖宇老師（Prof. John Wang），當時他本人亦參加此次座談會。不過，因爲時間過了那末久，已很難記清當時的情況。

〔註 79〕有關錢先生過世後，一些相關報導，均見何暉、方天星編《一寸千思——憶錢鍾書先生》（瀋陽：遼海書社，1999）書中收入錢先生過世時，各報紙報導當天及身體火化的情形。

部書算是錢先生最早面世的著作，多少反映了他當時創作心態及時代的感受，但是一直到 1982 年重印時，他雖然極不願意重印該書及《人獸鬼》，但仍爲高季琳（柯靈）（1909～）所說服，而同意出版。他在序文很清楚表示對於舊作的收集，「懶去留意和收藏早期發表的東西」，同時他極不願意爲此書寫追憶創作經過，這又反映了他對於回憶錄的排斥。這也是他一再反對寫回憶錄及自傳的原因。因爲「我們在創作中，想像力常常貧薄可憐，而一到回憶時，不論是幾天還是幾十年前，是自己還是旁人的事，想像力忽然豐富得可怕。」我以爲這部書的文字後來經錢先生刪改過的地方很多，從序文中說：「只修改大量字句」（1982 重印本原序）但 1990 年再重印本序文中卻改爲「只改少量字句」（此重印本序仍用 1982 年序）。這文字修整或可這樣理解，1990 年重印本時錢先生本不願意，但仍拗不過同仁（如楊潤時或欒貴明）的請求，故在序文將「大量」改爲「少量」，加以區別。

（二）人獸鬼，上海開明書店，1946 年

這部書是由四篇小說所組成的。分別是〈上帝的夢〉、〈貓〉、〈靈感〉、〈紀念〉。這時他在上海暨南大學任教。是錢先生《圍城》以外的小說，錢先生在序文仍說明「書裏人物情事都是憑空臆造的。……假如誰要頂認自己是這本集子裏的人、獸或鬼，這等於說我幻想虛構的書中角色，竟會走出了書，別具血肉、心靈和生命，變成了他，在現實裏自由活動。」小說家一貫的聲明，請讀者勿對號入座，免擾紛爭，這亦是他在《圍城》出版前的預警。作者往往在不同環境中有不同的情境及心思，透過小說人物隱喻抒發，這本不可免，或是借題發洩。這皆文人本色。夏志清以爲〈貓〉男女主角是影射梁思成、林徽音夫婦，不過這些是讀者、評論者的想像及評述。

（三）圍城，上海：晨光出版社，1947 年 5 月

這部小說是錢先生創作的傑作，亦是他一生唯一的長篇小說。這部書使他聲名大噪，有英文、俄文、法文、日文、德文等譯本。西方學者皆透過此書了解錢先生，小說是對日抗戰後，在《文藝復興》刊登，小說描述知識份子對於男女愛情，婚姻及學校教育上的種種表述。學術界評價此部書有許多不同的看法及爭議。如這部書是否爲錢先生自傳小說；那三閭大學是否爲西南聯大或是湖南藍田師範學院〔註 80〕；人物中的方鴻漸就是錢先生本人否？

〔註 80〕張建〈三閭大學絕對不是影射西南聯大〉，《聯合報副刊》1997 年 4 月 11 日。

無數揣測。我們以爲這些情節多少是有自傳式的味道，無論從時間，大環境
的情節，人物的描繪都很難不與錢先生扣在一起，無論是虛構或是寫實的反
映。當楊絳寫〈錢鍾書與《圍城》〉一文時，這些評論者或可戛止，看看楊先
生如何爲這部小說闢謠，她在文末剴切的說：

> 我自己覺得年紀大了，有些事除了我們倆，沒有別人知道。只要乘
> 我們夫婦都健在，一一記下，如有錯誤，他可指出，我可以改正。《圍
> 城》裏寫的全是捏造，我所說的卻是事實。〔註81〕

我們或許就依楊絳這段話，去釐清種種揣測，但有許多情節及情境，是難與
當時的社會情況及人物分開，多少有其影子，但若依鄒文海〈憶錢鍾書〉說：
「1939 年 11 月，我間道赴辰溪湖南大學任教，他亦去寶慶藍田師範學院，我
們結伴同行，日夕相共者幾及一月」〔註82〕。這一段記載是鄒文海在 1962 年
所作的回憶文，我們從《圍城》小說情節描繪，正好符合鄒文海在文章所作
的描述，而三閭大學正如藍田師範學院，不過，史實往往可供創作者在細膩
文筆中添一些潤滑劑，使作品表達更有眞實性，作者更可以加油添醋使情節
擴大，令讀者有更多想像空間，因此，我們認爲儘管楊絳此文使評論者稍微
降低論述的範圍，但仍跳脫不了是自傳式小說。

（四）談藝錄，上海：開明書店，1948 年 6 月

這部書是錢先生有系統的文學批評著作。此書孕育了近十年，「始屬稿湘
西，甫就其半，養痾返滬，行篋以隨。」1941 年他在藍田師範學院任職，一
邊教書；一邊寫《談藝錄》，他在序中開宗明義表示：「《談藝錄》一卷，雖賞
析之作，而實憂患之書也。」對日抗戰在艱難環境下，仍持志完成此部書。
陳子謙在箋釋序文說『「憂國憂民憂己之患難，正是作者當年寫作《談藝錄》
的心情，就像十年浩劫中撰著《管錐編》的心情一樣，〈易‧繫辭下〉「作易
者，其有憂患乎。」；《孟子‧離婁下》「故君子有終身之憂，無一朝之患也。」」

〔註81〕 楊絳〈錢鍾書與《圍城》〉，收入《圍城》附錄（臺北：書林出版公司，1995），
頁 394。可是楊絳給李黎信中說：「我母親姓唐，父親業律師，我攻讀政治系，
畢業那年，學校因風潮停課，我未作論文就得了學位。以上幾點，我充當了
唐曉芙的模特兒，其他就和我對上號了！告訴妳這點小秘密博妳得意一笑。」
李黎〈又見楊絳〉一文，收入《世界的回聲》（臺灣：九歌出版社，1996），
頁 115。從此處亦可見錢先生對於人物的描寫，仍然是有所本的。

〔註82〕 鄒文海〈憶錢鍾書先生〉，收入李明生編《文化崑崙》（北京：人民文學出版
社，1999 年 7 月），頁 230。

〔註 83〕我們也是有這樣的看法。抗戰的煎熬，知識分子東奔西跑，浦江清的《西行日記》可以印證說明。〔註84〕《談藝錄》內文首章有段話說：「余身丁劫亂，賦命不辰，國破堪依，家亡靡託，迷方著處。」錢先生在 1941 年回到上海，序文亦說：「予侍親率眷，兵罅偷生，如危幕之燕巢，同枯槐之蟻聚，憂天將壓，避地無之，雖欲出門西向笑而不敢也。」這般環境可知苦悶及痛心。序文中有一段話是 1948 年 4 月 15 日記的，但在新版的序中將此段話刪掉，同時另加一段新序，引序於此以存錄之：「書既脫稿，偶供友好借觀，沈兼士先生過聽徐森玉丈之言謬加歡賞，欲為刊板，柯靈、唐弢（1913～1992）二君亦謀收入叢書印行，事皆不果。」錢先生或許以為太冗長沒有意義，故改寫個幾字以代之。

　　錢先生此書著重在詩話的批評，書前有引言提及「友人冒景璠，吾黨言詩有癖者也，督余撰詩話。」可見他在此範疇的發揮，總論第一則「詩分唐宋」，由此入手，評論有李賀、黃山谷、韓愈、杜甫、梅堯臣、陸游、以至清人王漁洋、趙甌北、袁枚、龔定庵、王國維等人。在針對詩話評論方面，如《滄浪詩話》、《隨園詩話》，均用大篇幅評論。今人周振甫、冀勤為了讀者更深入了解《談藝錄》，辛勤編寫了一部〈錢鍾書《談藝錄》讀本〉〔註85〕，頗有助於更深入理解《談藝錄》的構思及方法。其書計分一、鑑賞論。二、創作論。三、寫作品論。四、文學評論。五、文體論。六、修辭。七、風格等七項，每類各選幾則加以註解及說明。周振甫（1911～）是錢先生重要著作出版的編輯，故由他來撰寫這部書，更容易理解錢先生的想法，及全書的旨趣。

　　（五）宋詩選註，北京：人民文學出版社，1968 年 9 月

　　這部書是依鄭振鐸指示進行編選的，加上因為它曾遭到批判，使錢先生相當不滿意，他在香港版《宋詩選註》序文〈模糊的銅鏡〉曾感歎的說：「這部選本不很好，由於種種緣故，我以為可選的詩，往往不能選進去，而我以為不必選的詩倒選進去了。只有些評論和解釋還算有價值。」〔註86〕此書已有日譯本，韓文本，皆顯示此書受外國學人的注重。書中選詩有以下幾個標準；

〔註83〕陳子謙《錢學論》（成都：四川文藝出版社，1992），頁 701。
〔註84〕浦江清《清華園日記——西行日記》（北京：三聯書店，1999）。
〔註85〕周振甫、冀勤《錢鍾書《談藝錄》讀本》（上海：上海教育出版社，1992）。
〔註86〕錢鍾書《宋詩選註》（北京：人民文學出版社，1995）。

1. 押韻的文件不選。

2. 學問的展覽和典故成語的把戲也不選。

3. 大模大樣的仿照前人的假古董不選。

4. 把前人的詞意改頭換面而絕無增進舊貨充新的也不選。

這樣的詩選，當然是意識型態很濃的著作，錢先生為了此選注單幹了兩年，但仍受不公平的指責，以致新版選目及序皆維持原狀，他說：「作為當時我自己儘可能適應氣候的原來物證。」胡適之（1891～1962）先生對於此書有不錯的評價。〔註87〕

（六）管錐編，北京：中華書局：1979 年 8 月

這部書是錢先生匠心獨具的傑作，全書由十部中國典籍做為討論的核心，由 781 則札記構成。構成的這十部書臚列如下：

1. 周易正義　　　　　27 則
2. 毛詩正義　　　　　60 則
3. 左傳正義　　　　　67 則
4. 史記會注考證　　　58 則
5. 老子王弼注　　　　19 則
6. 列子張湛注　　　　 9 則
7. 焦氏易林　　　　　31 則
8. 楚辭洪興祖補注　　18 則
9. 太平廣記　　　　 215 則
10.全上古三代秦漢三國六朝文　277 則

從序文「瞥觀疏記，識小積多。學焉未能。老之已至，遂料簡其較易理董者，

〔註87〕 胡頌平紀錄胡適之先生晚年的對話錄，1959 年 4 月 29 日有這樣的對話『一位香港的朋友託人帶來一本錢鍾書《宋詩選註》給先生。先生對胡頌平說：「錢鍾書是個年輕有天才的人，我沒有見過他。你知道他嗎？」胡頌平說：「十年前在南京，蔣慰堂同他到教育部來，匆匆見過一面。他是錢基博的兒子，英文很好。」先生說「英文好，中文也好，他大概根據清人《宋詩鈔》選的。」先生略翻了一翻書「黃山谷的詩只選四首，王荊公、蘇東坡的略多一些。我不太愛讀黃山谷的詩。錢鍾書沒有用經濟史觀來解釋，聽說共產黨要清算他了。」過了一天，先生看了此書後又說：「他是故意選些有關社會問題的詩，不過他的註確實寫得不錯，還是可以看的。」』胡頌平《胡適之先生晚年談話錄》（臺北：聯經出版事業公司，1984），頁 20～21。按：當時胡先生應該不知道此是叢書之一，經過修訂而出版的書籍。

錐指管窺，先成一輯。假吾歲月，尙欲賡揚。」序是 1972 年 8 月寫的，可見探討以上這十部書以外另有賡續的討論，出版續集。依鄭朝宗文說另有續輯乃探討《禮記》、《莊子》、《全唐文》、少陵、昌黎、玉溪、簡齋等七種書。〔註 88〕又依《新民晚報》〔註 89〕報導說，另有一百萬字《宋詩紀事補正》待出版。由於《錢鍾書集》未有出版的訊息〔註 90〕，是否會將以上未出版著作，一并印行，正是大家所關注的。《管錐編》含中國典籍分經、史、子、集四種詮釋各種母題，又含涉西方心理學、政治學、民俗學、哲學……等社會科學學科，譜成各種母題，綜合西方各種學說互爲比較，提出他對於各種母題的詮釋及對各種學說的批判，這些討論充分表現錢先生之睿智及淹博的知識，及對時代隱寓之批判及調侃，這是《管錐編》最爲世人注意及探討之處。

（七）七綴集，上海：上海古籍出版社，1985 年 9 月

這部論文集是由《舊文四篇》（1979 年）及《也是集》（1984 年）合併的一部書。這七篇文章每一篇皆是精湛的作品，如〈中國詩與中國畫〉最先在《國師季刊》（1940 年 2 月）發表。亦曾在臺北作爲演講題目，（1948 年 4 月）文章幾經修訂〔註 91〕，其他數篇如讀〈拉奧孔〉、〈通感〉、〈林紓的翻譯〉、〈詩可以怨〉、〈漢譯第一首英語詩人生頌及有關二三事〉、〈一節歷史掌故一個宗教寓言一篇小說〉等，〈林紓的翻譯〉表述他的翻譯觀、〈詩可以怨〉是他在 1984 年訪問日本早稻田大學的演講稿。

（八）槐聚詩存，北京：三聯書店，1995 年 3 月

這是錢先生在 1994 年整理的一部詩集，從 1934 年到 1989 年止。孔芳卿紀錄，錢先生說槐聚典故來自元好問「枯槐聚蟻無多地，秋水鳴蛙自一天」〔註 92〕。這部詩集在 1948 年有〈草山賓館〉及〈贈喬大壯〉爲錢先生來臺訪問所作。又

〔註 88〕　鄭朝宗〈《管錐編》作者的自白〉，收入《海濱感舊集》。另見張文江《文化崑崙──錢鍾書傳》（台北：業強出版社，1993），頁 142。

〔註 89〕　蕭茅報導，《新民晚報》1998，12，21。何暉、方天星編《一寸千思》（瀋陽：遼海書社，1999），頁 7。

〔註 90〕　關於《錢鍾書集》將收入錢先生生前已出版過的書，這些書均依錢先生自存本修改，另有新的一部書《寫在人生邊上的邊上》，此書由楊季康先生擬定書名，收錄了錢先生的論文、書評、隨感及譯作等尙未結集的文字。可是沒有《宋詩紀事補正》一書。參見三聯書店的啓事說明。《讀書》（2000 年 11 月），頁 139。

〔註 91〕　李洪岩《智者的心路歷程》（石家莊：河北教育出版社，1995），頁 215。

〔註 92〕　孔芳卿〈錢鍾書京都座談記〉，《錢鍾書研究》第二輯（北京：文化藝術出版社，1990），頁 331。

1989 年有〈閱世〉一首，「閱世遷流兩鬢摧，塊然孤嘯發群哀。星星未熄焚餘火，寸寸難燃溺後灰。對症亦知須換藥，出新何術得陳推。不圖剩長支難叟，留命桑田又一回。」耐人尋味，八九年天安門事件發生之年，不知此詩是否針對此事件而作，「對症亦知須換藥，出新何求得陳推」如何解讀。「對症亦知須換藥」句，對症若是針對時弊來解，那麼換藥是必要的。這在研究錢先生晚年學術思想時是一首很重要且不可放過的詩。

（九）石語，北京：中國社會科學出版社，1996 年 1 月

這一部書是錢先生在 1932 年與陳衍（石遺，1856～1937）的訪談紀錄。談論間評論當時文人之道德文章及言行軼事。他們談話時，錢先生是清華大學的學生，文前有前言，提及此書主要紀錄「一、以著當時酬答之實；二、以見老輩愛才之心，本不妄自菲薄，亦何至借重聲價。」楊絳在 1994 年將此稿撿出，經錢先生略加訂正，與世人見面。亦是錢先生生前見過自己出版的一部書，他主要表示陳石遺當年對他的獎掖，做爲報答。

（十）Chien Chung-Shu "China in the English Literature of the Seventeenth Century" "China in the English Literature of the Eighteenth Century"

這兩篇文章是錢先生在英國牛津大學的學位論文。

（十一）錢先生參與編寫著作及其他著作

1. 外國理論作家論形象思維，北京：中國社會科學出版社，1979 年 1 月。全書分兩個部分，上編其中「西歐古典理論批評家和作家部分」由錢鍾書、楊絳、柳鳴九及劉若端選譯。下編其中「西歐及美國現代理論家和作家部分」由錢鍾書及楊絳選譯。

2. 中國文學史，北京：人民文學出版社，1962 年 7 月。此書的唐宋段，便是錢先生主持的。

3. 唐詩選，北京：人民文學出版社。1966。

4. 錢鍾書的散文，羅俞君編，浙江：文藝出版社，1997 年 7 月。這部書是羅俞君經楊絳同意所編輯的一部較完整的錢先生散文集，但有兩篇文章仍未收，如 1979 年訪問意大利的演講稿〈古典文學研究在現代中國〉及 1980 年在日本愛知大學的演講稿〈我對文學現狀的一點感想〉。這部散文集是將錢先生已出版和未出版的散文匯集在一起，提供讀者方便參考。

第三節　錢鍾書的師友

　　錢鍾書先生往來朋友，在四九年之前，及四九年之後可分階段來說明。他認識的朋友，往往是以論學爲主。由於材料不易收集，尤其是四九年之後，他往來友人只能就目前已出版回憶錄或書信加以研析。他常往來之友人不多，不過爲了就他交友情況來判斷，他在學術上的互動關係，這一節是有其必要的。

（一）吳宓（雨僧，1894～1978）

　　吳宓是錢先生在清華大學外文系的老師，他與吳宓的互動關係，楊絳〈吳宓先生與錢鍾書〉已說：「他在大學時代，五位最尊敬的老師都是以哲人，導師而更做朋友的。吳宓先生就是其中一位。」吳宓稱贊錢先生有詩﹝註93﹞，鄭朝宗曾在〈但開風氣不爲師〉一文引述吳宓對青年學生說：「自古人才難得，出類拔萃，在老一輩中要推陳寅恪先生，在年輕一輩要推錢鍾書先生，他們都是人中之龍，其餘如你我，不過爾爾。」﹝註94﹞吳宓對這位卓越超群的學生另眼看待，他在《吳宓詩集》﹝註95﹞便收入錢先生的題詞：「亞槧歐鉛意欲兼，閑情偶賦不妨禪，南華北史書非僻，辛苦亭林自作箋。」及詩兩首〈北游紀事詩二十首〉錄兩首，「褚先生莫誤司遷，大作家原在那邊，文苑儒林公分有，淋漓難得筆如椽。」另一首「百年樹木遲能待，頃刻開花速啓甘，各有姻緣天注定，牽牛西北雀東南。」﹝註96﹞我們在《吳宓日記》許多地方看到錢先生蹤跡，前已略述過。關於溫源寧那件事，吳宓不認爲錢先生對他的不敬，他反而「早已忘記了」，使錢先生對他這位老師反而耿耿於懷，到晚年仍爲此事道歉，成爲學術界之美談。這一點可看出錢先生晚年性格也有許多改變。

（二）陳衍（石遺 1856～1937）

　　陳衍，字叔伊，號石遺。辛亥革命後居蘇州，與章太炎（1869～1936）倡國學會，又應唐蔚芝（文治）之請任教無錫國學專科學校，爲同光體的重

﹝註93﹞吳宓爲錢先生新作題詩，〈賦贈錢君鍾書即題中書君詩初刊〉「才情學識誰兼具，新舊中西子竟通，大器能成由早慧，人謀有補賴天工，源深顧趙傳家業，氣勝蘇黃振國風，悲劇終場吾事了，交期兩世許心同。」《吳宓詩集》（臺北：地平線出版社，1971），頁 287。

﹝註94﹞鄭朝宗〈但開風氣不爲師〉，收入李民生編《文化崑崙》（北京：人民文學出版社，1999），頁 24。

﹝註95﹞吳宓《吳宓詩集》（臺北：地平線出版社，1971），頁 20。

﹝註96﹞吳宓《吳宓詩集》（臺北：地平線出版社，1971），頁 277。

要詩人，著作有《石遺室詩集》、《石遺室文集》、《石遺室詩話》、《宋詩精華錄》等重要著作。錢先生晚年將 1932 年與陳石遺對話錄整理出版。即是《石語》。此記錄可看出陳衍對錢先生的厚愛，如同錢先生在前言題記說：「以見老輩愛才之心，本不妄自菲薄，亦何至借重聲價。」錢先生時爲清華大學外文系三年級的學生，他在〈林紓的翻譯〉一文提及 1931 年或 1932 年在蘇州胭脂巷與陳衍的長談，可能指的就是《石語》敘的這一次。

> 陳先生知道我懂外文，但不知道我學的專科是外國文學，以爲准是
> 理工或法政、經濟之類有實用的科目。那一天，他查問明白了，就
> 慨嘆説：「文學又何必向外國去學呢？咱們中國文學不就很好嗎？」
> 我不敢和他理論，只抬出他的朋友來擋一下。〔註97〕

之後，錢先生敬陳衍一首詩，〈敬簡石遺詩老〉「新詩高妙絕躋攀，欲和徒嗟筆力孱。自分不才當被棄，漫因多病頗相關。半年行腳三冬負，萬卷撐腸一字慳。那得從公參句律，孤燈懸月起癡頑。」〔註 98〕，他們互爲稱許。陳石遺早在《青鶴雜誌》二卷十一期所作文字便有錢先生的紀錄，全文如下〔註99〕

> 無錫錢子泉基博，……哲嗣默存，鍾書年方弱冠，精英文，詩文尤
> 斐然可觀，家學自有淵源也，性強記喜讀余詩，嘗寄以近作。

陳衍又爲錢先生的詩集做序，文亦列如下：〔註 100〕「三十年來，海內外文人治詩者眾矣，求其卓然獨立自成一家者蓋寡。何者？治詩第于詩求之，宜其不過爾爾。默存精外國語言文字，強記深思，博覽載籍，文章淹雅，不屑屑枒然張架子。……」

此詩序的應是錢先生自印的詩集，時間是民國 23 年，但此詩集流傳不廣。錢先生出國，陳石遺又有詩相贈，詩曰「清眼高歌九，於君慰已奢，旁行書滿腹，同夢筆生花。對影前身月，雙煙一氣霞。乘搓過萬里，不是浪浮家。」，錢先生在英國留學得知陳石遺過世，寫了〈石遺先生輓詩〉：「幾副卿謀淚，懸河決溜時，百身難命贖，一老不天遺。竹垞弘通學，桐江瘦淡詩，重因風

〔註97〕錢鍾書〈林紓的翻譯〉，收入《七綴集》（上海：上海古籍出版社，1995），頁 102。

〔註98〕錢鍾書《石語》（北京：中國社會科學出版社，1996），頁 47。

〔註99〕陳衍〈石遺室詩話續編〉（六）《青鶴》（第二卷第十一期，1934 年 4 月 16 日）頁 1。

〔註100〕陳衍〈錢鍾書詩序〉，收入沈冰編《不一樣的記憶》（北京：當代世界出版社，1999），頁 18。

雅惜，匪特痛吾私。」此外，又在《槐聚詩存》有兩首詩論及陳衍，又在〈論詩友詩絕句〉第一首論陳衍：「詩中疏鑿別清渾，瘦硬通神骨可捫，其兩及時風肆好，匹園廣大接隨園。」以上徵引他們兩位詩論的往來，可見陳衍對於錢先生這位忘年之交的賞識。

（三）李拔可（1874～1952）

名宣龔，福建閩侯人。書齋名爲墨巢，清末曾在湖北任縣政，後返上海任商務印書館董事及經理。著有《碩果亭詩》、《碩果亭詩續》。汪國垣《光宣詩壇點將錄》評他爲「地闊星火眼狻猊鄧飛」〔註101〕錢先生與李拔可交遊，李氏《碩果亭詩》中有〈喜鍾書孝魯見過〉詩曰：「一雨眞成五日涼，頓忘敧枕夢何鄉，蟬聲在樹壓復起，竹影當窗斜更長。衰病始知孤學苦，懮疑彌言寡言臧。大難二妙能相訪，令我猶生八九狂。」近年出版的《槐聚詩存》收有四首與李拔可相關的詩，分別在 1941 年〈重九日李拔可丈招集猶太巨商別業〉，而這一年李拔可有〈贈默存〉、〈和錢默存〉；又錢先生在 1942 年有〈酷暑簡拔翁〉，而李拔可有〈走筆答默存〉。1944 年錢先生訪李氏不遇，李拔可有詩〈默存見訪不遇作此寄之〉，而錢先生詩亦有〈雨中過拔可丈不值，丈有詩來，即和〉。以上所引可見錢先生的古詩的淳厚與前輩學人和詩的情形。

（四）葉公超（1904～1981）

錢先生大學時代，有五位他尊敬的老師，葉公超是其中一位。他在〈談交友〉說：「我有大學時代五位最敬愛的老師，都像蒲伯（Pope）所說，以哲人導師而更做朋有的，這五位老師以及其他三四位好朋友，全對我有說不盡的恩德。」〔註102〕可見葉公超在清華任教時，對於這一位才子的影響。我們依楊聯陞〈追懷葉師公超〉文說：「記得先生頗賞識錢鍾書畫（中書君）與吳世昌。兩個都有文章在《學文》刊載。」〔註103〕《學文月刊》爲葉公超繼《新月月刊》停刊後，另創辦的一份刊物，錢先生在《新月月刊》上發表過五篇書評〔註104〕，我們以

〔註101〕汪國垣《光宣詩壇點將錄》，收入程千帆、揚揚編《三百年來詩壇人物評點小傳記錄》（河南：中州古籍出版社，）頁 84。

〔註102〕錢鍾書《錢鍾書集。寫在人生邊上的邊上》（北京：三聯書店，2001），頁 108。依范旭倫，李洪岩〈楊絳〈吳宓先生與錢鍾書〉證僞〉文中述，這五位老師分別爲，吳宓、馮友蘭、張申府、葉公超、溫源寧。《當代》（1998 年 12 月號），頁 71。

〔註103〕秦賢次編《葉公超其人其文其事》（臺北：傳記文學出版社，1986），頁 237。

〔註104〕葉公超〈吾與學文〉《葉公超散文集》（臺北：洪範書店），頁 199～203。

爲這也與葉公超賞識他有關，這時他還在清華大學當學生，而葉公超《學文月刊》創刊後，錢先生也發表兩篇文章，用英文寫了 "Su Tung-Pos Literary Backround and His Prose-Poetry" 及〈論不隔〉，這些顯然皆是葉公超邀的稿。至於周榆瑞聽李賦寧說：「錢鍾書在臨走前公開說，西南聯大的外文系根本不行，葉公超太懶，吳宓太笨，陳福田太俗。」這種傳言，李賦寧後來皆否認不是事實。〔註105〕葉公超後加入外交工作，在學術上沒有更多的貢獻，是令人惋惜的。而他在清華任教時，對錢先生及其他學生如楊聯陞、趙蘿蕤等人的影響，也是不可磨滅的。

（五）冒孝魯（景璠，1909～1988）

冒孝魯是冒鶴亭（廣生）之第三子，錢先生曾在 1935 年 5 月在陳石遺八十歲生日時見到冒廣生。〔註106〕夏承燾在《天風閣學詞日記》亦記「他（指錢先生）記性極好，好爲議論，與冒孝魯並稱二俊。」〔註107〕錢先生與冒孝魯和詩特別多，可見兩人往來密切，從 1938 年認識到 1973 年均有詩作，計有 14 首收錄此詩集中。

（六）傅雷（1908～1966）

傅雷是著名的翻譯家，終生沉醉於法國文學翻譯事業。譯有羅曼羅蘭的《約翰克利斯多夫》，巴爾扎克《高老頭》、《貝姨》，丹納《藝術哲學》等〔註108〕。他一生耿介，文革期間不能忍受紅衛兵之侮辱，與夫人朱梅馥自殺結束他們的一生，這種抗議在文革期間是得不到任何同情，反而造成他們自己被攻擊的對象。這位傳統文人在著名的《傅雷家書》〔註109〕在在顯示對傅聰愛子深切的要求，家書歷歷在目，足與曾國藩家書相媲美。依楊絳在《傅譯傳記五種》序說：「抗戰末期，勝利前夕，錢鍾書和我在宋淇先生家中初次見傅雷和朱梅馥夫婦。」〔註110〕四九年之後，他們仍有往來，傅雷曾請楊絳妹妹楊必教傅聰英文，楊必曾譯薩克雷《名利場》〔註111〕。我們可在

　　　　林耀椿〈錢鍾書與《學文月刊》〉《國文天地》（1996 年 1 月號），頁 88～92。
〔註105〕楊絳〈吳宓先生與錢鍾書〉，《當代》（1998 年 12 月號），頁 82。
〔註106〕冒懷蘇編《冒鶴亭年譜》（上海：學林出版社，1998），頁 379。
〔註107〕夏承燾《天風閣學詞日記》第二冊（杭州：浙江古籍出版社，1992），頁 671。
〔註108〕傅雷《傅雷譯文集》（合肥：安徽文藝出版社，1994）
〔註109〕傅雷《傅雷家書》（臺北：聯合文學出版社，1988）
〔註110〕傅雷《傅譯傳記五種》（北京：三聯書店，1983），頁 4。
〔註111〕楊必譯《名利場》（南京：譯林出版社，1994），見賈植芳爲文說他曾想介紹

《傅雷家書》中見到錢先生夫婦的蹤跡：

1. 一九五四年二月十日　「這幾日開始看服爾德的作品，……我看了眞是慄慄危懼，覺得沒有能力表達出來。那種風格最好要必姨，錢伯母那一套。(頁5)
2. 一九五四年三月五日　「錢伯伯前幾天來信，因我向他提過，故說……」(頁6)
3. 一九六一年五月一日　「一月九日寄你的一包書內有老舍及錢伯母的作品」(頁199)
4. 一九六一年六月二十六日　「倘有錢伯伯那種記憶力，生字可減至數十。」(頁213)

從以上傅雷在與傅聰的家書所提到錢先生夫婦的事蹟，我們可以看到他們的交情匪淺。所惜傅先生夫婦不能忍受文化大革命紅衛兵的無理取鬧，耿介的脾氣，促使他們夫婦走上不歸路，造成翻譯界痛失一位人才。

（七）鄭朝宗

鄭朝宗是錢先生清華大學外文系的先後期同學，錢先生在《槐聚詩存》有兩首詩送鄭朝宗，〈贈鄭海夫〉及〈喜得海夫書並言譯書事〉。他在廈門大學中文系以《管錐編》招收了四位研究生，並出版了《管錐編研究論文集》〔註112〕，1979年周振甫將《管錐編》樣稿請鄭先看後，並請他加以評論。鄭朝宗曾寫過〈研究古代之文藝評論方法論上的一種範例〉、〈讀《詩可以怨》〉、〈《圍城》與《棄兒湯姆瓊斯》〉等與「錢學」相關的著作，他是提倡「錢學」最勤的一位，他在〈憶錢鍾書〉一文說：「兩年前，離滬時，假如心裏有所留戀，那一定是鍾書君。」〔註113〕他所指導的四位學生研究「錢學」成績也相當可觀。

（八）周振甫（1911～）

周振甫先生是錢先生之知己，由於他任職於中華書局，又是錢先生《談藝錄》、《管錐編》的責任編輯。早在1948年出版開明版《談藝錄》，序中已說「周君并爲標立目次，以便翻檢，底下短書，重勞心力，尤所感愧。」又

楊必與林同濟爲男女朋友，但不果。楊必文革時，服藥自殺。賈植芳〈林同濟和楊必之死〉，《開放雜誌》(2000年7月號)，頁96～98。
〔註112〕鄭朝宗《管錐編研究論文集》(福州：福建人民出版社，1984)
〔註113〕鄭朝宗〈憶錢鍾書〉，沈冰編《不一樣的記憶》(北京：當代世界出版社，1999)，頁105。

在《管錐編》序中說：「命筆之時，數請益於周君振甫，小叩輒發大鳴，」這也可看出周先生的學問和他們之間的友誼。《槐聚詩存》有〈周振甫和秋懷韻，再用韻奉答，君時為余勘定《談藝錄》〉足證。周振甫的著作，大多數引證或以錢先生的書為例證，如《談藝錄讀本》就是詮釋《談藝錄》的一本力作。其他如《文章例話》、《詩詞例話》等等，對於提倡「錢學」，也是不遺餘力的一位。

（九）欒貴明

錢先生的助手中最常提到的是欒貴明、馬蓉夫婦，他們常為錢先生處理借書、核對資料，校稿等等工作。目前欒先生服務於中國社會科學院計算機室，他籌畫的《全唐詩索引》便是在錢先生大力支持下進行的。錢先生給楊潤時的信，說「作為一個對於《全唐詩》有興趣的人，我經常感到尋檢詞句的困難，對於這個成果提供的很大便利，更有由衷的喜悅，這是人工智能在中國古典文學研究上的重要貢獻。」〔註114〕除了《全唐詩索引》，還有《永樂大典索引》及《論語數據庫》等書。欒貴明、馬蓉夫婦是錢先生夫婦信任的友人，可說是最瞭解錢先生的事蹟，可是到目前為止，仍未見有欒先生寫有關錢先生的文章，大約是遵守與錢先生約法三章不寫他的約定。

第四節　錢鍾書的學術淵源

一位學者的學術思想本有淵源及受誰影響，影響程度如何，為何受到這些思想影響，這些在探究一個人的思想研究是重要的一環。錢先生沒有留下自傳性的書籍，要在他著作中找尋淵源，又有可能做出差誤或牛頭不對馬嘴，因此，要探索錢鍾書先生的學術淵源，雖不容易，但也有其必要，因為這樣有助於我們對於他思想的瞭解及掌握。

錢先生自小受父親錢基博及伯父錢基成的嚴厲性教育，對於傳統典籍無疑是熟悉的。清代乾嘉考據之學的影響在他作的《管錐編》中也時有所見。他在小時囫圇吞棗看《西遊記》、《水滸傳》、《三國演義》、又看了《說唐演義》、《濟公傳》、《七俠五義》等小說。這時候他在伯父處讀書、識字，伯父過世後，他又回到父親錢基博身邊。當他入小學後，又開始讀林琴南的翻譯小說《林譯小說叢書》，這是他十一歲的大發現。加上他入美國人在蘇州辦的桃塢

〔註114〕錢先先給楊潤時未發表的信。

中學（1924），多少已接觸西方的東西。這一段學術生涯或許我們可以這樣去評斷他。一、接受傳統中國的四書五經的正統教育，他在《槐聚詩存》序說：「余童時從先伯父與先君讀書，經、史、古文而外，有《唐詩三百首》，心焉好之，獨索冥行，漸解聲律對偶，又發家藏清代名家詩集泛覽焉。」又在《談藝錄》說：「余十六歲與從弟鍾韓自蘇州一美國教會中學返家度暑假，先君適自北京歸，命同為文課。乃得知《古文辭類纂》、《駢體文鈔》、《十八家詩鈔》等書。」〔註115〕二、開始對於西方的文學尤其是林琴南之翻譯作品有極大興趣，他說：「讀了林紓的翻譯小說，因此對外國文學發生興趣。」〔註116〕三、對中國古典小說的研讀，對於他詮釋人物的精湛，尤其他在小說中幽默、詼諧、諷刺之筆法均受中國古典小說之影響，同時他的《管錐編》有如此龐大的視野、及記敘那麼多的掌故，恐怕也是受惠於那些小說的。四、這個階段也是他在文字、聲韻、訓詁各方面的學問逐漸養成的階段。他能在《管錐編》展現乾嘉義理之學問，多少是他伯父及父親的薰陶。到中學教育這階段，他的學術訓練及淵源，除了中國典籍外也逐漸延伸到西方文學的方面。

　　1929 年進入清華大學外文系，當時清華國學院已停辦，陳寅恪在歷史系任教，所惜錢先生並沒有去選陳先生的課，楊絳說：「我常想假如他有緣選修陳寅恪先生的課，他的哲人、導師而兼朋友的老師準會增添一人。」〔註117〕錢先生在清華受到許多老師的愛護，他們深佩服他的才華。他入清華時，學校邀請了劍橋大學的 I.A.Richards〔註118〕，他是新批評的代表人，1929 年到1931 年在清華外文系任教，依判斷錢先生應會去上 Richards 的課。在他學術思想中，必然會受到新批評學派的薰陶。吳宓主編《學衡》〔註119〕，學界稱他是《學衡》的領導人之一，這個刊物向來皆為吳宓一個人獨撐，此外，如梅光迪、胡先驌等人也參與幫忙。吳宓在日記中說：「《學衡》為我之事業，人之知我以《學衡》。」〔註120〕他賣力自挑大樑，這個刊物在他主導下辦了十年，從 1922 年創刊，到 1932 年停刊，共出了 78 期。刊物的宗旨「論究學術，闡求真理，昌明國粹，融化新知，以中正之眼光，行批評之職事，無偏無黨，

〔註115〕錢鍾書《談藝錄》（臺北：書林出版有限公司，1988）。
〔註116〕錢鍾書《七綴集》（上海：上海古籍出版社，1995），頁 102。
〔註117〕楊絳〈吳宓先生與錢鍾書〉《當代》（1998 年 12 月），頁 78。
〔註118〕齊家瑩編《清華人文學科年譜》（北京：清華大學出版社，1999），頁 89。
〔註119〕《學衡》1999 年江蘇古籍出版社重印，計 16 冊。
〔註120〕吳宓《吳宓日記》第三冊（北京：三聯書店，1998），頁 419。

不激不隨。」本質上，它主要針對北京大學陳獨秀（1879～1942）、胡適爲首的激進主義派之新文化運動，相對來說，他們是保守主義派，（學界或稱爲東南學派），原先這個刊物之作者皆在南京東南大學，事實上，作者群除了東南大的師生外，還有清華大學的師生。學衡派主要受白璧德（I. Babbitt，1865～1933）之人文主義影響。人文主義（Humanism）由胡先驌選定譯名，見〈評《嘗試集》續一文〉（《學衡》第二期）。這個思潮在《學衡》上發生了很大的影響，吳宓亦翻譯了 I. Babbitt 許多文章，此外，梅光迪（1890～1945）、徐震堮、張蔭麟（1906～1942）亦譯了幾篇，梁實秋身爲 I. Babbitt 的學生，又將這些文章結集出版《白璧德與人文主義》〔註121〕。我們知道 I. Babbitt 之中國學生計有三批，第一批梅光迪、張歆海；第二批爲吳宓、湯用彤（1893～1964）、林語堂（1895～1976）；第三批爲梁實秋（1902～1989）、范存忠（1903～1987）、郭斌龢，這三批種子在清華大學等地散播 I.Richards（1893～）之人文主義思想。〔註122〕吳宓論述了 I. Richards 之人文主義，闡述了白璧德整個思想，人文主義傳統向來有三個中心思想〔註123〕，一、以人爲中心，二、強調每個人的自身都有其價值，三、始終對思想的尊敬。這些倫理思想的闡釋在吳宓一身都印證了。他們依 I. Richards 之思想，可見他們並非中國傳統思潮上的保守者，他們也會通了西方思想。這就是「融會新知」的宗旨。可是錢先生對吳宓如此崇敬，有沒有受他的影響呢？我看是沒有的。錢先生沒有在《學衡》上發表過文章，雖然他當時是學生，但他在大學中發表在刊物上的文章無數，爲何吳宓沒有向他這位得意門生邀稿，是理念不合呢？還是錢先生根本不願投稿、或是錢先生當時是學生，根本沒有資格在《學衡》發表文章，還是吳宓的作爲當時與夫人陳心一離婚（1929），使錢先生對吳宓的人格起了懷疑？楊絳在文章說：「他對吳宓先生的戀愛深不以爲然，對他鍾情的人（指毛彥文）尤其不滿。」〔註124〕總之，吳宓的思想除了會通中西文化〔註125〕，這個概念是錢先生所追求之外，其他並沒有與他相契合之處。「及聞先師於課程規畫倡

〔註121〕梁實秋《白璧德與人文主義》（上海：新月書店，1940）
〔註122〕沈衛威《回眸學衡派——文化保守主義的現代命運》（北京：人民文學出版社，1999）頁 39。
〔註123〕沈衛威《回眸學衡派——文化保守主義的現代命運》（北京：人民文學出版社，1999）頁 79。
〔註124〕楊絳〈吳宓先生與錢鍾書〉，《當代》（1998 年 12 月號），頁 79。
〔註125〕徐葆耕《釋古與清華學派》（北京：清華大學出版社 1997），頁 98。

博雅之說，心眼大開，稍識祈向。」〔註126〕誠如錢先生自己說：「先師蕭穆，
故尊而不親。」〔註127〕又說「及入大學，專習西方語文，尚多暇日，許敦宿
好，妄企親炙古人，不由師授。」〔註128〕

　　他在大學求學時，認識了陳石遺、冒廣生（1873～19590、林紓、李拔可、
夏敬觀（1875～1953）等人，他能得到這些老輩學人的愛護，雖與他父親有關，
但他才華出眾，亦是一個原因。他的學養當然有許多受他們的影響。這些前輩
學人，陳石遺的學養是眾所皆知的，他的《石遺詩話》、《宋詩精華錄》對中國
古典詩文有精湛的看法，錢先生的《宋詩選注》就是因為鄭振鐸以為他受陳石
遺的誇獎，以為錢先生喜歡宋詩，故要他編的書。〔註129〕又在 1935 年，參加
陳石遺八十歲生日會，他在《石語》序文說：「民國二十四年五月十日」〔註130〕
這一年認識了冒廣生，依《冒鶴亭先生年譜》之記載：「是月，先生赴蘇州，是
為祝陳石遺八十生日，兼商赴粵日程事。時有章太炎、李拔可、黃秋岳（按，
濬）、金松岑（按，天翮）、龍榆生（按，沐勳）等數十人。」〔註131〕這些前輩
學人後來李拔可及冒廣生與錢先生俱有交往，而冒氏的三子冒效魯與錢先生往
來尤為密切，且成為摯友。總之，在大學時代及出國留學，錢先生的學術淵源
及學養受到這些前輩學人的影響自然甚多。此外，亦繼續受他父親的影響，他
代他父親捉刀寫序並論學，前已提過。我們以為錢先生雖然讀外文系，但他仍
於中西文化知識方面追求旁通，這些學術淵源或可在他往後的學涯中，探求其
根源，但因這些蛛絲馬跡，僅從他著作中抽絲剝繭，仍恐將會有以偏概全的誤
失，但基本上應可算是他的學術淵源。

　　四九年之後，由於意識型態的體制下，馬克思主義思想的普及，我們以為
他早在 1935 年之前便有接觸 Marxism 的痕跡，例如他在《人間世》第十九
期（1935 年 1 月 5 日）「愛讀書的問卷」便有一篇〈馬克思傳──1934 年我
所愛讀的書籍〉，這篇文章是他應《人間世》的邀稿寫的，他看到 E.F.Carr 作
Marx：A Study in Fanaticism，〔註132〕認為相當新穎，故介紹給讀者。從錢先

〔註126〕《吳宓日記》第一冊（北京：三聯書店，1998），頁 1。

〔註127〕《吳宓日記》第一冊（北京：三聯書店，1998），頁 1。

〔註128〕錢鍾書《談藝錄》（臺北：書林出版有限公司，1988），頁 346。

〔註129〕錢鍾書《宋詩選注》（北京：人民文學出版社，1995），頁 298。

〔註130〕錢鍾書《石語》（北京：中國社會科學出版社，1996），序文。

〔註131〕冒懷蘇編《冒鶴亭先生年譜》（上海：學林出版社，1998），頁 379。

〔註132〕羅俞君編《錢鍾書散文》（杭州：浙江文藝出版社，1997）頁 155。

生所有著作中只有《宋詩選注》他明顯在序文中引用了毛澤東〈在延安文藝座談會上的講話〉〔註133〕，這個現象在那個時代氣候下是極平常的，他在自序說「序和選目一仍其舊……作爲當時我自己儘可能適應氣候的原來物證。」我們以爲馬克斯主義辯證法對於錢先生影響甚大，我們在《管錐編》很清楚看到，正反合的辯證思想融合在《易經》、《老子》的思辯過程中。這一點容在後面細爲討論。

〔註133〕錢鍾書《宋詩選注》（北京：人民文學出版社，1995），頁12。

第三章　錢鍾書的方法論

　　人文社會科學研究中，論及「方法」是重要的一個課題，這個課題往往是學術論證中，具有挑戰性的邏輯思辯，其進程可使論文在表述中，顯現清析明白，同時亦表明如何闡現各種問題的環節，因此，「方法論的確定及表述，對於一篇論文是重要的課題。但方法與方法論是不同的層次的知識，方法（Method）乃指如演譯法、歸納法、統計法等等。而方法論（Methodology）乃指以這些「方法」為對象，來研究它們的功能與由此得來的知識。」〔註1〕伯倫漢（E. Bernheim）更明白指出：「所謂方法論者，則在將科學方法之本質與概念，作一一般的論述，至於由此所得之方法上個別定理及實施技巧，則屬方法學內。」〔註2〕由此可見學術論文著重在方法論的表述，它往往代表作者知識的洞見及犀力的智慧，從論文的結構看來，我們在分析錢鍾書先生的學術思想中，方法學是不可少的討論課題。錢先生學思龐大，學貫中西，在探索其方法學之前，我們必須先來看看他的學術思想體系如何構成，這個體系必先就所謂「錢學」來討論。

第一節　何謂「錢學」

　　中國學術思想自古到今形成派別，多如過江之鯽，每一門學派大都是在不同的政治氣候、人文型態、及地方差異所形成的不同學派。劉師培（1884

〔註1〕 黃進興〈論方法與方法論〉，收入黃進興、康樂《歷史學與社會科學》（臺北：華世出版社，1981），頁 25。
〔註2〕 伯倫漢《史學方法論》（上冊）（臺北：臺灣商務印書館，1975），頁 127。

～1919）在〈南北學派不同論〉申論了南北諸子學、經學、理學、考證學、文學之不同。〔註3〕由此可證一個學派，往往在某種學術氣候下形成，這是可以理解的。中國近代學術史上，因爲政治氣候之影響，五四以來，政治議論紛起，各學派的竄起，造成許多不同文學派別，如清華學派〔註4〕、東南學派，這不外乎是學術地域的不同。文學派別更是多如牛毛，不計其數。「錢學」形成後其背景因素爲何？有那些人在推動？爲何推動？這是本節所要說明的。首先我們看看「錢學」這個名詞的定義，這個名詞依陸文虎在「錢學」一文論述說：

> 「錢學」可以作兩種解會，一種是指錢鍾書的學問，另一種是指關
> 於錢鍾書的學問的學問。我們通常所說錢學是後一種，而後一種的
> 目的全在於弄懂、弄清前一種。〔註5〕

這是對「錢學」的界說。學界向來對於「錢學」一詞有一番爭議，無疑是對「錢學熱」的一種質疑。由於錢先生的盛名引來許許多多的討論，這是錢先生本不願見到的。他不喜歡別人宣傳他，但他的學問風格仍被一些「錢學」迷熱衷討論。所謂「錢學」誠如陸文虎以上之解釋，更深入的詮釋乃是針對錢先生著作，做多元化的詮釋及注解，甚至與其他學科作比較。這種學問涉及的範圍很大，錢先生掌握中西文化的淵源知識，展開「打通」的功夫，是使一個「母題」在中國文化典籍中所呈現的意義或引申意義，做全面性的詮釋。其中涉及文字、聲韻、訓詁等學問的解說，在這個基礎加以批判及引述，往往引用了中西方法的不同語言的解釋，加以歸納及分析，由點、線、面多方面旁引，呈現「七度空間」悠遊，語出獨見，言現妙論，中西匯融，合成一爐。做爲中國當代學術的一個現象，連主人也無法去阻止，只能默默讓它發展。

　　早在 1979 年廈門大學中文系鄭朝宗先生帶領四位研究生以《管錐編》爲研究對象，鄭氏是錢先生清華外文系前後同學，錢先生是 1933 年畢業，而鄭先生是 1936 年畢業，他應是最早推動「錢學」發展的學者，這四位研究生及研究論文題目，分列於下：

　　1. 何開四：《錢鍾書美學思想的歷史演進》

〔註3〕劉師培《劉申叔遺書》（南京：江蘇古籍出版社，1997），頁 548～562。

〔註4〕清華學派乃依王瑤之說。參見徐葆耕《釋古與清華學派》（北京：清華大學出版社，1997），頁 65。

〔註5〕陸文虎〈錢學〉，收入程裕禎編《中國學術通覽》（北京：北京語言學院，1995），頁 572。

2. 陳子謙：《錢鍾書文藝批評中的辯證法探要》
3. 陸文虎：《論管錐編的比較藝術》
4. 井旭東：《管錐編文藝鑑賞方法論初探》

這四篇論文經敏澤、周振甫等人的答辯後，在 1984 年福建人民出版社以書名《管錐編研究論文集》正式出版。〔註 6〕同時收有鄭朝宗的兩篇文章〈但開風氣不為師〉、〈文藝批評的一種方法〉，前文引述龔自珍〈己亥雜詩〉第 104 首「但開風氣不為師」，論述錢先生人格、學養及對國家的關係和學術的熱衷，同時，也駁斥別人認為錢先生著作沒有系統的說法，亦引述錢先生自己的論點加以陳述，「那種書好多是陳言加空話，即使寫得較好的也經不起歷史的推排消融，只有一些個別見解還為後世所採取而流傳。」〔註 7〕可見這是錢先生對於所謂沒有系統著作之批評，個人的一種見解。這種見解可以完全打破學術界一些淺見之輩貶視錢先生的著作，同時亦代表他個人的學術研究的看法及見解。

這種札記形式的學術著作引起研讀興趣的，同時佩服他學術的淵博，這便形成所謂「錢學熱」。1981 年舒展便大力的推展「錢學」之研究，而《錢鍾書研究》創刊號在王蒙的支持下由文化藝術出版社出版。〔註 8〕這位被譽為文化崑崙的學者卻對這種刊物沒有興趣，同時勸阻他們不要參與及推展，〔註 9〕錢先生自己說：「大抵學問是荒江野老屋中二三素心人商量培養之事，朝市之顯學必成俗學。」〔註 10〕俗學之論非能長久，只是應景曇花一現。不過，這些皆不能阻礙對錢學迷的熱切研究及討論。推動的學人如鄭朝宗、周振甫、舒展、陸文虎、范旭侖等人。此外，陸文虎編的《錢鍾書研究采輯》、馮芝祥編的《錢鍾書研究集刊》亦應聲而來。我們從這些研究專刊之論文看來，對於錢學的論題既然已經呈現多元化的廣角討論，來自世界各地，不同層次的討論錢學也繼之而興。這也是熱心推動的主要目的，他們想把錢先生推到全世界，讓學術界把錢學視為一朵奇葩。當然成績非常豐富，依筆者所做的統計〔註 11〕，便可知熱

〔註 6〕 以上四篇論文除了井緒東沒有專書出版外，其他三篇均將論文擴充。何開四《碧海擎鯨錄——錢鍾書美學思想的歷史演進》（成都：成都出版社，1990）；陳子謙《錢學論》（成都：四川文藝出版社，1992）；陸文虎《〈圍城〉內外——錢鍾書的文學世界》（北京：解放軍文藝出版社，1992）。

〔註 7〕 鄭朝宗《管錐編研究論文集》（福州：福建人民出版社，1984），頁 4。

〔註 8〕 《錢鍾書研究》第一輯（北京：文化藝術出版社，1989）。

〔註 9〕 《錢鍾書研究》第一輯（北京：文化藝術出版社，1989），陸文虎〈發刊詞〉。

〔註 10〕 《錢鍾書研究》第一輯（北京：文化藝術出版社，1989）鄭朝宗引言。

〔註 11〕 林耀椿《錢鍾書研究書目》（上），《中國文哲研究通訊》第 7 卷 1 期（1997），

衷者的研究態度。同時，這方面的論文仍不斷增加中。錢先生向來避世，對這些形式的奉承是反對的，深居簡出，在他生病後，幾年間更是謝客謝事，他這種姿態當然引起許多人的討厭〔註12〕，批評他自鳴清高，高不可攀。不過，我認爲從目前資料看來，除了生病做爲拒絕世俗的糾纏外，別無其他的因素。他反對寫自傳，他說：「回憶是最靠不住的，一個人在創作時的想像往往貧薄可憐，到回憶時，他的想像力常常豐富離奇的驚人。」這使他不再爲文，也不接訪客。其實，錢先生並非清高，只是他不願有些人借「錢」發「錢」罷了。如果眞誠對於學問上有所請益，他還是會回應及覆信的。對於年輕人特別鼓勵，他對鄧偉說：「你們年輕人，名利地位都不要去追逐，年輕人需要的是充實思想，要多層次，多方位去思惟。」〔註13〕這是長者對於後生晚輩的厚愛與諄諄教誨，對於戮力學術的年輕人，自是有很大的鼓勵。〔註14〕

第二節　錢鍾書的研究方法

　　錢先生研究方法，樂黛雲肯定的說：「比較文學在中國的復興是以錢先生的鉅著《管錐編》1979 年在中國出版爲標志的。」又「《管錐編》從各方面爲中國比較文學的發展開闢了道路。」〔註15〕這種明示錢先生方法，學術界大都默認，德國學者莫尼克（Manika Motsch）在《《管錐編》與杜甫新解》亦討論到「《管錐編》是一部比較文學著作嗎？」〔註16〕這些爭論暫且不必做結論，只不過若不用「比較文學」，這一個名詞，該用何種名詞來說明他的方法，他自己給鄭朝宗的信說：「弟之方法非比較文學（in the usual sense of the term）而是打通，以中國文學與外國文學打通，以中國詩文詞曲與小說打通。」〔註17〕如同他常說的所謂的「貌同心異」罷了，可見「打通」這個詞是錢先生自己自定的名詞。

　　　　　　頁 21～108。《中國文哲研究通訊》（下），第 7 卷 2 期，（1997），頁 41～95。
〔註12〕劉曉波〈錢鍾書和他的學問〉，《開放雜誌》（2000 年 8 月號），頁 90～93。文章批評錢先生太過於沉默，強調知識份子「面對那末血淋淋之歷史和現實，沉默更是可恥的。」劉氏指的是一九八九年天安門事件。
〔註13〕鄧偉《中國文化人影錄》，（香港：三聯書店，1986）；孔慶茂《錢鍾書與楊絳》（海口：海南國際新聞出版中心，1997）。
〔註14〕林耀椿〈錢鍾書研究書目〉（上），（1913～1995）《中國文哲研究通訊》第 7 卷 1 期，（1997 年 3 月），頁 26。
〔註15〕樂黛雲《比較文學與中國現代文學》（北京：北京大學出版社，1987），頁 13。
〔註16〕莫尼克《《管錐編》與杜甫新解》（石家莊：河北教育出版社，1998），頁 33。
〔註17〕周振甫〈《管錐編》的打通說〉《書品》（1989 年 1 期），頁 9。

以下將就他所使用的方法，分以下幾種來說明：

一、打　通

　　所謂「打通」如錢先生前面所述，這樣淺顯表達，很容易令人明白他使用方法，是中西文學、哲學、文化的打通。周振甫較深入探究，引申出另一種解說，他說：「錢先生講的，打通似有兩種含義，一是以前的看法錯了，成了阻礙，錢先生打破這種阻礙，建立正確的理論。一是前人沒有看到的問題，錢先生給以指出，建立正確理論。」〔註 18〕因此我們先確定錢先生的研究方法的名稱是「打通」。而整部《管錐編》便是在這種方法學上論述、批評、詮釋及提出的他的見解下開展出來。

　　首先我們來分析錢先生在處理札記式思想，如何來進行他的打通，《管錐編》全書有它一個「循環結構」，即是錢先生論述的方式，每段首先引述古籍的話，加以傳統方式解說，再引用西方各種典籍加以類比分析，再回的原先引用的古籍，這時便有了他個人的見解。〔註 19〕這種過程如同狄爾泰（Dilthey，1833～1911）的闡釋學。依 Plamer《闡釋學》一書〔註 20〕，我們清晰看出錢先生似借用 Dilthey 詮釋學方式，其公式為經驗——表現——理解，這個公式與錢先生的公式似有相同之處。我們在《管錐編》找到錢先生自己對闡釋之循環的解說，便更清楚了。他說：「乾嘉樸學教人，必知字之詁，而後識句之意，識句之意，而後通全篇之義，進而窺全書之指。……復須解全篇之義乃至全書之指（志），庶得以定某句之意（詞），解全句之意，庶得以定某字之詁（文），或並須曉會作者立言之宗尚，當時流行之文風，以及修詞異宜之著述體裁，方概知全篇或全書之指歸。積小以明大，而又舉大以貫小，推來以至本，而又探本以窮末，交互往復，庶幾乎義解圓是而免於偏枯。所謂闡釋之循環。（der hermeneutische zirke）者是矣。」這就是錢先生所說的詮釋方式，錢先生更引述說：

　　　　《鬼谷子·反應》篇不云乎"以反求覆"？正如自省可以忖人，而
　　　　觀人亦資自知，鑑古足佐明今，而察今亦裨識古，鳥之兩翼，剪之

〔註 18〕周振甫〈《管錐編》的打通說〉《書品》（1989 年 1 期），頁 9。
〔註 19〕莫尼克〈中西靈犀一點通〉，《錢鍾書研究》第二輯（北京：文化藝術出版社，1990），頁 115。
〔註 20〕Palmer《詮釋學》（臺北：桂冠圖書公司，1995）頁 121。

雙刃，缺一孤行，未見其可。〔註21〕

這一段引述更可見錢先生論述的過程中，為了探求中國典籍與西方典籍比較時，需要對自己之典籍全盤了解，字義完全了然於心，進而句之義，而後通盤了解全文。《鬼谷子・反應》：「反以觀往，覆以驗來，反以知古，覆以知今，反以知彼，覆以知己。」這種循環反覆之闡釋，就是錢先生強調「打通」之意，與時下所謂「比較文學」了解似乎有不同之意境。

二、通 感

其次要討論是「通感」的概念，錢先生在《文學評論》1962 年第 1 期發表〈通感〉，此文表述錢先生對於眼、耳、鼻、舌、身各官能之間的互通關係。他說：「在日常經驗裏，視覺、聽覺、觸覺、嗅覺、味覺、往往可以彼此打通或交通，眼、耳、舌、鼻、身各個官能的領域可以不分界限。」〔註22〕這些官能的連繫性，原本並不相干，「按邏輯思維，五官各有所司，不兼差也不越職。」總之，河水永不犯井水的。但錢先生想在古今中外文藝現象，心理學、美學現象中，擬出一個通感（Shnaesthesia）或「感覺挪移」的現象。在論文中他先引宋祁〈玉樓春〉之句，「紅杏枝頭春意鬧」，及蘇東坡〈夜行觀星〉的「小星鬧若沸」，這兩個例子做為通感的理論基礎，他說：「尋常眼、耳、鼻、三覺亦每通有無而忘彼此，所謂『感受之共產』，即如花，其入目之形色，觸鼻之氣息，均可移音響以揣稱之。」（《管錐編》頁 1073）心理學上稱為「通感」即修辭學上的移覺。這種感官的互通，平常我們生活上的視覺「紅色」即有熱的感受，見紅色玫瑰有熱勁的感受；青、綠色即有冷的感受，而青色物品便有冰冷的顫抖，這便是由視覺通於觸覺。同時生活的環境亦可如此互通，如熱鬧、安靜不同的家居生活，這種由聽覺通於觸覺，聯想到家居的熱絡及清冷的情境，如同王國維在《人間詞話》所說「一切景語皆情語也」。又如聽到歌聲的圓及尖，便宛如見到形狀似，這又是由聽覺通於視覺。這種通感理論在中國古詩詞處處皆是，完全是詩人感官上的移覺所致，夕陽感觸淒涼，朝陽感受到熱勁，鮮花動人可親，殘花悽愴哀憐，這全是詩人的通感。他又想藉這種理論在中國儒家、道家、佛家各家有所闡釋。如《莊子・庚桑楚》：「正則靜，靜則明，明則虛。」又《莊子・人間世》：「夫徇耳目內通，

〔註21〕錢鍾書《管錐編》第一冊（北京：中華書局，1991），頁 171。
〔註22〕錢鍾書〈通感〉，收入《七綴集》（上海：上海古籍出版社，1995），頁 65。

而外于心知。」這種內通和心知的心理活動，就是感通的現象，道家思想的內外不一致，但卻能互為感通的例子甚多，如《列子》：「心凝形釋，骨肉都融，不覺形之所倚，足之所履，隨風東西，猶木葉幹殼，意不知風乘我耶？我乘風乎？」這種五官融會一體卻而引申出「眼如耳，耳如鼻，鼻如口，無不同也。心凝形釋，骨肉都融。」佛家亦是如此，「六根互為用」，即所謂「無目而見」，「無目而聽」，「非鼻聞香」，「異舌知味」，「無身覺觸」，這完全是排除感官而卻能有通感。總括其意，乃是在一切現象中，各感官中雖然互不相干涉，但往往互為通感，同時沒有官能作用亦能互為通感，這種心理現象，在古今中外各詩文典籍中時時出現，錢先生藉這種理論更深入闡釋他的「打通」的理論。

三、論比喻

　　錢先生對於事物的比喻最為巧妙，亦是讀者最為佩服之處。亞理斯多德（Aristotle，384～322BC）以為寫作三大原則，就是比喻（Metaphor）、對比（Antithesis）及具體生動（Animation）。他在《詩學》：「要合理地使用上述各類詞匯，包括雙合詞和外來詞這一點是最重要的。最重要的是要善于使用隱喻詞，唯獨在這點上，詩家不能領教別人，不僅如此，善於使用隱喻還是天賦的一個標志。」〔註23〕卡萊爾亦說：「世人謂文字乃思想之外衣，不知文字為思想之皮肉，比喻則其筋骨」，錢先生在〈讀拉奧孔〉說：「比喻是文學語言的根本特點。」從以上引的話看來，語言本身經過作者的比喻，揣擬後使形象更為逼真有力，活潑生動，這種功夫，是天才能，則人教不來的。〔註24〕這是天才的本事，有天才的人發揮博學的比喻想像，往往令人嘆為觀止，也博得會心一笑，這些是無法傳受的。這些本領展現錢先生睿智的發揮，使中國文化典籍中更呈現多方面的風趣，也看出作者的淵博智識。我們從《管錐編》拈出他對於比喻之見解：「同此事物，援為比喻，或以褒，或以貶，或示喜，或示惡，詞氣迥異。修詞之學，亟宜拈示。斯多噶派哲人嘗言：萬物各有二柄（Everything has two handles），人手當擇所執。刺取其意，合采慎到、

〔註23〕亞理斯多德著，羅念生譯《詩學》（北京：商務印書館，1962），頁 158。亞理斯多德著，羅念生譯《修辭學》（北京：三聯出版社，1991），頁 158～169，頁 176～188。

〔註24〕黃維樑〈與錢鍾書論比喻〉，收入《錢鍾書研究》第二輯（北京：文化藝術出版社，1990），頁 124。

韓非『二柄』之稱，聊明吾旨，命之『比喻之兩柄』可也。」〔註25〕又稱「比喻有兩柄而復具多邊，蓋事物一而已，然非止一性一能，遂不限於一功一效。取譬者用心或別，著眼因殊，指（denotatum）同而旨（signification）則異，故一事物之象可以乙立應多，守常處變。」〔註26〕因此，他便聲稱「蓋事物多端而言亦多方也」這兩段引申出錢先生的修辭學「比喻兩柄多邊說」的創見。錢先生所謂二柄之說來自慎到的二柄是指威德；韓非的二柄是指刑德，皆是借用。周振甫以爲比喻之「異用」，即同一個比喻之褒貶，好惡異用。做爲二柄理論依據，刑指殺和戮。德指賞或賜。這種異用即借二炳之褒貶、好惡而表示。錢先生說「比喻之兩柄亦正如賣友之兩面矣」（《管錐編》頁39），這是個隱含的比喻，有「客觀事實，有主觀情感，有思辨的辯證法。」這一段話透露另一個訊息，錢先生在此書中諸多比喻是一種隱含內容的譬喻，其中的內容有待深入的了解。其次「多邊」即多變也。一個事物的比擬，表象原創者依不同的角度，意象、理念、環境、思緒所表達出的比喻便多變，多端也。如錢先生舉例將月作鏡、茶團、香餅、眼睛、女君、即是多端也是多變。錢先生對於「多邊」名詞有許多不同稱呼，如「兩邊」（《管錐編》頁77）、「異邊」（《管錐編》頁246）等。引二柄的例子如下：

一、「水中映月之喻常見釋書，示不可捉搦也。然而喻至道於水月，乃歎其玄妙，喻浮世於水月，則斥其虛妄，譽與毀區以別焉。」（《管錐編》頁37）

二、又以秤爲二柄之例：（一）褒詞之喻。《論衡・自紀》「如衡之平，如鑑之開。」又《全上古三代秦漢三國六朝文》卷五九諸葛亮〈與人書〉「吾心如秤，不能爲人作輕重。」錢先生引此二例，故說：「均以秤喻無成見私心，處事遇人，各如其分，公平允當，褒誇之詞也。」（二）誚讓之詞。《朱子語類》卷十六，「這心之正，卻如秤一般，未有物時，秤無不平，才把一物在上面，秤便不平了。」又周亮工《書影》卷十「佛氏有花友，秤友之喻，花者因時爲盛衰，秤者視物爲低昂。」錢先生評說「言心之失正，人之趨炎，爲誚讓之喻矣。」（《管錐編》頁38）

可見事物本有兩柄之喻，正反、褒貶、善惡，……依情境不同，便有所不同

〔註25〕錢鍾書《管錐編》第一冊（北京：中華書局，1991），頁37。
〔註26〕錢鍾書《管錐編》第一冊（北京：中華書局，1991），頁39。

之評斷，這便是二柄之舉，這些比喻例子充滿另類涵詠及嘲諷，「言心之失正，人之趨炎爲諂讓之喻。」錢先生處文革艱困之境，首創此書，當中含有無數無奈的幽怨及怒氣，如果這些怨怒沒有廣闊的心胸，何能釋懷呢？因此全書隨有所見，「比喻之兩柄亦正如賣友之兩面矣」，這樣的控訴實在是很生動傳神的。

多邊的例子，如鏡之比喻，「我國古籍鏡喻兩邊，一者洞察，物無遁形，善辨美惡，如《淮南子·說林訓》『若以鏡視形，曲得其情。』，二者涵容，物來斯受，不擇美惡，如《莊子·應帝王》所謂『至人之用心若鏡，不將不迎，應而不藏。』」此皆說明鏡子之虛則受，既受便有虛之心也。

四、談母題

母題（Motif）十八世紀以來作爲音樂之單位，並應用到文學和其他藝術上。朱光潛（1897～1986）在《歌德談話錄》也如此解釋說：「母題本是音樂術語，借用到文學裏，指的就是主題。」〔註27〕錢先生每一段札記便是扣緊在一個 Motif 的前提下，而後引申中西相同母題，比較，分析，評論，闡析彼此相同之處。每一段札記主題，先引用中國典籍原文，而後註解，說明；其次引用中西相同文獻，而後再回到原先之文獻闡述自己的結論，給予批判及心得。這便是錢先生在《管錐編》之母題陳述，也是全書最爲重要的方法。錢先生自己說：

> 「積小以明大，而又舉大以貫小，推末以至本，而又探本以窮末，交互往復，庶幾乎義解圓足而免於偏枯，所謂『闡釋之循環』者是矣。」〔註28〕

這個「闡釋之循環」，說明錢先借用 Motif 之方法，主要在闡釋中西人文典籍及自己的見解，借用西方之各種不同方法學科，如文學、哲學、歷史、心理學、社會學、政治學、……的論證來與中國之文獻互爲比較。錢先生說：「正如自省可以忖人，而觀人亦資自知，鑑古足佐明今，而察今亦裨識古，鳥之兩翼、剪之雙刃，缺一孤行，未見其可。」〔註29〕就是用這種方法來貫徹全書的論證。錢先生在分析之後遇有相通之處，便會有所定論的說「二節可相發明」，「均相

〔註27〕朱光潛《歌德談藝錄》（北京：人民文學出版社，1978），頁 54。
〔註28〕錢鍾書《管錐編》第一冊（北京：中華書局，1991），頁 171。
〔註29〕錢鍾書《管錐編》第一冊（北京：中華書局，991），頁 171。

發明」，「足相發明」，諸如此類的斷語。我們可以借莫尼克（Motsch）《《管錐編》與杜甫新解》論述「鏡子」爲母題，來略加說明：〔註30〕

1. 《管錐編》論述「鏡子」源於「鏡喻月」。（《管錐編》頁391）

2. 己思人思己，己見人見己，亦猶甲鏡攝乙鏡，而乙鏡復攝甲鏡之攝乙鏡，交互以爲層累。（《管錐編》頁115）

3. 照妖鏡之母題引申《西遊記》、《封神榜》中，照妖鏡能照見魔怪之原形，《西洋記》中照妖鏡則照見隱形之人。（《管錐編》頁728）

4. 不識鏡：乃述因鏡誤認人爲己，誤己爲人之喻。「夫持鏡歸，妻引自照，驚告母曰：某郎又索一婦歸也。母亦照曰：又領親家母來也。」（《管錐編》頁751）又張華《博物志》卷二言山雞「自愛其毛，終日映水，目眩則溺水！」（《管錐編》頁752）

5. 惡影與顧影：博物學者，鳥對鏡則怒啄己影，猴睹鏡中己影則擲鏡於地而踐踏之。蓋不知影之即己而誤以爲忽遇同類也。詩人聞而大悟萬物之良能初非同類相愛，乃是同類相仇。（《管錐編》頁819）

第三節　錢鍾書對「比較文學」觀點

　　錢先生的著作，因涉及到「比較文學」這一課題，歷來對於錢先生的著作如《管錐編》、《談藝錄》是否爲「比較文學」的作品，這個論題爭議甚久，談論者各執己見，很難給予明確定論。不過，我們有必要對「比較文學」做一個簡易回顧，來討論錢先先著作，或許有較客觀的分析。

　　首先我們回顧「比較文學」的歷史，它一直以歐洲爲本位連美國也被忽略，更不必談東方文學。故「比較文學」大體上可分西方學派即法國學派及美國學派，這兩大學派爭論不休，不過我們在這裏只藉用雷馬克（H.Remak）的一篇文章，其中對於「比較文學」定義來說明：

　　　「比較文學」是一個國家的文學與另一個以上的國家的文學比較，

　　　以及文學與其他學科的比較。〔註31〕

依雷馬克這個定義，我們或可對「比較文學」分兩個範疇，一、乃「比較文

〔註30〕莫尼克《管錐編與杜甫新解》（石家莊：河北教育出版社，1998），頁100～113。

〔註31〕H.H.Remak 著，王潤華譯〈比較文學的定義及其功能〉，見《比較文學理論集》，（臺北：國家出版社，1973），頁3～23。；張隆溪譯，見《比較文學譯文集》（北京：北京大學出版社，1982），頁1～16。

學」乃國與國之間文學的比較。二、乃文學與其他學科比較。美國學派對於這兩個範疇皆承認爲「比較文學」，但法國學派僅承認第一範疇爲「比較文學」，看來「比較文學」就名詞上的定義及範疇就難以有個明確定義。假若我們就依 H.Remak 之定義，來說明錢先生的著作，或許較爲寬鬆及容易明白。

回溯「比較文學」在中國之發展，錢先生在 1929 年就讀的清華大學，當時英國劍橋大學英國文學系主任瑞恰慈（I. A. Richards）在 1929～1931 年就在清華外文系開設了「比較文學」和「文學批評」兩門課，此外，吳宓開設了「中西詩之比較」，溫德（R.Winter）開設了「文藝復興時期的文學」，陳寅恪的「中國文學中的印度故事的研究」等「比較文學」相關的課程。〔註 32〕因此，1929 年錢先生入清華大學或許便遇上 I. A. Richards，他的名著《文學批評原理》（Principles of Literary Criticism）（1925），五年後他又撰寫了另一名著《實踐的批評》（Practical Criticism）。他在中國教書又完成了《孟子論心》（Mencius on the mind），這些跡象可知錢先生 1929～1933 清華求學中受「比較文學」的可能薰陶，尤其吳宓受白璧德（I. Babbitt）的新人文主義的影響，〔註 33〕將新人文主義的精神傳到清華大學，多少融合在他們的學術生命中，這股「比較文學」氣息也教導不少學者，如錢鍾書、季羨林、李健吾等人，也就是他們開展中國的比較文學生機。F. Loliee《比較文學史》（1930），傅東華譯成中文（1931）；及 P.Van Tieghem《比較文學論》（1931），戴望舒譯成中文（1937）。可見在當時「比較文學」在中國並不寂寞。加上清華國學院的王國維、梁啓超、陳寅恪、趙元任、吳宓等這些著名學者，在他們專業領域中也能從事「比較文學」研究，如梁啓超〈翻譯文學與佛典〉、王國維《紅樓夢評論》、《人間詞話》、陳寅恪〈三國志曹沖華陀傳與佛教故事〉等。〔註 34〕可見在三十年代，錢先生求學的環境中，已有這股「比較文學」的風氣。他自己在這段時間的作品，如 Tragedy in Old Chinese Drama（1931）及牛津大學學位論文《十七、八世紀英國文學中的中國》等都與「比較文學」相關，由於

〔註 32〕　樂黛雲〈中國比較文學的現狀與前景〉收入《中國比較文學年鑑》（北京：北京大學出版社，1987），頁 15～16。；齊家瑩編《清華人文學科年譜》（北京：清華大學出版社，1999）頁 89；《國立西南聯合大學史料》第三冊（昆明：雲南教育出版社，1998），頁 239。

〔註 33〕　侯健《從文學革命到革命文學》（臺北：中外文學出版社，1974）

〔註 34〕　范伯群、朱棟霖《中外文學比較史》（南京：江蘇教育出版社，1993），徐志嘯《中國比較文學簡史》（武漢：湖北教育出版社，1996），徐尚揚《中國比較文學源流》（鄭州：中州古籍出版社，1998）

他在這方面的訓練及興趣，故發展出《談藝錄》、《七綴集》、《管錐編》等與「比較文學」相關的著作。

大陸對於「比較文學」的賡續工作，一直要到八十年代，才熱絡起來。由於文化大革命的衝擊，造成「比較文學」的推動比臺灣方面的發展約遲了十年以上。臺灣「比較文學」的發展見古添洪、陳慧樺《比較文學墾拓在臺灣》（1976）及李達三（J. J. Denney）《比較文學研究之新方向》（1978），後者附錄〈比較文學基本書目選註〉尤其引人入勝，李奭學〈臺灣比較文學與西方理論〉（1988）〔註35〕等，均可以窺見臺灣這些年來對於「比較文學」論文的熱烈討論。此外，《中外文學》、《淡江評論》（*Tarnkang Review*）之「比較文學」文章，及葉維廉主編《比較文學叢書》，皆顯示出臺灣在「比較文學」推動的活力。其中提到比較文學「中國學派」的概念。〔註36〕這個概念亦引申了無數之爭論，〔註37〕以致延燒到大陸對於此概念的熱烈討論。臺灣在 1974 年成立「中國比較文學學會」，也籌辦了國際比較文學會議及中華民國比較文學會議，這個活動也持續著，而以《中外文學》做他們的論文發表的天地。〔註38〕大陸在 1985 年才成立中國比較文學學會，並在深圳大學召開了學術討論會。這裏象徵大陸比較文學的復興。但是在這之前也出版過《中國比較文學》（1984），其中有筆談會，主張「建立比較文學陣地，開展比較文學研究」，參與的學者如方重、周玨良、楊周翰、張隆溪、范存忠等人，每個人都躍躍欲試，大談中國應當開展「比較文學」之工作。1983 年錢鍾書在北京召開之「中美雙邊比較文學討論會」致詞，〈在中美比較文學學者雙邊討論會上的發言〉，俱經他本人同意在《中國比較文學》創刊號中刊出，引起了一大震撼。那時候錢先生是以中國社會科學院副院長的身份致詞，他說：

〔註35〕 李奭學《中西文學因緣》（臺北：聯經出版事業公司，1991），頁 317～338。
〔註36〕 李達三《比較文學研究之新方向》（臺北：聯經出版事業公司，1986），頁 265～307。盧康華、孫景堯《比較文學導論》（臺北：蒲公英出版社，1986），頁 301～305。〈比較文學中國化〉專輯，《文訊》第 17 期，（1985）。
〔註37〕 黃維樑，曹順慶《中國比教文學學科理論的墾拓》（北京：北京大學出版社，1998）收有李達三〈比較文學中國學派〉，頁 139～143。陳鵬翔〈建立比較文學中國學派的理論和步驟〉，頁 145～162；古添洪〈中國學派與臺灣比較文學界的當前走向〉，頁 163～177。及孫筑瑾〈中西比較文學研究中的近視與遠視〉，《中外文學》18 卷 7 期，（1989），頁 65～82。
〔註38〕 依《中外文學》論文索引一書，有關比較文學的論文，數百篇。（臺北：中外文學月刊社，1987），頁 76～88

比較文學，同時也必然比較比較文學學者，就是說，對照美國學者
研究比較文學的途徑和中國對等學者研究比較文學的途徑。

這可以看出錢先生對此次會議之重視。之後，1987 年《中國比較文學年鑑》
（一九八六年）出版，這本年鑑展示 1979～1985 年這六年中國大陸在「比較
文學」上之成果，錢先生在書上寫了一段對「比較文學」令人深省的話：

在某一意義上，一切事物都可以引合而相與比較的，在另一意義上，
每一事物都是個別而無可比擬的。

這段話代表錢先生對於「比較文學」定義的說明。

錢先生《管錐編》在 1979 年出版了，象徵中國比較文學一個重要里程
碑，這部著作亦體現了「比較文學」在中國並沒有衰萎。樂黛雲說：「《管錐
編》最大貢獻在于縱觀古今，橫察世界，從『針鋒栗顆』之間總結出重要的
文學共同規律。亦就是突破各種學術界限（時間、地域、學科、語言），打
通整個文學領域，以尋求共同的詩心和文心。」〔註 39〕這就是錢先生的「打
通」理論說。錢先生常說：「東海西海，心理攸同，南學北學，道術未裂。」
他引用了西方無數經典與社會科學融入《管錐編》〔註 40〕。這種融合並非
隨意的比較及附合，主要是在「打通」他的論述，並與西方典籍互相溝通的
展現。

錢先生對於「比較文學」一詞向來皆很謹慎對待，也不輕易說他的作品就
是「比較文學」之作品。可是別人卻一再稱它的《管錐編》是「比較文學」著
作。這幾乎是清一色的說法，有關中國比較文學史著作，皆把錢先生的《管錐
編》列為主要的一種。這種說法本是基於 1979 年之後，大陸有關比較文學著作
本是不多，趙毅衡在〈《管錐編》中的比較文學平行研究〉就說：「1979 年或許
是我國的比較文學研究進入自覺期的一年，錢鍾書《舊文四篇》、《管錐編》、楊
絳《春泥集》、范存忠《英國文學語言論文集》、王元化《文心雕龍創作論》，這
些解放後出版物，……中西比較文學內容最集中的書籍。」〔註41〕可見比較文
學這個類型之著作在當時並不多，甚至這個名詞也是這時候才有人開始提倡。

〔註39〕樂黛雲〈中國比較文學的現狀與前景〉收入《中國比較文學年鑑》（北京：北
　　　京大學出版社，1987），頁 18。
〔註40〕樂黛雲稱這種為科際整合（Interdisciplinary）。見樂黛雲〈中國比較文學的現狀
　　　與前景〉收入，《中國比較文學年鑑》（北京：北京大學出版社，1987），頁 20。
〔註41〕趙毅衡〈《管錐編》中的比較文學平行研究〉，《讀書》（1981 年 2 期），頁 41，
　　　及〈是該設立比較文學學科的時候了〉，《讀書》（1980 年 12 期），頁 103～110。

〔註42〕

張隆溪在 1981 年 10 月在《讀書》曾發表一篇〈錢鍾書談比較文學與文學比較〉，這一篇文章可以反應亦代表錢先生對於「比較文學」一詞的看法。張先生曾多次拜訪他，針對「比較文學」提出問題請。錢先生也抒發他的看法。這些在張先生文章中所述的錢先生的意見，我將它臚列出以下幾點，這些看法皆是錢先生自己的話。

1. 錢先生說他自己在著作裏從未提倡過比較文學，而且只應用過比較文學裏的一些方法。

2. 錢先生認爲，要發展我們自己的比較文學研究，重要任務之一就是清理一下中國文學與外國文學的相互關係。

3. 錢先生認爲文藝理論的比較研究即所謂比較詩學（Comparative poetics）是一個重要而且大有可爲的研究領域。如何把中國傳統文論中的術語和西方的術語加以比較和互相闡發，是比較詩學的重要任務之一。

4. 錢先生強調從事文藝理論研究必須多從作品實際出發，加深中西文學修養。若僅僅搬弄一些新奇術語來故作玄虛，對於解決實際問題將毫無補益。

5. 錢先生認爲文學翻譯的最高標準是「化」，學翻譯也是比較文學所關注的一環。他認爲我們不僅應當重視翻譯努力提高譯文質量，而且也當注意研究翻譯史和翻譯理論。同時他把翻譯當成一門藝術來看。

6. 錢先生借用 J.M.Carre 的話說，「比較文學不等於文學比較」，故文學之間之比較應在更大的文化背景中，考慮到文學與歷史、哲學、心理學、語言學及其他門科的聯繫。

7. 錢先生認爲向我國文學研究者和廣大讀者介紹比較文學的理論和方法，在大學開設比較文學導論課程，是目前急待進行的工作。同時，他希望有志於比較文學研究同志，努力加深文學修養和理論修養，實際去從事於具體的比較研究，而不要停留在談論比較文學的必要性和一般原理上。

張先生這一篇文章呈現出錢先生的比較文學的切實看法及想法。這時《管錐

〔註42〕謝振天他說他在 1979 年才知到這個名詞。《比較文學與翻譯研究》（臺北：業強出版社，1994），頁 9。

編》已出版，他迫切體認「打通」的重要性，他在〈美國學者對於中國文學研究簡況〉中說：「比較文學有助於了解本國文學，各國文學在發展上、藝術上都有特色和共性，即異而求同，因同而見異，可以使文藝學具有科學的普遍性。」這種「爲了更好地了解中國文學，我們也許該研究一點外國文學，同樣，爲了更好地了解外國文學，我們該研究一點中國文學。」〔註43〕可見說他從未提倡過「比較文學」似乎不是事實。他實在認爲有必要去推動與實踐。同時他說，研究這種學科無罪，錢先生1980年11月在日本愛知大學文學部演講〈我對文學現狀的一點感想〉他說：「這三四年來，各位在刊物上可以看到文學研究的花樣，也漸漸多起來了，結構主義有人講了，研究比較文學也不是罪名了。」〔註44〕我不太明白錢先生這話之意思，難道研究比較文學是會被認爲有罪的嗎？其背後之意，不知道有沒有其他原因，這也是他向來不承認他的著作是比較文學之著作。他給李達三的信說：「即將出版的一部不中繩的拙著，共四本，（指《管錐編》），並不能歸在「比較文學」一類，否則會名實不符，不過究屬何類並無關宏旨。」〔註45〕這段話很明白指出《管錐編》不能歸在「比較文學」範疇內。從這個說法的學者，如鄭朝宗，他便說：「從方法論上看，《管錐編》似乎接近於目前國外流行的所謂"比較文學"，其實不然。借用錢先生在書中常說的一句話來評判，這是貌同心異。」〔註46〕陳子謙也說：「我們不同意《管錐編》純粹歸於比較文學的範圍，亦不同意說《管錐編》的批評方法就是比較文學的方法。」〔註47〕這些基調不外是說明錢先生之方法在於「打通」，與時下「比較文學」有所不同。錢先生當然亦曾調侃時下大談比較文學的淺識。楊絳在〈記錢鍾書與《圍城》〉一文中提到：「現在看到人家大講比較文學，就記起小學裏造句，"狗比貓大，牛比羊大"，有個同學比來比去，只是"狗比狗大，狗比狗小。"挨了老師一頓罵。」〔註48〕這個比喻當然亦是錢先生針對比較文

〔註43〕羅俞君《錢鍾書散文》（杭州：浙江文藝出版社，1997），頁553～554。
〔註44〕何暉，方天星編《一寸千思》（瀋陽：遼海出版社，1999），頁543。
〔註45〕李達三《比較文學研究新方向》（臺北：聯經出版事業公司，1986），頁294。
〔註46〕鄭朝宗〈研究古代文藝批評方法論上之一種範例〉，《錢鍾書研究》第一輯（北京：文化藝術出版社，1989），頁36。
〔註47〕陳子謙《錢學論》（成都：四川文藝出版社，1992），頁692；蘇其康〈中西比較文學的內省〉，收入黃維樑、曹順慶編《中國比較文學學科理論的墾拓》（北京：北京大學出版社，1998），頁135。蘇其康也說：「錢鍾書的《談藝錄》和他新近的《管錐編》都不能算是比較文學的研究著作。」
〔註48〕楊絳〈記錢鍾書與《圍城》〉（臺北：書林出版有限公司，1995），頁382。

學熱潮來的諷喻。他仍主張加深文學的及理論的修養，才是重要的。

不過絕大部分學者認爲《管錐編》是比較文學的代表作，同時大大宣傳。這種舉動亦無可厚非，在封閉中國，尤其比較文學在中國正起步中，《管錐編》在他們眼中，當然是一部難得的傳神鉅著，當然會執意大爲宣傳一番。陸文虎認爲錢先生《管錐編》與「比較文學相近而不盡相同。」但經他分析，「在某種意義上，我們可以認爲《管錐編》是一部比較文學論著。」〔註49〕這種分析是較保守的同意它是比較文學之著作。樂黛雲在〈中國比較文學的現狀與前景〉一文大力宣傳《管錐編》是比較文學之力作。「《管錐編》不僅是探索了中西文學共同的詩心和文心，而且對比較文學各方面都有獨到的建樹。」〔註50〕由於樂黛雲身爲中國比較文學會副會長，大力推推動比較文學之工作，她的看法有其代表性。同時，幾種中國比較文學史皆以《管錐編》作爲標志〔註51〕，張隆溪《道與邏各斯》（*The Tao and The Logs*）一書中，亦藉《管錐編》來闡釋他在道的問題的討論，每每徵引，又如莫尼克〈中西靈犀一點通〉、〈《管錐編》一座中國式的魔鏡〉〔註52〕皆反應出《管錐編》爲比較文學著作，莫氏亦稱錢先生爲現代中國比較文學的創始人。

以上我們說明了錢先生本人對於他的著作是否爲比較文學的看法，亦分別就反對與贊成兩種意見，說明了他們的看法。這透露出比較文學在錢先生之方法學上是一個重要課題，同時必要釐清它的問題所在。對於研究錢學這是一個棘手問題，但因涉及的問題及範圍相當複雜，故很不容易給予明確的定論。但從《管錐編》的體例看來，錢先生他承認使用比較文學的方法，但使用比較文學的方法，所形成的作品未必就是比較文學，如同一篇文章使用哲學方法，這篇文章未必是哲學著作一樣。我們相當明瞭，錢先生自從在大學便受吳宓、I. A. Richards 等人的薰陶，他們的影響多大，現很難去探索，不過他在英國留學的學位論文便是比較文學的作品，延伸到他的《談藝錄》、《七綴集》都可以說是在做比較的工作。1981 他在年日本早稻田大學作訪問演講〈詩可以怨〉便說：「人文科學的各個對象彼此繫連，交相映發，不但跨越國

〔註49〕陸文虎《圍城內外世界》（北京：解放軍文藝出版社，1992），頁 68。

〔註50〕樂黛雲〈中國比較文學的現狀與前景〉，《中國比較文學年鑑》（北京：北京大學出版社，1987），頁 19。

〔註51〕如徐志嘯《中國比較文學簡史》（武漢：湖北教育出版社，1996）頁 140。徐尚揚《中國比較文學源流》（鄭州：中州古籍出版社，1998），頁 79。

〔註52〕此二文見《錢鍾書研究》第二輯（北京：文化藝術出版社，1990），頁 91，105。

界，銜接時代，而且貫串著不同的學科。」〔註 53〕這段話便是錢先生在學術界所努力的方向，他反對外界提倡比較文學之漂亮口號，他仍然認為要「加深中西文學修養」才是當務之急，目前最切要的並非「搬弄一些新奇語來故作玄虛」。他主張用「打通」名詞來說明他的方法，他涉及人文各學科，這樣龐大體系的著作，他善用打通之方法及原則，超越於「比較文學」的識見，展現他自己的學海，如同鄭朝宗所說：「《管錐編》的最大特色是突破了各種學術界限，打通了全部文藝領域。」〔註 54〕這在八十年代中國大陸是一項創舉，封閉國度剛才漸開，他深藏多年的學術成果，就突然呈現，這也難怪世人的驚奇，這項創制給中國比較文學界加添了無比的鼓勵，中西之文學更增加了「打通」的機會。

第四節　錢鍾書對翻譯的觀點

　　翻譯做為一門藝術〔註 55〕，這是學界向來所公認的。同時，翻譯亦是一項文化傳播的利器，透過譯作能夠表述理念，經驗的傳達，同時亦可以做為溝通的工具。錢先生由於「悠游於七度空間」〔註 56〕，故語言的熟稔是駕輕就熟的，因此，翻譯對他來說是極為重視的一項工作，同時也是他力倡打通之工作，故而他心目中的翻譯本身，背負了相當大的任務。

　　翻譯在佛經傳入中國時便擔任了媒介的大使〔註 57〕，同時在北朝時代彥琮便有了中國第一篇翻譯專論〈辯正論〉〔註 58〕，此文提出從事翻譯的人對於原文及譯語必須有相當好的功力，才能從事翻譯工作。歌德剴切的說：「不懂外語的，對母語會一無所知。」可見這是「雙語活動」〔註 59〕。這種雙語活動如同林語堂在〈論翻譯〉一文所說，翻譯之藝術依賴以下三者：

〔註 53〕錢鍾書〈詩可以怨〉，收入《七綴集》（上海：上海古籍出版社，1995），頁 133。

〔註 54〕鄭朝宗〈研究古代文藝批評方法論的一種範例〉，《錢鍾書研究》第一輯（北京：文化藝術出版社，1989），頁 37。

〔註 55〕林語堂〈論翻譯〉見羅新璋編《翻譯論集》，（北京：商務印書館，1984），頁 417。

〔註 56〕黃國彬〈在七度空間逍遙〉，《聯合文學》（第 5 卷 6 期，1984 年 4 月）

〔註 57〕梁啓超〈翻譯文學與佛典〉，見羅新璋編《翻譯論集》（北京：商務印書館，1984），頁 52。

〔註 58〕彥琮〈辯正論〉，見羅新璋編《翻譯論集》（北京：商務印書館，1984），頁 44。

〔註 59〕孔慧怡《翻譯、文學、文化》（北京：北京大學出版社，1999），頁 7。

　　1. 對於原文文字的了解。

　　2. 譯者有相當之國文程度。

　　3. 譯者對於翻譯標準及手術有正當的見解。

向錢先生請教如何學習外語的學子曾經說過：「向錢鍾書先生請教如何學習外語，錢先生當時並沒有給我們講太多，反而告訴我們學外語最後要比的是中文，特別是古文的基礎。」〔註60〕這一點可以對以上諸論的印證。可見翻譯原本上是雙語活動，是一件極爲艱難的事，同時它涉及文化背景的瞭解，往往譯者要了解當地當時之文化背景〔註61〕，無論在空間及時間都要掌握，這種學問如同呂叔湘所說：「翻譯工作者所需要就是雜學，事實上，就是要極廣博之學問，否則對於翻譯作品可能是四不像之情形，或是誤譯造成令人啼笑皆非之情形。」〔註62〕比較文學學科中，翻譯是一項論題，因此談錢學，當然要涉及翻譯。錢先生在其作品中談及翻譯的問題，有以下幾篇文章，一、〈林紓的翻譯〉。二、〈漢譯第一首英詩《人生頌》及有關二三事〉。三、《管錐編》有以下幾處，〈譯事三難〉（頁110）；〈翻譯術開宗明義〉（頁1262）；〈譯音字望文穿鑿〉（頁1458）；〈譯詩〉（頁1366）……等。

　　首先我們必須點出錢先生對於翻譯最高標準乃是「化」，他說：「文學翻譯的最高理想可以說是"化"。把作品從一國文字轉變成另一國文字，既然不因語文習慣之差異而露出生硬牽強的痕跡，又能完全保存原作的風味，那就是算得入於化境。」又說：「翻譯總是以原作的那一國語文爲出發點而以譯成的這一國語文爲到達點。」〔註63〕可見這種化境的艱困性。克羅奇（B.Croce，1866～1952）說「翻譯即是創作。」（Not reproduction but production），既然翻譯說是創作，也就等於一種文學藝術，亦即爲錢先生稱林琴南之翻譯爲「文字因緣」。因爲是因緣際會中，互爲溝通產生另一種語言之傳遞，造成藝術創作的另一種表現。錢先生對於翻譯更引了許多的看法，如「十七世紀一個英國人贊美這種造詣高的翻譯，比爲原作的『投胎轉世』（the transmigration of souls）。」〔註64〕

〔註60〕鮑玉珩〈懷念錢鍾書〉《世界日報》2000年2月18日

〔註61〕王佐良〈翻譯中的文化比較〉，收入《翻譯：思考與試筆》（北京：外語教學與研究，1989），頁18。

〔註62〕呂叔湘〈翻譯工作和雜學〉，見羅新璋編《翻譯論集》（北京：商務印書館，1984），頁527。

〔註63〕錢鍾書〈林紓之翻譯〉（上海：上海古籍出版社，1995），頁79。

〔註64〕錢鍾書〈林紓之翻譯〉（上海：上海古籍出版社，1995），頁79。

但翻譯有時不能達到標準，造成誤解時，歌德（J. W. V.Goethe，1749～1832）
便不客氣的說：「翻譯家是下流的職業媒人」。歌德這種比喻亦有其道理。因為
差勁的譯者，往往將原作的意思譯錯，造成許多誤解。如同 S.Butler 所說：「誤
解作者，誤告讀者是為譯者。」〔註65〕又如雨果（Victor Hugo 1802～1885）所
說：「翻譯如以寬頸瓶中水灌注狹瓶中，傍傾流失者必多。」〔註66〕這些皆說明
翻譯者的誤譯，造成了失去原來的意義，同時，又造成不必要的誤解。嚴復在
《天演論》譯例言中，提出他的看法：「譯事三難，信雅達。」又說：「《易》曰
修辭立誠，子曰：辭達而已。又曰：言之無文，行之不遠，三者乃文章正軌，
亦即為譯事楷模。故信達而外，求其爾雅。」信、雅、達三事向來是譯者主要
的追求，這段譯例亦被奉為翻譯之圭臬。錢先生詮釋說：「譯事之信，當包達、
雅，達正以盡信，而雅非飾達。依義旨以傳，而能如風格以出，斯之謂信。」
又「譯文達而不信者有之矣，未有不達而能信者也。」〔註67〕往往譯者對於語
言不熟悉造成「誤解作者，誤告讀者」之困境，故信、達、雅的要求本是一種
完美的譯事標準，就如林語堂所列三種標準，忠實、通順、美，亦在嚴復所要
求之範圍之內。林語堂認為翻譯有三種責任，一、對原著者的責任；二、對中
國讀者的責任；三、對藝術的責任。〔註68〕

　　錢先生認為翻譯為一種「譯業」，當然不可馬虎，他喻「翻譯可就不同，
只仿彿教基本課老師的講書，而不像大教授們的講學。」（〈林紓之翻譯〉頁
90）又引《可蘭經》之語，「每一個翻譯家也就是他本民族裏的一位先知。」
（〈林紓之翻譯〉頁 104）這些比喻皆說明一個譯者的責任重大。這亦是他被
邀擔任《毛澤東選集》英譯者的主譯者的原因。

　　綜合以上之討論，做為比較文學的另一項學科。翻譯，在錢先生之學術
領域是一項不可忽略的學問。他認為翻譯要達「化境」的傳神境界，也就是
要「打通」中西方作品，在這種要求下，他說不只談翻譯理論，也要實際去
從事翻譯工作。他曾經與楊絳等人翻譯了《論形象思維》一書，又參與了《毛
澤東選集》、《毛澤東詩詞》的主譯工作，皆是例證。錢先生或有從事打通東
西之職志，將他所懂語文加上自己的學養，去從事這番的工作，那麼，紀德

〔註65〕錢鍾書《管錐編》第四冊（北京：中華書局，1991），頁 1264。
〔註66〕錢鍾書《管錐編》第四冊（北京：中華書局，1991），頁 1265。
〔註67〕錢鍾書《管錐編》第三冊（北京：中華書局，1991），頁 1101。
〔註68〕林語堂〈論翻譯〉，見羅新璋編《翻譯論集》（北京：商務印書館，1984），頁
　　　　418。

的一段話或可用在錢先生身上:「每一位眞正熱愛他的國家的人,如果他懂得另外一種語言,那麼,他有義務將他自己國家最精緻的文學作品,用另一種文化的語言來表達。反過來,他也同樣要將其他的文化用自己國家的語言表達出來。」〔註69〕這段話正可以用於錢先生的《管錐編》所涵蓋的內容,也表達了他這樣從事的用意。

第五節　錢鍾書使用的術語及發明

前幾節談論錢先生在方法論的論述。這些論點不外乎是說錢先生藉西方哲學或文學批評的方法,加上他自己的睿智所產生的新見解,寫出這一部鉅著來。這些方法學我們更需要一一爬梳,使他的學術更能有系統,在討論《管錐編》裏我們再來分析他在書中所展現的術語(有的翻譯別人的名詞),我們知道《管錐編》中的目次是周振甫所臚列標目的,錢先生序中說:「命筆之時,數請益於周君振甫,小叩輒發大鳴。」現在這一節只是粗略的臚列錢先生在書中所用之術語。黃維樑雖曾提議對錢先生用的術語做研究,〔註70〕不過這個工作到現在仍未見全面之成果。下面引的是錢先生在書上所使用過的術語:

1.「奧伏赫變」(Aufheben)(揚棄)

錢先生說:「脣徵不僅一字能涵多意,抑且數意可以用時並用,『合諸科』於『一言』。黑格爾(G. W. F.Hegel,1770~1831)嘗鄙薄吾國語文,以為不宜思辯。又自誇德語能冥契道妙,舉『奧伏赫變』(aufheben)為例,以相反兩意融會於一字。」〔註1〕錢先生認為 Hegel 無知,說他不懂漢文,不必責怪他,同時,又戒鑑說「然而遂使東西海之名理同者,如南北海之馬牛風,則不得不為承學之士惜之。」錢先生在《管錐編》開宗明義談論此事是全書之主軸。他又分析「一字多義,粗別為二,一曰並行分訓,二曰背出分訓或岐出分訓。」前者,如「《論語・子罕》『空空如也』空可訓為虛無,亦可訓誠愨,兩義不同而亦不倍。」後者,如「亂,兼訓治」,「廢兼訓置」此為反訓兩義相違而亦相仇。錢先生表示漢文字之優越性並非 Hegel 所能了解。一字多

〔註69〕劉綺文〈文學絲路——名家談翻譯〉,《聯合副刊》25 版,1990 年 12 月 3 日。
〔註70〕林耀椿〈窺探錢學的堂奧〉,《國文天地》7 卷 6 期,(1991)頁 51~60。
〔註1〕錢鍾書《管錐編》第一冊(北京:中華書局,1991),頁 1。

義，同時合用，不相矛盾。就是《老子》「反者道之動，弱者道之用」（40章）「語出雙關，文蘊兩意，乃詼諧之慣事，固詞章所優爲，義理亦有之。」這些例證顯示事物之理並非全然一面之態，它有多元性的義理可加以詮釋，事物並非一面可以說明的。錢先生用易一名而三義來說明，「變易與不易、簡易，背出分訓也，不易與簡易，並行分訓也。易一名而含三義者，兼背出與並行之分訓而同時合訓也。」（《管錐編》頁6）

2. 比喻有兩柄亦有多邊

「斯多噶派（Stoic School）哲人嘗言：萬物各有二柄，（Every thing has two handles），人手當擇所執。……聊明吾旨，命之『比喻之兩柄』可也。」（《管錐編》頁37）我們知道斯多噶派之芝諾（Zeno）飛矢不動的詭辯之理，又以「龜先一步，即神行之 Achiles 永遠不能趕上」，說明空間距離有限亦無限之理。錢先生對於這個義理情有獨鍾，在《管錐編》發揮的淋漓盡緻。遇有相同的義理便拈出一論，全書有此說法之例子甚多，略舉如次：

> 「水中映月之喻常見釋書，示不可捉搦也。然而喻至道於水月，乃嘆其玄妙，喻浮世於水月，則斥其虛妄，譽與毀區以別焉。」（頁37）
> 「言譯事者以兩國語文中貌相如而實不相如之詞與字，比於當面輸心背面笑之僞友（les faux amis），防惕謹嚴，比喻之兩柄亦正如賣友之兩面矣。」（頁39）
> 「我國古籍鏡喻亦有兩邊，一者洞察，物無遁形，善辨美惡。……二者涵容，物來斯受，不擇美惡。」（頁77）
> 以雲喻蕩婦又喻高士，此一喻之同邊而異柄者。（頁112）
> 「拾瀋，收水戒莫誤時機，而反汗戒莫背信誓。喻之同柄而異邊者也。」（頁246）
> 「釋氏以機關木人言人身之非眞實，與喻人是機器靈魂爲幻妄爲一喻多邊。」（頁511）

3 某某之說始見於此 [註72]

[註72] 清人魏祝亭編有一部書書名《壹是紀始》，該書序說：「凡覈物之圓者，手隨筆之，即一物一名，均稽諸古今之典冊，罔俾舛繆，否則必換之免，以求有徵。」該書計分22類，臚列他八年之成果，說明某一個事物源於何處（書），錢先生書中並沒有提到魏祝亭這部書。魏祝亭《壹是紀始》（臺北：廣文書局，1981），序文頁1。

　　錢先生在構思此鉅著時，他縝密博大的思維洞見，往往有許多新發現及他個人的想法爲世人所未見及未發現的，這許多例子在全書中他就以「某某之說見於此的說法」，臚列以下，足證明他淵博的學養。

　　　　《左傳》昭公七年「鄭人相驚以伯有」一節：「匹夫匹婦強死，其魂魄猶能馮依於人，以爲淫厲。」錢先生以爲「蓋謂壽終者鬼不厲，後世枉死鬼，冤魂之說始見於此。」（頁230）

　　　　「照妖鏡之名似始見李商隱〈李肱所遺畫松〉詩『我聞照妖鏡，及與神劍鋒。』」（頁728）

　　　　《太平廣記‧宋定伯》「宋定伯復言，我新鬼，不知有何所惡忌？鬼答言：『不喜人唾』鬼畏唾沫之說，始著於此。」（頁778）

　　　　《全後漢文》卷58，王延壽〈夢賦〉有「於是雞天曙而奮羽，忽嘈然而自鳴，鬼聞之以迸失，心慴怖而皆驚。」後世小說鬼畏雞鳴之說，始著於此。（頁1015）

　　　　「陸雲〈與兄平原書〉之一八，『貧於一字』最古之實例。」（頁1217）

　　　　「釋道安〈摩羅若波羅蜜經鈔序〉，按論譯梵爲秦，有『五失本』，『三不易』，吾國翻譯術開宗明義，首推此篇。」（頁1262）

　　　　「吾國首拈『韻』以通論書畫詩文者，北宋范溫其人也。」（頁1361）

　　　　「《全晉文》卷八十四，索靖〈月儀帖〉爲此制見存最古之例，即後世之『書柬活套』。」（頁1401）

　　　　「江淹〈銅劍讚‧並序〉，按考『古時乃以銅爲兵』，莫早於此文。」（頁1418）

　　　　「後主〈禁繁費詔〉，『庶物化生土木人綵花之屬，……並傷財廢業。』按土、木偶人稱『化生』始見此詔。」（頁1467）

以上的舉例是錢先生在他的學養上所勾畫出的，足證他的學問淵博，否則怎能有如此斷言。

　　4.「皆相發明」等各種語句

　　他在舉證中遇有相同的例子，便會使用「可相發明」的詞句來說明他的相同看法，以示他舉的例子中西相互雷同的意見如「均相發明」（頁58，343，341，393）、「可相發明」、（頁80，106，792，946，978，1134）「可參觀」、（頁

1216，1540）「皆相發明」（頁 1269）、「頗資參印」（頁 958），「可相參印」、（頁 782、938），「可資參驗」、（頁 28），「足相參印」、（頁 5），「足相發明」、（頁 463，1540），「均資參印」、（頁 419），「頗可參印」、（頁 907），「可相參印」、（頁 264）諸如此類的語句，來說明事務之間相似之處。

5. Ｙ叉句法（Chiasmus）

這是錢先生所用古希臘人談藝之法。引《詩經・關雎》「窈窕淑女，君子好逑。」（《管錐編》頁 66）同頁，又引《全上古三代秦漢三國六朝文》卷三，〈獻書報燕王〉之例，「皆先呼後應，有起必承，而應承之次序與起呼之次序適反。」這是錢先生對於修辭學的見解。

6. 倩女離魂法

此乃錢先生解說《詩經・陟岵》時的發明。他更用金人瑞讀《西廂記》第二折〈楔子〉，自笑云：「『倩女離魂法』，原來只得一遙字也。」（《管錐編》頁 114））同頁《詩經・陟岵》「陟彼岵兮，瞻望父兮。父曰：嗟予子行役，夙夜無已。上慎旃哉，猶來無止。」此段說明「分身以自省，推己以忖他，寫心行則我思人乃想人必思我。」又「寫景狀則我視人乃見人適視我。」此倩女離魂法雖非錢先生提出卻由他勾出「遙」字的深意。

7. 闡釋之循環

這名詞來自狄爾泰之詮釋學，非錢先生之發明。不過他借此方法，加以詮釋義理之循環性。他說：「乾嘉樸學教人，必知字之詁，而後識句之意，識句之意，而後通全篇之義，進而窺全書之旨，……交互往復，庶幾乎義解圓足而免於偏枯，所謂『闡釋之循環』者是矣，」（《管錐編》頁 171））這種方法錢先生在全書是時常應用的。

8. 蟠蛇章法

這個名詞乃說明作文之法。「近人論小說、散文之善於謀篇者，線索皆近圓形，結局與開場復合，或以端末鉤接，類蛇之自銜其尾，名之曰『蟠蛇章法』。」（《管錐編》頁 230））這種作文修辭法，在我國文章中亦時有之，如《孟子・梁惠王》章「孟子對曰：王何必曰利，亦有仁義而已矣。……王亦曰仁義而已矣，何必曰利。」

9. 神秘宗

錢先生使用神秘宗一詞，應指 Mysticism（神秘主義），他在處理《老子》、

（《管錐編》頁 411））《列子》、《楚辭》等書使用神秘宗一詞特別多。這一名詞，發鑑於《老子》第二章，這或許是錢先生在翻譯上之考慮不使用『主義』二字，在文革後初期，帶有宗教上迷信意味的語言要儘可能避免，在無神論體制下，應該謹愼。

10. 鵝籠境地

這名詞意指「連鎖單相思」，鵝籠一詞事源於《雜譬喻經》。錢先生引用法國一小名作家詞句，「作詩歎風愛花，花愛蝴蝶，蝴蝶愛蔚藍天，蔚藍天愛星，星愛大海，大海愛崖石，作浪頻吻之，而石莫然無動。」（《管錐編》頁 767））這就是錢先生立定的名詞「鵝籠境地」所譬喻之例。

第四章 《管錐編・老子王弼注》 思想分析

第一節 前 言

　　《管錐編》作為錢先生之經典著作，它貫通古今中外的知識，譜成他的思想意涵，藉十種中國典籍的思想來發揮他驚人的學養。這種札記式提煉的比較性文章，形成他個人獨特為學方法，每一本典籍他均能濃縮歸納出許多概念，這些概念往往意涵著他對社會的隱喻調侃及批判。儘管他行文充滿了批判性，可是在八十年代正式出版後，並沒有得到反面的批判或遭到禁印，反而大為轟動，形成一種學說。可是這種文言文評論性文章，說來普及性並不大，在艱深文字中，又夾帶各式各樣語言，恣肆發揮比較。這樣的著作是難以普及的。因此，《管錐編》的探索當然具有很大意義及研究必要。試問，今人能全然熟讀古典文籍又能貫穿東西文化的學人有幾人？因此，本章試就幾個角度窺探全書，以《老子王弼注》為主，初步對全書做一個剖析。

　　《管錐編》全書由十部書的思想札記組合而成的。這十部書分別是《周易正義》、《毛詩正義》、《左傳正義》、《史記會注考證》、《老子王弼注》、《列子張湛注》、《焦氏易林》、《楚辭洪興祖補注》、《太平廣記》、《全上古三代秦漢三國六朝文》，這十部書分別有經、史、子、集之範圍，這部書所代表的內涵及其結構，以前討論者只就內容去詮釋其意義，少有扣緊時代背景引伸其

隱喻的。筆者將試探該書的意義，與時代背景是否有互通關係。故每一本書札記所提出概念所代表意義及他在全書中提到概念，是否在詮說某些事，或是在述說他的哲學思想，藉著這些思想及詮釋，與他時代背景脈絡關係，來解析《管錐編》內在意涵，這是本章嘗試探索的重點。錢先生除藉這十種書，先刊行問世，此外聽說另有五種，仍未刊行。他說：「初計此輯尙有論《全唐文》等書五種，而多病意倦，不能急就，已寫定各卷中偶道及『參觀』語，存而未削，聊爲異日之券。」〔註1〕可見他札記書仍有五種未處理。這五種包含有《全唐文》、《杜甫詩》、《韓愈全集》等，〔註2〕由此可知，他企圖將整部中國文學史所函括經典文學作品，做一番較爲細緻的解析，儘管《談藝錄》已初步做了這些工作。據聞目前有一部《《宋詩紀事》補正》已整理好待出版，〔註3〕這部書有可能也是前面所提到五部書中的一部。

　　《管錐編》寫序時間是 1972 年 8 月，先生六十一歲，這一年仍處於文化大革命運動中，依序文看來，「逐料簡其較易理董者，錐指管窺，先成一輯。」在文化大革命期間，甚少有正式學術著作出版，加上這部書內容，在當時氣候下，想要出版勢必遭到圍剿批判。假若我們回想整個歷史背景，這部書的醞育是相當艱辛的。自從錢先生的《宋詩選注》遭到批判之後，他或許除了擔任《毛澤東選集》、《毛澤東詩詞》英譯顧問之外，最主要的工作，可能就是這部力作，書中這些構想亦非一時起爐。雖然在他心思中已構想甚久，可是多事之秋的中國，卻搞出一個殘絕人寰的文化大革命運動。1965 年 11 月 10 日姚文元在上海《文匯報》發表了〈評新編歷史劇海瑞罷官〉〔註4〕，這一篇文章開啓了文化大革命。這次運動主源於江青等人的策動，主要是批鬥《海瑞罷官》作者吳辰伯。1959 年毛澤東主張大家要效仿海瑞精神，吳辰伯主要是研究明史又是北京市副市長，他在 1961 年寫了這本《海瑞罷官》歷史劇，來回應毛澤東，（按：此歷史劇本來是胡喬木要吳辰伯回應的）可是江青、張春橋等人卻以爲它是與 1959 年廬山會議有關，是替在會議中吃了虧的彭德懷

〔註1〕　錢鍾書《管錐編》第一冊（北京：中華書局，1991），頁 1。

〔註2〕　彥火（潘耀明）《當代大陸作家風貌》（臺北：遠景出版公司，1990），頁 122。

〔註3〕　何暉，方天星編《一寸千思》（瀋陽：遼海出版社，1999），頁 7。依蕭芒報導。《新民晚報》（1998 年 12 月 21 日）

〔註4〕　嚴家其，高皋《中國文革十年史》（上），（出版年地不詳，坊印本），頁 2；王亞夫、章恆忠編《中國學術界大事記》（1919～1985）（上海：上海社會科學出版社，1989），頁 243。史景遷（D. J. Spence）《知識份子與中國革命》（臺北：絲路出版社，1997），頁 420。

（1897～1974）申冤的，這個戲亦引起了毛澤東的注意，後來毛澤東批示，認爲《海瑞罷官》爲反黨、反社會主義的大毒草，這樣就揭開了文化大革命之序幕。毛澤東藉此機會批鬥了「資產階級學術權威」，將知識份子做了一次整治。在 1966 年 5 月 16 日以毛澤東爲起草的〈中國共產黨中央委員會通知〉（即五一六通知），這個文件提出文化大革命的理論、路線、方針、政策。破四舊舉凡舊思想、舊文化、舊風俗、舊習慣，在這種氣候下，都要打倒，像《管錐編》那樣的內容，假如寫出來，是不可能存在的。當年給錢先生的徽號是「資產階級學術權威」，要他成天參加批鬥大會。1966 年 6 月 1 日《人民日報》登出社論〈橫掃一切牛鬼蛇神〉，這些知識份子便是牛鬼蛇神，錢先生當時專職是掃院子，又要遭受批鬥及審查。後來又下五七幹校（1969 年 11 月 17 日），這些事跡皆見楊絳回憶的文章〈丙午丁未年紀事〉及《幹校六記》。錢先生在幹校二年，1972 年 3 月回北京，這段時間他們因房子必要分出給另一家人住，加上鄰居不友善，曾捨棄原來住家，搬到文學所一間辦公室那裏住了三年。《管錐編》初稿便是在這三年內寫成的，楊絳回憶說「默存的筆記本還鎖在原先的家裏，塵土堆積很厚，有人陪我回去，費了兩天工夫整理出五大麻袋，……默存寫《管錐編》經常要核對原書，不論中文外文書籍，他要什麼書，書就應聲而來。如果是文學所和外文所都沒有的書，有人會到北大圖書館或北京圖書館去借。如果沒有這種種幫忙，《管錐編》不知還得延遲多少年月才能完成呢？」〔註5〕從這些蛛絲馬跡，我們可以略析《管錐編》初稿是在 1975 年寫定的，依周振甫的訪問稿〔註6〕及楊絳的回憶，錢先生下筆前仍要看到原書，這些原書核對是很不易，加上文革期間，大家心裏煩慮不安，或者他構思這些文字仍冒著危險，故不願隨意示人，其中在引文往往漏了許多段，或是卷數錯誤。〔註7〕這些疏漏是無法避免的。由於人手不夠，加上核對文字原書不易，難免疏漏之處。此書在中國共產黨十一屆三中全會後，1979 年 8 月正式出版，他亦獲准出國訪問，可見《管錐編》書中的涵義及隱喻，並沒有引發太多誤解或爭議。

〔註5〕　楊絳《丙午丁未紀事》，見《從丙午到流亡》（北京：中國青年出版社，2000），頁 47。

〔註6〕　周振甫〈錢先生的指導〉，《記錢鍾書先生》（大連：大連出版社，1995），頁 175。

〔註7〕　錢先生引用原文錯誤之處甚多，臚列在後面，見第五章之後的附錄。

第二節　《管錐編》的內容分析

　　《管錐編》書名來自《莊子·秋水》篇：「是直用管窺天，用錐指地。」
〔註8〕這種謙虛態度又富有謹慎心理，全是在文革情境下所造成的。前已提出
文革運動造成知識份子畏懼的情境，他只能「瞥觀疏記，識小積多。學焉未
能，老之已至！遂料簡其較易理董者。錐指管窺，先成一輯。」（《管錐編》
序）這一部書足見他內心世界的複雜及知識廣博。內心世界複雜源於他的淵
博見識，這兩種情境是相輔相成的。他的淵博知識及睿智可比如狐狸型的學
者而非刺蝟型的學者，〔註9〕柏林（I.Berlin，1909～1997）在〈刺蝟與狐狸〉
一文引用希臘詩人阿奇洛克思（Archilochus）詩句說：「狐狸多知，而刺蝟有
一大知。」錢先生正如引用詩句的狐狸。柏林試著依此分類將柏拉圖（Plato，
427～347B.C.）、黑格爾、尼采等人，歸爲刺蝟。將亞里斯多德、蒙田
（M.Montaigne，1533～1592）、喬埃思（James Joyce，1882～1941）歸爲狐狸。
當然這種二分法，並沒有用客觀知識來判斷而區分，我們只是單純藉柏林這
種簡單分類將錢先生歸爲狐狸型學者，印證柏林將這些知名學者的歸類來說
明錢先生的型類而已。

　　《管錐編》計由十部書所構成，它含括經史子集的內容。所闡析的這十
部書皆是眾人皆知及研讀的中國典籍。這些典籍的精要及思想亦多少反應在
該書上。因它是札記性的著作，所歸納的範疇亦沒有系統的鋪陳，不過也多
少能看出他想表達的旨趣及想法。《管錐編》這十部書分別如下：

1. 《周易正義》計 27 則
2. 《毛詩正義》計 60 則
3. 《左傳正義》計 67 則
4. 《史記會注考證》計 58 則
5. 《老子王弼注》計 19 則
6. 《列子張湛注》計 9 則
7. 《焦氏易林》計 31 則
8. 《楚辭洪興祖補注》計 18 則
9. 《太平廣記》計 215 則

〔註8〕　郭慶藩《莊子集釋》（臺北：河洛圖書出版公司，1974），頁 601。
〔註9〕　柏林（I.Berlin）著，彭淮棟譯《俄國思想家》（臺北：聯經出版事業有限公司，
　　　　　1989），頁 29～108。

10. 《全上古三代秦漢三國六朝文》277 則

這麼龐大的古籍文獻，他嘗試依各種理論及方法分別闡釋及詮說，同時加上他的經驗及人生體驗，真的是融化了西方典籍知識及各種學科，娓娓表述。

1. 《周易正義》

《周易》是中國一部相當奇特的典籍，列為群經之首，它是卜筮之書亦是義理、哲理要著。章學誠在《文史通義》內篇四〈知難〉中說：

> 人知易為卜筮之書矣。夫子讀之而知作者有憂患，是聖人之知聖人也。〔註10〕

又在同書〈易教上〉中說：

> 六經皆史也。古人不著書，古人未嘗離事而言理，六經皆先王之政典也。

而《易經‧繫辭》下云：

> 易之興也，其於中古乎？作易者，其有憂患乎？

固然明說《周易》與憂患有其極大關係，但向來提倡王政之道闡說易理的人，不大都說《易》與國政興衰有密切關係嗎？而引述《周易》來說明人道、政道，不亦與憂患有相當的關聯嗎？因此，正如同錢先生在《談藝錄》序說的：「《談藝錄》一卷，雖賞析之作，而實憂患之書也。」《談藝錄》作於國事蜩螗的抗戰期間，他秉持知識份子之心，開宗明義的表達。《管錐編》在動亂的文革中完成，只表示知識份子對於環境的一種悲嘆罷了！錢先生在《管錐編‧周易正義》第十八則，繫辭（二）「天不與人同憂」及繫辭（五）引〈繫辭〉上「吉凶與民同患」隱約說明憂患之情。雖然不強調這方面的情緒，不亦可以在《管錐編》所論十部書中，和另外兩部《史記》、《楚辭》一樣，能夠見出這種憂患情緒的意涵嗎？錢先生的心境與章學誠《文史通義內篇‧知難》所云：「人知〈離騷〉為詞賦之祖矣，司馬遷讀之而悲其志，是賢人之知賢人也。夫不具司馬遷之志而欲知屈原之志，不具夫子之憂而欲知文王之憂，則幾乎罔矣。」〔註11〕可見他們心境的憂患上均俱有同樣的感受。錢先生又引了明人余繼登《典故紀聞》卷四說：「每日，星存而出，日入而休，慮患防危，如履薄冰，苟非有疾，不敢怠惰，以此自持，猶恐不及。」〔註12〕足見其心

〔註10〕章學誠《文史通義》（臺北：華世出版社，1980），頁 128。
〔註11〕章學誠《文史通義》（臺北：華世出版社，1980），頁 128。
〔註12〕鄭土生〈英辭潤金石，高義薄雲天〉，收入《記錢鍾書先生》（大連：大連出

境，不敢怠惰。

2. 《毛詩正義》

《管錐編》花了六十則的篇幅來詮釋《詩經》。著重在語辭、語義之分析，並且衍申在愛情的情境中剖析，更強化了《詩經》愛情方面的特色。更突現《管錐編》在男女之間的議題的遊走，亦可窺析女性的議論在錢先生的筆下，是何種表現。這六十則中便有以下的討論，與女性議題有關。計有以下幾則：第 9 則〈苤〉、第 10 則〈汝墳〉、第 13 則〈野有死麕〉、第 15 則〈燕燕〉、第 17 則〈谷風〉、第 22 則〈桑中〉、第 24 則〈碩人〉、第 25 則〈氓〉、第 29 則〈君子于役〉、第 32 則〈女曰雞鳴〉、第 33 則〈有女同車〉、第 34 則〈狡童〉、第 35 則〈雞鳴〉、第 41 則〈綢繆〉、第 43 則〈蒹葭〉、第 45 則〈澤陂〉、第 46 則〈隰有萇楚〉、第 47 則〈七月〉等。這麼多關於兩性愛情的故事詮釋，都在在顯示《管錐編》對於女性議題討論的喜好，這在以下的章節，將特別提出討論。

3. 《左傳正義》

對於《左傳》之詮釋其中隱公元年一則（《管錐編》頁 171），張隆溪說：「在中文著作裏提到闡釋循環的概念，這大概是最早的例子。」〔註 13〕此段在第三章已提過說明「闡釋之循環」的論題。這論題的發源於狄爾泰 W. Dilthey 及 F. Schleiermacher（1768～1834）的詮釋學。錢先生引申在中國典籍中，同時亦論述辭（Text）及終始（Context）的意義，他說「不可以一字一之，而觀『辭』（Text）必究其『終始』（Context）耳。」（《管錐編》頁 170）這主要表述了錢先生對於解釋學的見解，西方對於解釋學（詮釋學）的論述相當多且精彩，同時亦涉及語言的問題，又如文學理論的結構主義、接受理論等都環扣在這些議論上。〔註 14〕我們借用 J. Weinsheimer 對於解釋學的論述中提到辭（本文滿 Text）的解析，「一個文本的元素只有在它與上下文脈（即終始，Context）的關係中才能得到理解，作者的文本必須在它與他的正典的關係中，

版社，1995），頁 81。

〔註 13〕 張隆溪《道與邏各斯》（成都：四川人民出版社，1998），頁 4。

〔註 14〕 這方面議題另見 Tracy《詮釋學宗教希望》（上海：上海三聯書店）、黃景進編《當代文學理論》（臺北：合森文化事業有限公司，1991）、E. D. Hirsh《解釋的有效性》（北京：三聯書店，1997）、R. C .Hoy《批評的循環》（臺北：南方叢書出版社，1988）、Eco《詮釋與過度詮釋》（北京：三聯書店，1997）、T. Hawkes《結構主義與符號學》（上海譯文）、T. Eagleton《當代文學理論》（臺北：南方叢書出版社，1988）、T. Eagleton《文學理論導讀》（臺北：書林出版公司，1993）。

他的正典必須在它與語言的關係中，語言必須在它與歷史的關係中，才能得到理解。」〔註15〕亦即是說要理解（文本）就必須對於終始（上下文脈）的貫通理解，惟有如此才能對於辭全盤掌握。而文本本身與它文本純有交互作用，「後現代主義者認為每個文本都有相關於每個他文本，這導致了互為文本關係。」〔註16〕正如 Barthes 所說：「每個文本都處於另一個文本的交互關係之中，因此，都是屬於互為文本的。」因此，就《左傳》之文本來說，錢先生所作之詮釋是必要上下文來解析，才能完全明白，同時這文本本身與他者亦有交互作用。我以為《管錐編》各書的解析也要用如 Barthes 所說互為文本的現象來解析。文本原為結構主義美學基本概念，又是語言學的概念。我們把《管錐編》當作為文本來解說，顯然不是就結構主義來說，而是要藉後結構主義者之觀點，把本文當做是動態的，它不只是單純文本自身。文本本身的有效解釋性是人文學科的重要工程，赫施（E.D.Hirsch）在《解釋的有效性》一書中，便借用 Dilthey 的話說：「所有人文科學都是建立在對本文的解釋基礎上的，因此，人文科學中所有以這種解釋為基礎的推論，都是以有效的解釋為必要的前提。」〔註17〕因此，要這個解釋的有效性，使得人們對文本本身的詮釋，勢必要謹慎小心。以上的論述僅就對文本及上下文來說明應用在《管錐編》這個文本上的闡述。

　　《左傳》在典籍的傳統中被視為經來定論，亦是編年史的體裁。而史的內容又往往為後世人民所借鑑、反省及引用為史書。錢先生說「《左傳》記言而實乃擬言，代言，謂是後世小說、院本中對話，賓白之椎輪草創，未遽過也。」〔註18〕就史書來論《左傳》延用到後代小說、院本為體裁，這種引述亦是史實的另一種鋪陳，使作品內涵的意向性更接近史實的陳述，或是史實的代言，或擬言。哲學是反思的，歷史亦是如此，當我們對於對象的認識時，這在柯林烏（R. G. Robin Collingwood，1889～1943）的說法是第一級思想，其次對這對象之思想之思想，即是第二級思想，他創例說：「發現地球到太陽的距離乃是第一級思想的任務，而發現當我們發現地球到太陽的距離時我們

〔註15〕J. Weinsheimer 著，岑溢成譯〈解釋學〉收入張雙英編《當代文學理論》（台北：合森文化事業有限公司，1991）
〔註16〕P.M.Rosenau《後現代主義與社會科學》（上海：上海譯文出版社，1998），頁51。
〔註17〕E.D.Hirsh《解釋的有效性》（北京：三聯書店，1991），頁3。
〔註18〕錢鍾書《管錐編》第一冊（北京：中華書局，1995），頁166。

到底是在做什麼,便是第二級思想的任務了。」〔註 19〕我們或可說後代小說引用《左傳》,是一種思想的思想。這些史實的引述對於他內心深處的思想或就是 Collingwood 的第二級思想。吾人以爲這或許可以作爲對錢先生之「思想之思想」。

錢先生對《左傳》的詮釋,仍有對女性之探討及研究,這成爲《管錐編》一個相當重要之母題。如僖公二十四年討論女性之德的問題。襄公二十一年述美色惡心,昭公元年述勿近女色,昭公十七年述夫婦爲水火也。這些皆是對於女性之探討。

在僖公五年(《管錐編》頁 186)述鬼、神之題,錢先生說「人之信事鬼神也,常懷二心(ambivalence)焉。」雖極口頌說其『聰明正直』而未嘗不隱其未必然,如常覺其跡近驅炎附勢是也。」這段似有所指,指桑罵槐有其隱言。這神或可指毛澤東,而人們常懷二心,雖信之未必服之。

4. 《史記會注考證》

歷代對於《史記》之考證與研究多如牛毛。〔註20〕錢先生詮釋《史記》用的是日人瀧川龜太郎(1865～1946)的注本,錢先生在首段便說明此書功力:「按瀧川此書,薈蕞之功不小,掛漏在所難免,涉獵所及,偶爲補益。」〔註21〕可見該書網羅歷代諸家考證的文獻甚詳,王叔岷(慕廬)(1914～)先生在《史記斠證》花十七年功夫完成,所用的底本便是瀧川氏的書爲底本。〔註22〕可見學者們看法是一致的。

錢先生考證之語,有時以首先、最早之文獻作斷語,此當爲錢先生考證的結論,我們以爲或可先接受其論,待往後若有新見,再予商榷。錢先生說「吾國之有史學,殆肇端於馬遷歟。」先生在文前有一個前提「然有史書未遽即有史學」,可見這是他在精思熟慮下所下的斷言。關於這些斷語前節已有所論述。

貶女色似《管錐編》重要的母題,這個特別的議題在全書時,出現詼諧諷喻,《史記》中也免不了有這方面的論題發揮。如頁 325 談及色衰爭寵,古來女以色誘人本是正常之事,錢先生旁徵博引以爲張雲璈《簡松草堂集》卷六〈相見詞〉第三首「見多情易厭,見少情易變,但得長相思,便是長相見,」

〔註 19〕 R.G.Robin Collingwood 著,何兆武譯《歷史的觀念》(北京:中國社會科學出版社,1987),頁 2。

〔註 20〕 鄭之洪《史記文獻研究》(成都:巴蜀書社,1997)頁 251～257。

〔註 21〕 錢鍾書《管錐編》(北京:中華書局,1995),頁 249。

〔註 22〕 王叔岷《史記斠證》(臺北:中央研究院歷史語言研究所,1982)。

最爲言簡意賅。諸如此類的徵引，《管錐編》時有所見。

5. 《老子王弼注》

《老子》一書做爲道家之經典，文字詭異，立意深奧，正反寓言，千古傳頌。此部份是錢先生對於「退」的人生哲學一個很好的發揮之處，同時又是爲奧伏赫變（Aufheben）詮釋之地。如果將《老子》視爲養心修身的人生哲學，那麼錢先生選擇了《老子》來說明是有他的見解的，客觀地來說這或許是環境使然，其中文字的寓意及諷刺之處我們多少可以看出。錢先生在《管錐編》（頁403）上說：「余初讀《老子》，即受王弼註本，龔自珍有〈三別好〉詩，其意則竊取之矣，亦曰從吾所好爾。」這是他說明用王弼的註本爲詮釋的底本的原因。

錢先生此書最引人注意的是屢談神秘宗，這名詞遍佈全書各處，〔註23〕神秘宗者乃神秘主義，在頁 411 註四便引了 E.Underhill（1875～1941）的 Mysticism 一書，又在頁 525 註三亦引 Eckhart（德國神秘宗鉅子）的話。錢先生在無宗教信仰的限制下，用了神秘主義一詞，又述神秘宗要義（頁 513），亦談了神秘經驗（頁 525）。這個母題是值得去探索的。

其次他想借《老子》一書發揮「奧伏赫變」之觀點，即是存在主義是被拋棄，在是與否之間之辯證思想游走，同時亦有退隱與世無爭之相異的情況，禍福相依的哲學概念，在文革中不亦常常出現？

總之，《老子》一書完完全全展現了《管錐編》的內在理路的開展，也代表錢先生在內在生命的表現及矜持，無論是默存或展現都代表他自己內心的苦悶。本論文也是藉此觀點來開展的。

6. 《列子張湛註》

《列子》亦稱《沖虛眞經》爲道家重要典籍，錢先生採張湛註來詮釋，他說：「余觀張之註《列》，似勝王弼之註《老》，僅次郭象之註《莊》。」（《管錐編》頁 468）又說：「王之於老，以順爲正之妾婦也，郭之於莊，達心而懦之囁嚅翁也。」（《管錐編》頁 468）這是他採用《列子》張湛注來詮釋《列子》之因。《列子》是僞書已爲眾人所指，蔣伯潛《諸子通考》書中便說：「今存《列子》爲魏、晉人所造之贗品殆無可疑。」〔註24〕他引用馬敘倫〈列子僞

〔註23〕神秘宗在《管錐編》分散各處，臚列以下各處。只列頁數，408，411，413，415，428，429，447，448，449，451，453，457，458，463，464，465，480，483，513，514，524，626，1426。

〔註24〕蔣伯潛《諸子通考》（北京：中華書局，），頁 456。

書傳〉一文舉了 16 則例子說明《列子》爲僞書的確證。姚際恒在《古今僞書考》亦說：「後人不察，咸以《列子》中有《莊子》，謂《莊子》用《列子》，不知實《列子》用《莊子》也。」〔註25〕又引高似孫的話說：「然則是書與《莊子》合著十七章，其間尤有淺迂于僻者，出於後人會卒成之耳。」〔註26〕，姚氏說高氏此說最爲有見。可是錢先生對於《列子》有另一種之看法。他說：「《列子》果張湛所僞撰，不足以貶《列子》，祇足以尊張湛。」（《管錐編》頁 468）錢先生也把它列入討論之論題。同時又涉及佛教之輪迴問題（《管錐編》頁 472），如錢先生引陳澧（東塾）（1810～1882）《東塾讀書記》卷 12 論「《列子》乃中國之佛。」錢先生即能扣緊二者之貫通性來談，又提出看法。在《國語·晉語》九趙簡子歎曰：「雀入於海爲蛤，雉入於淮爲蜃，黿鼉魚鱉莫不能化；唯人不能，哀乎！」這說明物體變化自如，人卻不能之，故說：「則已以趙簡子所言形體變化，與佛教所言轉世輪迴通爲一談，猶《莊子·至樂》之旨淆於《列子·天瑞》之旨耳。」（《管錐編》頁 473）論及《列子·楊朱篇》（《管錐編》頁 525），錢先生說：「按《列子》全書中，此節最足駭人，故張湛註謂『詞義太迳庭抑抗』、『過逸之言』」，同時亦用 Max Scheler 之用語，「蓋言神秘經驗者可分二門，一爲冷靜明澈宗，齋攝其心，……一爲昏黑沉酣宗，陶醉其身，殊路同解，皆欲證聖人、眞人、至人境界。」（《管錐編》頁 525）錢先生對於這段費力闡述，並引述酒欲與男女情欲之例來說明，《列子》此駭人之處。〔註27〕其次論及神（頁 486）、夢（頁 488）、貴身而賤物（頁 516）、養生（頁 523）等問題的討論。這些論題將在以下分別討論。

7. 《焦氏易林》

錢先生在詮釋此書時，一開始便引用顧亭林（炎武，1613～1682）《日知錄》卷 18〈易林〉：「《易林》疑是東漢以後人撰，而托之焦延壽者。」〔註28〕之後，顧氏又深入證明前提，說明《易林》何以爲東漢以後之所撰。其次錢先生說：「漢宋皆用爲占候射伏之書。」（《管錐編》頁 535）《四庫全書總目》卷 109「今退置術數類中，以存其實。」〔註29〕可見《易林》作爲占卜書是諸家之看法。不過錢先生提出楊愼以爲《易林》爲占卜之書是世人之無識，楊升庵嘆《易林》

〔註25〕 姚際恒《古今僞書考》（臺北：開明書店，1977），頁 56。
〔註26〕 姚際恒《古今僞書考》（臺北：開明書店，1977），頁 55。
〔註27〕 錢鍾書《管錐編》（北京：中華書局，1995），頁 527。
〔註28〕 顧亭林《日知錄》（蘭州：甘肅民族出版社，1977），頁 834。
〔註29〕 《四庫全書總目》（北京：中華書局，1987），頁 923～924。

文句「古雅玄妙」，世人皆不重視。故錢先生結論說「蓋《易林》幾與《三百篇》並爲四言詩矩矱焉。」（《管錐編》頁536）錢先生又感嘆說「《易林》亦成詞章家觀摩胎息之編。」可見從文學的角度觀察也有另一個局面的呈現。近代研究《焦氏易林》、《周易》的尚秉和（1870～1950）沉潛多年分別寫了《焦氏易詁》、《焦氏易林注》、《周易尚氏學》等相關著作，對於《焦氏易林》及《周易》之間的關係有很大的貢獻。仵堭爲《焦氏易林注》序說：「昔者同年友尚君節之著《焦氏易詁》，河北大儒王晉卿先生見之曰此書將兩千年易家之盲詞囈說一一駁倒，使西漢易學復明於世。」〔註30〕序又言：「陳散原（三立，1852～1937）與王晉卿（1851～1936）書曰讀尚氏《焦氏易詁》嘆爲千古絕作，以今世竟有此人著此絕無僅有之書，本朝諸儒見之當有愧色。」足見王晉卿及陳散原二位對尚氏著作之青睞。而《周易》與《焦氏易詁》的關係，我們用尚秉和在〈滋溪老人傳〉說：「蓋《易林》既通，以《易林》注《易》。而《易林》未通以前。實以《易》著《易林》。」〔註31〕這是尚氏七十歲時之研究心得，今人研究二書或可借鑑。魏晉之前說《易》主象，但王弼卻掃象不談。尚氏指王弼之誤，他說：「易象用於此而合，用於彼不合，須再三變始得其象者，皆誤象也。王輔嗣深知其謬，而又不能求得其象，乃倡爲得意忘象之說，以掩其短。」〔註32〕故尚氏力求易象的詮說及證明，他總結的說：「《焦氏易林》集象學之大成。」錢先生借各卦之林詞，皆能尋相近各卦的林詞而互爲邑通詞意，並詮說義理，這是他對於《焦氏易林》的詮解。

8.《楚辭》洪興祖補註

　　錢先生對於《楚辭》的詮釋，首先針對歷代關於離騷二字的解釋加以闡述。「王逸〈離騷經章句序〉；離，別也。騷，悲也。經，徑也。言己放逐離別，中心愁思，猶依道徑，以風諫君者也。」（《管錐編》頁581）洪興祖對於王逸此序不以爲然，他說：「余按古人引『離騷』未有言『經』者」，也就是以前對於離騷並非用經來看待，只是後人多事尊之爲經罷了。錢先生對此問題便給予斷語：「按《補註》駁『經』字甚允。」接著錢先生又對離騷二字就韋昭之《註》提出個人之看法。韋昭註《國語・楚語》：「騷，悲也。離，叛也。」以爲屈原離畔爲愁，即因人民愁而叛，錢先生便針對詞句加以引申分

〔註30〕尚秉和《焦氏易林注》（北京：中國書店，1990），序1。
〔註31〕尚秉和《周易尚氏學》（北京：中華書局，1990），頁362。
〔註32〕尚秉和《焦氏易詁》（北京：中華書局，1991），頁13。

－93－

析，他引申許多句，如東西與西東，雲雨與雨雲，大老與老大，妻小與小妻，字畫與畫字，戰死與死戰等等。（《管錐編》頁 582）諸如此類句意反申騷離之未必同於離騷。他對於王逸之註亦提出看法，他說：「王逸釋『離』爲『別』，是也，釋『離騷』爲以離別而愁，如言『離愁』，則非也。」（《管錐編》頁 582）；「蓋離者，分闊之謂，欲擺脫憂愁而遁避之，與愁告別，非因別生愁。」（《管錐編》頁 583）以上是針對離騷之字面意，他所提出的詮釋，令人返顧錢先生之情境，如果他有屈原之情境，似亦有異曲同工之妙，一個知識份子對於家國殷切之盼，所面對並非理想之境，亦必然會逃避這些愁患，他引辛棄疾〈鷓鴣天〉曰：「欲上高樓本避愁。」又說「逃避苦悶，而浪跡遠逝，乃西方浪漫詩歌中一大題材。」這些粗淺之判斷，不難看出錢先生所面對環境應有他內心之苦悶處，可藉屈子之意以了解他心中之苦處。

全書計用 19 則來討論《楚辭》。《楚辭》藉女人形象來諷喻時政，這種借用之法是文人筆下常採取之手段。錢先生說：「《補註》謂美人或喻君或喻善人或自喻。夫不論所喻爲誰，此句取以爲喻之美好之人稱余者，乃女也。」（《管錐編》頁 592）男女形象有時互爲對換，形成君求臣或女求男之間角色互爲對換，亦是文人筆下的一種隱喻手法。「不論其指臣皇皇欲得君，或君汲汲欲求賢，而詞氣則君子之求淑女，乃男也。」（《管錐編》頁 592）這在《管錐編》全書中是經常使用的。又「思九州之博大兮，豈唯是有其女。」此處又顯現錢先生心境之憂愁，「蓋屈子心中，故都之外，雖有世界，非其世界，背國不如捨生，眷戀宗邦，生死以之，與爲逋客，寧作纍臣。」（《管錐編》頁 597）吾人以爲錢先生藉詮釋《楚辭》也在表達他內心的話。除了藉用女子形象喻君、臣，也用花草來比喻君子。如《楚辭》「余以蘭爲可恃兮，……椒專佞以慢慆兮。」錢先生指出「然椒、蘭屢見上文，王、洪註都解爲芳草，此處獨釋成影射雙關，破例之故安在，似未有究焉者。」（《管錐編》頁 597）皆是借用之法。錢先生又從〈九歌〉「采薜荔兮水中，搴芙蓉兮木末。」之比喻來說明「比喻以兩柄之例矣。」事實上，這是緣木求魚本不可能之事，錢先生說：「采荔搴芙之喻尚涵自艾，謂己營求之誤，此則逕歎世事反經失常，意更危苦。」（《管錐編》頁 601）這樣之比喻隱涵著君子人臣本當立御於朝廷，卻落荒山野，反之，小人卻獨佔朝廷，故與「鸞何食兮庭中？蛟何爲兮水裔？」之感嘆。甚至牽涉墨學之「天與地卑」、「山與澤平」、「今日適越而昔來」、「狗非犬」等（《管錐編》頁 605）。全段引述各種「反經失常」之喻，順手拈來，歷歷在目，令人嘆爲觀止。在〈天

問〉中分析形與象之問題。他說：「夫苟呈其象，則必具此形，無形而有象，殆類丁子有尾歟。就〈天問〉此數語窺之，竊謂形與象未可概同。」（《管錐編》頁 611）又說「形者，完成之定形，象者，未定形前沿革之暫貌。」這個比喻錢先生詮釋相當明白，他舉例說林木未伐前爲象，裁成材則爲形，石之爲未加雕塑前爲象，細鑿而成璞比爲形，土之爲鍛無象，烘鍛成磚此爲形，故說「終象爲形，初形爲象，如定稿稱文，而未定之文祇命稿。」（《管錐編》頁 612）又在〈遠遊〉中引「惟天地之無窮兮，哀人生之長勤，往者余弗及兮，來者吾不聞」（《管錐編》頁 621）之感歎，人生在世若嘆命之短，但在屈子卻「哀人生之長勤」，事實上，主要述人命之哀，甚於命短。錢先生或有感傷的說：「屈子則異撰，不言短而反言長，已出意外；然長者非生命而爲勤苦，一若命短不在言下者；又命既短而勤卻長，蓋視天地則人甚促，而就人論，生有限而身有待，形役心勞，仔肩難息，無時不在勤苦之中，自有長夜漫漫，長途僕僕之感，語含正反而觀兼主客焉。」（《管錐編》頁 622）而陳子昂〈登幽州臺歌〉：「前不見古人，後不見來者，念天地之悠悠，獨愴然而涕下。」如此悲嘆人生並不在生命之長短，而在於人生之衰苦，從此處又見錢先生之自傷哀歎。

9. 《太平廣記》、《全上古三代秦漢三國六朝文》

錢先生詮釋《太平廣記》之內容計有 215 則，而詮釋《全上古三代秦漢三國六朝文》計有 277 則，由於前書屬小說性質，收入漢至宋初野史小說，按題材分爲神仙、道術、方士、異人……等等 92 類，各種軼聞奇事，僻籍遺文皆網羅在內。錢先生藉這些軼聞奇事一一加以闡述，其中以神仙、鬼怪、釋道、妖魔、女色、情欲、奇獸異物最受到他的青睞。這些事蹟每一則他皆能暢快評騭，引經據典、穿針引線的抒發內容，或引外國相同異事互爲參照。而《全上古三代秦漢三國六朝文》所詮釋文章內容也不外乎與《太平廣記》所闡釋之小說內容相近。

第三節　《管錐編》母題的略說

「母題」（Motif）原是音樂單位，前面已提過。我們以爲錢先生在《管錐編》中詮釋許多問題，而這些問題大體上皆扣緊某些主題，這些主題往往凸顯出《管錐編》它的內在思考的理路，這些詮釋方法也多少反應出錢先生的思想內涵。莫芝在《管錐編》與杜甫新解》一書便稱「那麼可以說錢鍾書發展了中國第一

個母題理論。」又說「錢鍾書的母題理論在中國已被理論家所接受。」〔註 33〕
我們接受莫芝這樣的說法，主要是錢先生能詮釋各書中，以母題做爲他要討論
的課題，從各種課題展現了他博學的比較能力，使一個母題之討論發揮了作用，
不僅在討論的一書中出現，甚至在多處皆出現了相同之母題。如莫芝採用「鏡
子」做爲討論主題，便是一個好例子，〔註 34〕他說選擇了一個母題主要的原因
有二：一、無論在中國還是在西方，這都是一個人的和古老的母題。二、有可
能把《管錐編》中的論述同西方和漢學的界的研究加以比較。基於以上之原因，
我們未分析《管錐編》內容時，有必要先提出這樣的理論，往後的分析主要擬
以《老子》爲討論方向，將會針對幾個母題，加以分析討論。同時在其他《管
錐編》討論到的書中，出現相同或相似的母題時，本篇皆想加以歸納，互相比
較，這樣的論述方式或許可以在龐雜的《管錐編》中歸納出若干母題來，得以
說明錢先生思維的方式。以下試就歸納出的幾個母題，排列在下面。這些母題
大都是《管錐編》經常出現討論的主題。1.正反相對。2.比喻之兩柄。3.女色。
4.鬼、神。5.天道。6.神秘宗。7.養生及無身。8 儒、釋、道。9.通感。10 名與道
等等母題。這些母題屢次在《管錐編》中出現，錢先生自己提出了闡釋，而他
所提出的主題往往與他個人之環境有密切關係，這些討論我們該如何去解釋？
這樣的猜測或許也不能完全解決要探索的論題，其中題目亦涉及時代背景的許
多因素，這也是我們必須要加進去，使論題扣緊時代關係，因而得以嘗試分析
他在《管錐編》所要表達的內在意義。如前所論，這樣一部龐雜的札記性著作，
討論的十部書，除了前面略述每部書的內容外，以下幾節我們僅扣緊在《老子
王弼注》主要討論的範圍。但若牽涉到《管錐編》其他各書，也會引申討論。
現在先以《老子王弼注》爲主，依以上各母題做爲討論主軸，分別加以探討。

第四節　《管錐編》的思想分析

一、哲學思想分析

（一）正反相對及反者道之動

這個論題是《管錐編》之核心思想。錢先生在他論述《周易正義》的第一

〔註 33〕莫芝《〈管錐編〉與杜甫新解》（石家莊：河北教育出版社，1998），頁 126～127。
〔註 34〕莫芝《〈管錐編〉與杜甫新解》（石家莊：河北教育出版社，1998），頁 100。

段〈論易之三名〉的地方提出來，並且展開論述。辯證法是馬克斯主義（Marxism）主要思考方式，而黑格爾之辯證法則是馬列主義的思想依據。〔註35〕因此，錢先生提出黑格爾（Hegel）的「奧伏赫變」（Aufheben），並指出黑格爾的不是，說「黑格爾嘗鄙薄吾國語文，以爲不宜思辯。」（《管錐編》頁1）又說「其不知漢語，不必責也，無知而掉以輕心，發爲高論，又老師巨子之常態慣技，無足怪也。」（《管錐編》頁2）所謂Aufheben（揚棄），黑格爾在《小邏輯》說「Aufheben（揚棄）一字的雙層意義，揚棄一詞有時含有取消或捨棄之意。……其次揚棄又含有保持或保存之意。我們常說某種東西是好地被揚棄（保存起來）了。這個字的兩種用法，使得這字具有積極的和消極的雙重意義。」〔註36〕所以Aufheben就是說有二義，「即以奧伏赫變而論，黑格爾謂其蘊滅絕與保存二義」（《管錐編》頁2）這種即肯定又否定之詞彙，黑格爾自傲說：「在這裏我們必須承認德國語言寓有思辯之精神。」而錢先生指出黑格爾不知漢語，並指出漢字一字多意可粗分爲二：。一曰爲並行分訓，二曰背出或歧出分訓的解說。這就是錢先生不顧黑格爾的傲氣，反而有機會調侃他的無知。

錢先生在《管錐編》開頭便舉例「易」、「詩」、「倫」、「王」等四字，每一種的四、五種意義，這樣的論述的目的便是指出黑格爾不識漢字，單就《周易》的易有三義：簡易、不易、變易，便富有極深之哲理。即是正面又反面，即是簡單又是不簡單的義理，「語出雙關，文蘊兩義，乃詼諧之慣事，固詞章所優爲。」（《管錐編》頁4）在《老子》40章又是一個好例子，「反者道之動，弱者道之用。天下萬物生於有，有生於無。」王弼註說：「高以下爲基，貴以賤爲本，有以無爲用，此其反也。動皆知其所無，則無通矣。故曰反者道之動也。」這個論說便說明萬物一切皆始於無，這個無亦並非無。嚴復《評點老子道德經》便說：「無不眞無」〔註37〕黑格爾也說：「揚棄自身的東西並不因揚棄而就是無，無是直接的，而被揚棄的東西卻是有中介的。它是非有之物，但卻是從一個有出發的結果。」〔註38〕

正反相對概念在《老子》書中是主要思想，第二章「天下皆知美之爲美，斯惡已。皆知善之爲善，斯不善已，故有無相生，難易相成，長短相較，高

〔註35〕《〈馬克思恩格斯選集〉專題摘錄》（北京：中國廣播出版公司，1992），頁102。

〔註36〕黑格爾著，賀麟譯《小邏輯》（北京：商務印書館，1994），頁213。

〔註37〕嚴復《評點老子道德經》（臺北：廣文書局，1979），頁6。

〔註38〕黑格爾著，楊一之譯《邏輯學》（北京：商務印書館，1991），頁98。

下相傾，音聲相合，前後相隨。」錢先生說這正反相對的「六門」，如畢達哥拉斯所立十門，在亞理斯多德《形而上學》一書中亦提出原理有十，分成兩系列是：〔註39〕

一、有限：奇、一、右、男、靜、直、明、善、正
二、無限：偶、眾、左、女、動、曲、暗、惡、斜

　　這樣的正反依待之理，普遍行於宇宙事物之間，人們謹守此原則，在處事、待人或應用於公共事務、政治外交之中，皆能發揮其道理及效用。但這種相對的事物顯然不相等，錢先生說：「名言之正反，交互對當，一若立敵德齊，善之與惡，並峙均勢，相得始彰，相持莫下也。然事物之稱正反者，必有等衰，分強弱，對而不失為獨，故善可剋惡，惡或勝善焉。」（《管錐編》頁417）嚴復《評點老子道德經》第二章說：「《南華》以〈逍遙遊〉為第一，〈齊物論〉為第二，〈養生主〉為第三，《老子》首三章亦以此為次第，蓋哲學天成之序也。」〔註40〕正反相對又相倚，故時被認為是陰謀之說〔註41〕，就是以退為進，「生而不有，為而不恃，功成而弗居。」世人當明瞭任何事物皆從無而起，從少而立，《韓非子・喻老》「大必起於小，族必起於少。」這個道理《老子》四十章也說：「反者道之動，弱者道之用，天下萬物生於有，有生於無。」，在《易・繫辭》「屈信相感，而利生焉，尺蠖之屈，以求信也。」錢先生也引了《六韜・武韜・發敵》：「鷙鳥將擊，卑飛斂翼，猛獸將搏，弭耳俯伏。」又引了《淮南子・兵略訓》：「飛鳥之擊也，俯其首；猛獸之攫也，匿其爪。」（《管錐編》頁50），這就是《老子》二十二章「曲則全，枉則直，窪則盈，弊則新，少則得，多則惑，是以聖人抱一為天下式。不自見故明，不自是故彰，不自伐故有功，不自矜故長。夫唯不爭。故天下莫能與之爭，古之所謂曲則全者，豈虛言哉，誠全而歸之。」這也就如西語常說的「後退所以前躍」的道理。（《管錐編》頁50）我們若用現實之實例來說明或可明瞭，例如當我們費盡心思想將窗戶關上，但推而不進，費了九牛二虎之力皆徒勞無功，如果我們試著先退一步再前進，往往很容易便關上了。這番道理就是「反者道之動」的哲理。故《老子》四十章「反者道之動，弱者道之用，天下萬物生於有，有生於無。」王弼註說「高以下為基，貴以賤為本，有以無

〔註39〕亞里士多德著，吳壽彭譯《形而上學》（北京：商務印書館，1991），頁14。
〔註40〕嚴復《評點老子道德經》（臺北：廣文書局，1979），頁2。
〔註41〕龐樸《沉思錄》（上海：上海人民出版社，1982），頁173。

為用，以其反也。動皆知其所無，則物通矣。故曰反者，道之動也。」又註曰「天下之物，皆以有為生，有之所始，以無為本，將欲全有，必反於無也。」這個道理可以說是《老子》的規律準則，也就是錢先生特別注重的法則，我們或可以推測，他在此準則中如何遵行其道理。試問在文化大革命中，有多少人就是不能退而硬要前進，便遭到不公平的遭遇及迫害，甚至走上自殺之路。如傅雷、老舍等等例子，假若用這樣的情境來反推錢先生之內心思緒，雖然沒有直接文獻材料〔註42〕，不過用這種推測，多少可以接近於正確，否則他不必這樣費心詮釋《老子》一書的道理。他對於此章分析說：「《老子》用反字，乃背出分訓之同時合訓，足與奧伏赫變（Aufheben）齊功比美，當使黑格爾自慚於吾漢語無知而失言者也。」（《管錐編》頁445）錢先生以為《老子》這個準則是黑格爾無法比擬的，因為黑格爾不識漢語，當然無法體會這個道理，亦就是說 Aufheben 的義理，與《老子》這個準則足與黑格爾所提的道理相比美。緊接著他分析「反有兩義，一者正反之反，違反也。二者往返之反，回返也。」（《管錐編》頁445）此二義引申諸理，故反於反為違反，於正為回反（返），亦如黑格爾所謂否定之否定。所以他說「竊謂吾國古籍中《老子》此五言約辯證之理，《孟子‧盡心》無恥之恥，無恥矣。七言示辯證之例，皆簡括弘深。」（《管錐編》頁446）對於「返」字之引申，錢先生引用了黑格爾的話「辯證法可象以圓形，端末銜接，其往亦即其還」各種說法。誠如《荀子‧王制》「始則終，終則始，若環之無端也。」《呂氏春秋‧大樂》「天地車輪，終則復始，極則復反。」（《管錐編》頁447）這個說法，黑格爾在《大邏輯》中也說「要求在這些原素中有一個自為地規定的東西作出發點，這與那種間接過程相反，因為那種過程只能相反地以極限開始。」〔註43〕猶如《老子》所說「逝曰遠，遠曰反。」從以上之論證，我們可以體會出「反」既然是與正相對，但反也是一切的動力，亦即是宇宙萬事萬物中的開始，終即是始，王弼以為「高以下為基，貴以賤為本，有以無為用，此其反也。」反既然是道是動力，是事物的根源，體現這種妙用，是人們當深入體驗的哲理。錢先生在《老子》第二章及四十章中戮力展現此番道理。他自己在動亂的時

〔註42〕錢先生在楊絳《幹校六記》一書中，小序說：「慚愧自己是懦怯鬼，覺得裏有冤屈，卻沒有勇氣出頭抗議，至多只敢對運動不很積極參加。」（北京：中國青年出版社，2000），頁56。

〔註43〕黑格爾著，楊一之譯《邏輯學》（北京：商務印書館，1991），頁328。

代中多少能融入自己力行哲學中。假若沒有以退爲人生哲學，以反爲處世圓融之道，文革中各種無情批鬥及下鄉勞動，他們能逃得過這些折磨嗎？楊絳《幹校六記》小引中，錢先生已慚愧的表示過這種心境，我們是可以體會的。這場運動中，使得人們處於驚恐無奈的氣候裏，天天人搞人，人鬥人的社會裏，錢先生在這樣的環境中，祇好「流亡」到文學所的辦公室過生活。我們若細心分析這段他寫《管錐編》的日子中，他憑什麼意志，什麼精神毅力來完成，他爲何先選了《老子》來詮釋？難道不是《老子》一書給予他相當大的啓示，促使他先完成《老子》之詮釋麼？《管錐編》何時動筆？現在無法考證起，楊絳在〈從摻沙子到流亡〉一文說「是 1972 年 3 月，五七幹校回來，鍾書開始寫他的《管錐編》。」〔註44〕我們只要去看序文時間是 1972 年 8 月，也就是說半年內便能將《管錐編》釐出一個頭緒，看來是不可能的。我們從《幹校六記》及〈從摻沙子到流亡〉二文，較能清楚看出錢先生在構思的整個心路歷程。試問錢先生是 1969 年 11 月 17 日下放到幹校，而楊絳是 1970 年 7 月 12 日，這期間他們之女婿王得一（錢先生獨生女錢瑗的丈夫）因「五一六」事件而自殺（五一六爲一個紅衛兵組織）。當 1972 年 3 月錢先生夫婦從幹校回北京，就在寫《管錐編》時，他們夫婦與另一對文學所同事，濮良沛（筆名林非）、趙鳳翔（蕭鳳）打架，這個公案，至今仍爲人討論。楊絳寫了〈從摻沙子到流亡〉來解釋當年 1973 年 12 月，他們兩家打架之陳年往事。〔註45〕楊絳均承認當年錢先生打人，而她自己咬人之事實。可是事情原委，在於對方對楊絳動粗，錢先生才發飆打人。當然他遇到惡鄰，迫使他們奪門而出，這也是他們在文學所另一間辦公室流亡三年的原因。我以爲這短短的四年中，他們下放五七幹校又遭半子不幸之事，又遇惡鄰相向種種生活之苦痛，加上錢先生有氣喘之疾，許多艱困的生活，沒有很強的意志力是無法去克服的。我考證這段往事，不在於錢先生打人，楊絳咬人，而是說他在《老子》「反者道之動」、「曲則全，枉則直」之哲理中感受到多少？《老子》七章「天地所以能長且久者，以其不自生，故能長生，是以聖人後其身而身先，外其身而身存」。又六十七章「不敢爲天下先，故能成器長」，這些義理對他的影響，相信是有的。同時體認環境的苦楚，構思《管錐編》時，不允許有反抗的動作，只好退到另一間辦公室，以便安心去完成此書之寫作。

〔註44〕楊絳《從丙午到流亡》（北京：中國青年出版社，2000），頁 137。
〔註45〕除了楊絳文章外，另見第二章的分析。

（二）比喻之兩柄亦有多邊

比喻之方法為《管錐編》最常用之方式，也是錢先生最具特色的方法。由於要針貶某物、某事，甚至某人，不能指名道姓，為了避免不必要的紛爭，更何況那個時代也不允許。文化大革命時期有誰能指正政策、某人物（政治人物）的不是，故只有指桑罵槐的方式點出，當然這些猜測總要有證據材料才能指證，否則便成為不客觀的判斷。〔註46〕我們以為錢先生構思此書，必存有許多評斷時事之想，藉用文字來抒發其情懷。在詮釋《周易正義・歸妹》時，他便提出「比喻之兩柄」的說法。他說「同此事物，援為比喻，或以褒，或以貶、或示喜，或示惡，詞氣迥異，修詞之學，亟宜拈示。斯多噶派哲人嘗曰：『萬物各有兩柄』（Everything has two handles），人手當擇所執，刺取其意，合采慎到、韓非二柄之稱，聊明吾旨，命之『比喻之兩柄』可也。」（《管錐編》頁 37）也就是事物有時有正面，也有反面之議論。如水中映月之喻，錢先生說「然而喻至道於水月，乃歎其玄妙，喻浮世於水月，則斥其虛妄，譽與毀區以別焉。」（《管錐編》頁 37）這樣正與反的意思同在一個事物上，如何顯象其意義呢？周亮工《書影》卷十言「佛氏有花友、秤友之喻，花者因時為盛衰，秤者視物為低昂。」錢先生以為這就在人心之失正，及人心之趨炎了。他另舉西方一個例子，如女人之容貌，意大利人有小說描繪，云美婦能使鐘表停止不動，這與《孤本元明雜劇》中〈女姑姑〉寫生得醜的女人，「驢見驚，馬見走，駱駝看見翻觔斗。」（《管錐編》頁 39）同樣女人容貌之美與醜所形成不同之結果，錢先生所要表達的就是任何一件事可正可反，這樣的事理在文革動亂中，皆可以用來隱射某一事物。如他被打為反動學術權威所背負的屈辱，故他對於上之例子給予斷語「言譯事者以兩國語文中貌相如而實不相如之詞與字，比於當面輸心背面笑之偽友，防惕謹嚴，比喻之兩柄亦正如賣友之兩面矣。」（《管錐編》頁 39）這個比喻多少是帶點暗示，否則他不必說「言心之失正，人之趨炎」的字眼。他又說「比喻有兩柄而復是多邊」，他用月亮作為例子，月亮可喻鏡、茶團、香餅、眼睛、女君、諸如多邊之喻。這樣之例子，他在《管錐編》各處時有提及，我們將它臚列如下：

> 《詩經・柏舟》「我心匪鑒，不可以茹。」茹字為虛而能受之意，如
> 鏡有二柄，一者洞察，物無遁形，善辯美惡。二者涵容，物來斯受，

〔註46〕雖無文獻材料佐證，吾人猜測莫尼克亦有此想法。見其文〈中西靈犀一點通〉收入《錢鍾書研究》第二輯（北京：文化藝術出版社，1990），頁 14～115。

不擇美惡。（《管錐編》頁 77）

以雲爲喻。《詩經·敝笱》「齊子歸止，其從如雲」鄭〈箋〉謂雲，心無定，乃刺蕩婦，陶潛謂雲無心，「雲無心以出岫」，杜甫〈西閣〉云：「孤雲無自心」則贊高士，此又一喻之同邊而異柄者。（《管錐編》頁 112）

《左傳·哀公三年》「富父槐至，曰：無備而官辦也，猶拾瀋也。」拾瀋即收覆水。又如《後漢書·胡廣傳》上疏：「政令猶汗，往而不反。」夫汗如瀋，均水也；反猶拾，均收也，事之不可能，等也。拾瀋、收水戒莫誤時機，而反汗戒莫背信誓，喻之同柄而異邊者也。（《管錐編》頁 245～246）

《列子·湯問》「人之巧可與造化者同功乎！」張湛註「近世人有言人靈因機關而出者。」錢先生引用了佛典許多文獻皆指出機關木人的比喻。如《瑯嬛記》卷上引《禪林寶語》云「譬如兩木人，分作男女根，設機能搖動，解衣共嬉戲。」釋氏此譬，言人身之非眞實。拉梅德里（De la Mettrie）論人是機器，亦舉巧匠所造機關人爲比，則言靈魂之爲幻妄，斯又一喻多邊之例。（頁 511）

《全晉文》卷 143 王該〈日燭〉「假小通大，儻可接俗，助天揚光，號曰日燭。」按《莊子·逍遙遊》「堯讓天下於許由曰：日月出矣，而爝火不息，其於光也，不亦難乎！」莊謂大初無需乎小，如贅可去，王謂小亦有裨於大，雖細勿捐，一喻之兩柄也。」（頁 1255）

錢先生在於他的著作中，相似之例子甚多，從中選出以上幾處之比喻，來論述他的看法及命題，也暗示出他個人內心所要表達之苦悶。

（三）天道（天人合一）

關於天道之討論，在《管錐編》也是一個極有趣之論題。德人莫芝在他《〈管錐編〉與杜甫新解》書中便設一章討論，《管錐編》與「天人合一」之看法。〔註47〕莫芝所闡述錢先生之「天人合一」看法，是從宇宙論（Cosmology）之觀點提出的，這也是一般西方人對中國「天人合一」思想的看法，多落在哲學意義的宇宙論之觀點。這種論證往往有思想預設之依據，但是莫芝評述

〔註47〕莫芝《〈管錐編〉與杜甫新解》（石家莊：河北教育出版社，1998），頁 149～174。

《管錐編》之論點，主要的是從文學作品的角度去觀察，較少落在思想角度來評斷。

「天人合一」之論題討論相當多，我想略述這個命題，它與儒家義理之間的關係。我們先看看前人對此問題的看法。首先論天與人的關係。王國維在《觀堂集林‧釋天》說：〔註48〕

> 古文天字，本象人形，殷虛卜辭或作 𠈌。〈孟鼎〉、〈大豐敦〉作 𡗕，其首獨巨。

甲骨文無天字，金文中天字作人形。和這些論述有關的文字，1935 年美國顧立雅（H.G. Creel, 1905～）在《燕京學報》曾發表一篇〈釋天〉的文章，這篇文章依何炳棣（1917～）說是由陳夢家（1911～1966）指導並譯成中文的。顧立雅所說天的意義有三種：〔註49〕

> 其一、謂天字從一大，故有大一之義。
>
> 其二、謂一象天，大象人，一在人上，故爲天。
>
> 其三、依 H. A. Giles 謂天字乃象人行之象。

顧氏此文結論乃說明商代甲骨文並沒有天字〔註50〕。而在西周文獻及金文中天字出現較帝字爲多，所以天字是周人所獨有的至上神。由此引申出天與帝的爭辯，顧氏後來有《天神之起源》（The Origin of the Deity Tien），此文乃〈釋天〉修補後的文章，顧氏引用了天及帝字在金文、《詩經》出現的次數。這些數據雖不能確證天與帝之間的地位何者爲高，但是對於天字的意義相當重要。從《書經》、《詩經》的文字我們都可以看到天人之關係。

1. 天生烝民，有物有則，民之秉彝，好是懿德。《詩經‧大雅‧烝民》

2. 上天之載，無聲無臭，儀刑文王，萬邦作孚。《詩經‧大雅‧文王》

3. 天視自我民視，天聽自我民聽。《書經‧泰誓》

4. 天聰明，自我民聰明。天明畏，自我民明威。《書經‧皐陶謨》

〔註48〕 王國維《觀堂集林》（香港：中華書局，1973）卷 6，頁 282。

〔註49〕 何炳棣〈天及天命探源：古代史料甄別運用方法示例〉《中國哲學史》（1995年 1 期），頁 36。顧立雅〈釋天〉《燕京學報》，第 18 期（1935 年 12 月），頁 59。

〔註50〕 傅斯年先生認爲有天字。見《傅斯年全集》第二冊〈性命古訓辨證〉（臺北：聯經出版事業公司，1980），頁 277～278。

關於天與人之間的關係，我們依張亨（1931～）的分類可歸納出三類型：〔註51〕

    1. 自然與人的關係。

    2. 帝神與人的關係。

    3. 道與人的關係。

事實上天人之間的關係是放在道德問題上來講的，而不放在自然問題上。這樣才能看出儒家對天命的敬畏與精神。

    儒家思想提供給後儒許多準則，而孔子對天的理解，我們從《論語》來觀察，雖然天字在《論語》出現的次數不像仁及禮字那樣多，但是天人互動關係在孔子思想中是相當重要的概念。我們從《論語》臚列出天人相關的語句：

    1. 子曰：「天何言哉？四時行焉，百物生焉，天何言哉？」（陽貨）

    2. 子曰：「不怨天，不尤人，下學而上達，知我者其天乎！」（憲問）

    3. 子曰：「五十而知天命。」（爲政）

    4. 子曰：「君子有三畏：畏天命，畏大人，畏聖人之言。」（季氏）

    5. 顏淵死。子曰：「噫！天喪予！天喪予！（先進）

    6.「獲罪於天，無所禱也。」（八佾）

以上所列的天命，都有人格神意義的天，這個天命存在人與天互動關係。天命往往賦予自己的律令，人秉受它的法則依循而行，可是這種律令人們往往把它歸諸自己的道德法則，道德準則也就是天命的另一個暫代式表現。孔子自己給予自己律令準則，時時給予使命。以下另論《孟子》的天的概念。先引用《孟子》中有關對天的語句：

    1. 太甲曰：「天作孽，猶可違，自作孽，不可活。」（離婁上）

    2. 孟子曰：「順天者存，逆天者亡。」（離婁上）

    3. 泰誓曰：「天視自我民視，天聽自我民聽。」（萬章上）

    4. 詩云：「天生烝民，有物有則，民之秉彝，好是懿德。」（告子上）

孟子性善論的哲學思想，對於天的訓令往往以道德規律來自我要求。孟子說：「仁也者，人也。」（〈盡心下〉）既然人是以聖人來自我規律，那麼對於天的

〔註51〕 張亨〈天人合一的原始及其轉化〉，收入《思文之際論集——儒道思想的現代詮釋》（臺北：允晨文化事業公司，1997），249。李澤厚〈說自然人化〉一文對於天人合一的看法，以爲古代可分三個階段，一、遠古巫師的通神靈，接祖先。二、漢代陰陽五行爲構架的天人感應的宇宙圖式。三、宋明理學階段。收入《己卯五說》（北京：中國電影出版社，1999），頁130～132。

律令當然是加以遵循，故「盡其心者，知其性也。知其性，則知天矣。存其
心，養其性，所以事天也。」(〈盡心上〉) 所以孟子更肯定「天人合一」的現
實意義。張世英說中國哲學史上的「天人合一」起於孟子。〔註52〕他說：

> 他主張天與人相通，人性乃"天之所與"，天道有道德意義，而人
>
> 秉受天道，因此，人性才是有道德意義的。人之性善有天爲根據。

這也是說孟子的性善說是「天人合一」的主要根據。人就是性善的內在本質
要求，它必時時秉持著與人爲善的理念，這種理念由內心擴及他人，這個他
人涵括萬物一切，因爲孟子的惻隱之心即是仁心，使四端之心，仁義禮智一
一朗現，故「君子所以異於人者，以其存心也。君子以仁存心。以禮存心」，
有了人之心擴達萬物，使仁心的朗現，合而爲一，當然萬物便是宇宙的天所
涵蓋，因此天與人之間的神秘性，便在人的仁心躍動時，更加顯現。〔註53〕
若無惻隱之心便非人也。(公孫丑上) 總之，孟子的遵守天的訓令是歸諸於內
在本心（人心）的實現，這樣才能「知其性，則知天矣」。

宋、明理學家對於「天人合一」的看法皆有不同的意見，這裏暫時僅用
王守仁的意見來討論。他對「天人合一」的思想，客觀來說即自我與萬物本
同一體，也是仁體的表現，如同孟子「萬物皆被於我矣，反身而誠，樂莫大
焉」、程顥「仁者與天地萬物爲一體」、羅汝芳「大人者連屬家國天下而爲一
身者也」。牟宗三先生詮釋這樣一個仁體何以能如此？他說：「因爲仁義的德
性一定要客觀化於人文世界的。且進一步，不但要客觀化於人文世界，且要
擴及於整個的天地萬物。」〔註54〕這種生命才是眞正的生命。將生命與萬物
融合在一起，體認本身仁體的善意及宇宙萬物的結合，時時有生命朗現，這
種生命的學問才是有意義的。

吾人以爲這種仁心（體）就是自己的本心，即是良知，亦即是天理，這
種良知朗現，就是自己本心去加以掌握，絲毫沒有存疑或是爲自己的私欲。
同時也能體會出致良知的學問即是「天人合一」的學問。吾人以爲一般天的
論證方式，將天視作自然天、人格天與神格天皆沒有完全體現出「天」如何
與「人」合而爲一。我們現在嘗試提出以下的論述方式，就是「天人合一」

〔註52〕張世英《天人之際──中西哲學的困惑與選擇》(北京：人民出版社，1997)，
　　　　頁 7。
〔註53〕劉殿爵先生認爲孟子是神秘主義者。見傅佩榮《儒道天論發微》(臺北：臺灣
　　　　學生書局，1985)，頁 146。
〔註54〕牟宗三《生命的學問》(臺北：三民書局，1978)，頁 37～38。

這個「天」只是虛擬文字，亦就是當事者虛擬把「天」當作自己，而「人」就是自己之外的他人，「天」是理論上的主體，他人是客體，以自己與他人之間的關係來比喻就很容易體察出天人合一的意義。因爲儒家對於天與帝的行動的解釋，通常是主張爲政者自己愛護子民，體恤人民的行徑，讀書人在這種教化下也能涵受民胞物與的仁心或惻隱之心。就以孔子來說，他奔走各國，要找到機會把自己的仁心用行動朗現於人民大眾，卻不能得到掌聲，這也就是他所以有「天何言哉」的感慨，也可說是「我的仁心又何必向他人述說呢！」的意思。王守仁在《傳習錄》也說：「是以每念斯民之陷溺，則爲之戚然痛心。忘其身之不肖，而思以此救之，亦不知其量者。天下之人見其若是，遂相與非笑而詆斥之，以爲是病狂喪心之人耳。嗚呼！是奚足恤哉？」〔註55〕如果以王守仁的心境來說明，我認爲「天」就是人自己的虛擬義，這樣便很清楚洞見「天人合一」的生命價值意義。徐復觀與劉殿爵皆以爲天命「關連到內在，常常顯示了很深的敬畏與強烈的負感。」〔註56〕很顯然這種天命事實上就是自己的內在要求，孔子「五十而天知命」，也可說是和「不知命，無以爲君子也」相同的那樣的使命感。

我們引述先秦、孔孟至王陽明的觀點，來說明「天人合一」思想在儒家思想是相當明顯的一種由己反攝之思想。而在《老子》首章「無名天地之始，有名萬物之母」；第五章「天地不仁以萬物爲芻狗」，第六章「谷神不死，是謂元牝，元牝之門，是謂天地根，綿綿若存用之不勤。」第七章「天長地久，天地所以能長且久，以其不自生，故能長生」，第二十五章「人法地，地法天，天法道，道法自然」，第三十九章「天德一以清，地得一以寧，神得一以靈」，第四十章「反者道之動，弱者道之用，天下萬物生於有，有生於無」，第七十七章「天之道其猶張弓與高者仰之……」以上是《老子》各章與天道相關的文字。道家思想中是較偏於自然意義的宇宙論（Cosmology）之觀點來闡述人與天之關係的。錢先生對於天道的論述，純以道家之自然天來表述。但他對於《老子》之天道論也有評述。他說「然道隱而無跡，樸而無名，不可得而法也；無已，仍法天地。然天地又寥廓蒼茫，不知何所法也。」（《管錐編》

〔註55〕陳榮捷《王陽明傳習錄詳註集評》卷中〈答聶文蔚〉第181（臺北：臺灣學生書局，1988），頁259～260。

〔註56〕劉述先〈論孔子思想中隱涵的「天人合一」一貫之道——一個當代新儒學的闡釋〉《中國文哲研究集刊》，第10期（1997年），頁19。

頁 434）他以爲天地蒼茫自然，只好法天地能見的事物，如第八章「上善若水」、第十五章「廣兮其若谷」、第三十二章「猶川谷之於江海」、第四十一章「上德若谷」、第六十六章「江海所以能爲百谷之王，以其能下之」、第七十六章「萬物草木之生也柔脆」、第七十八章「天下莫柔弱於水」，這些法天地萬物自然現象，如低層（山谷）、柔弱不禁風（水、草），固然是可以法效之現象，但是錢先生說高山也可以仰止，爲何老子不教人法呢？星火可以燎原，爲何老子不教人呢？爲何只獨教人法下層、柔弱之現象呢？可見錢先生對於老子在論述天道問題上，並非純然贊成他著重在柔弱一面上。同時對於「天人合一」論題上，錢先生顯然也沒有如儒家思想之「天人合一」觀。不過錢先生對儒家也並非隻字不提，他引德國神秘宗詩人的話「帝天即在身，何必叩人門。」（《管錐編》頁 451）錢先生說「雖然，此非釋、道等出世者之私言也。儒家教人，道其所道，復不謀而合。」（《管錐編》頁 451～452），這「帝天即在身」之字眼，極像我在前所論述的天人合一的解說。而錢先生所引用「天人合一」，是說一個禁欲苦行的人，因「心爲形役，性與物移，故明心保性者，以身爲入道進德之大障。憎厭形骸，甚於桎梏，克欲遏情，庶幾解脫。」故神秘宗至以清淨戒體爲「天人合一」之階梯。（《管錐編》頁 428）可見錢先生的天人合一思想，並沒有傳統儒家所主張的那種由內往外推的思想。他引用庾信〈思舊銘〉「所謂天乎，乃曰蒼蒼之氣，所謂地乎，其實搏搏之土；怨之徒也，何能感焉！」（《管錐編》頁 1526）因此，錢先生認爲「蓋謂天地並非顯赫有靈之神祇，乃是冥頑無知之物質；信解道此，庶幾以情證理。」（《管錐編》頁 1526）而《易‧繫辭》「鼓萬物而不與聖人同憂」，錢先生在闡釋時，顯然亦排除天人合一之內在道德法則的看法。他抱的是「天不與人同憂」的見解。他說：「《世說新語‧傷逝》亦記王衍曰：『聖人忘情』，意謂『聖人』既法天體道，過化存神，則自能如天若道之『無心』而『不憂』。與古希臘哲人言有道之士契合自然（Life in agreement with Nature），心如木石，無喜怒哀樂之情者，無以異也。」（《管錐編》頁 43）但錢先生說人對於天有時也會抱怨「先民深信董仲舒所謂天人相與，天作之君，由怨君而遂怨天，理所當然。人窮則呼天，呼天而不應，則怨天詛天。」（《管錐編》頁 144）可見，把天視爲君之說法，亦如同我在前面所論述天人合一的看法，可是若不信天，就如庾信〈思舊銘〉所談的天，何來怨之、詛之？天本不管事，也就是天只是自然的天，絲毫沒有意志。錢先生幽默引了洪邁（1123～1202）《容齋四筆》「兩

商人入神廟，其一陸行欲晴，許賽以豬頭；其一水行欲雨，許賽以羊頭。神顧小鬼言：晴乾出豬頭，雨落吃羊頭，有何不可。」（《管錐編》頁146）此固然是小說筆意，不過很顯然錢先生對於天道之解釋，沒有儒家傳統的內在道德法則。而對《老子》所謂「人法地，地法天，天法道，道法自然。」錢先生回應說「所謂法天地自然者，不過假天地自然立喻耳，豈果師承爲教父哉。」（《管錐編》頁434）試問在那狂飆年代中，紅衛兵無法無天只以他們的神（毛澤東）爲主要崇拜者，受屈辱的知識份子，何能怨天？何能詛天？大地哀鴻遍野，所有的知識份子全部下放勞動，無一幸免，他們對於天道抱何種想法亦就可想而知。總而言之，在錢先生論述天道是與儒家天道（天人合一）顯然不同的，他引用天的概念是自然的、宇宙的意義，絲毫不與儒家道德意義的天相關，這是可以確認的。

（四）鬼、神之論

對於鬼神的問題，錢先生顯然亦很有興趣，加上他對筆記小說的關注，因此在詮釋上，亦頗費力氣。《易經・觀》象說「聖人以神道設教，而天下服矣・」這句話，他引申了政治問題，引了魏源（1794～1857）《古微堂集》卷一〈學篇〉說「鬼神之說有益於人心，陰輔王教者甚大，王法顯誅所不及者，惟陰教足以懾之。」錢先生詮釋說「夫設教濟政法之窮，明鬼爲官吏之佐，乃愚民以治民之一道。二魏見其治民之效，而未省其愚民之非也。」（《管錐編》頁18）歷代爲政者利用宗教鬼神駕馭人民的手腕，使人民在威權統治下，只能順從，不敢反對。上節對於天道的闡說，由天道來威脅統治者的天命亦是古書所常見的。錢先生引申說「吾國古人每借天變以諫誡帝王，如《晏子春秋・諫》上之一八及二一以彗星爲『天教』，熒惑爲『天罰』，……然君主復即以此道還治臣工，有災異則譴咎公卿。」（《管錐編》頁 20）這種以天災來暗示統治者爲政之道出問題，以致鬼神宗教之異說紛起，乃至政治家利用宗教來統治人民，也使他威儀透過鬼神之靈異更加穩定及能全盤控制。文廷式在《純常子枝語》卷二十三〈臨安四聖觀〉說「余嘗謂政治家當言賞罰，宗教家則言吉凶，賞罰明則行善者吉，作惡者凶，天下曉然，祈禳之事自息矣。」〔註57〕可見政治家及宗教家各負有此不同之任務，使得政教合一，而宗教之神威力量顯得很大。馬克斯（K.Marx，1818～1883）說「宗教乃人民

〔註57〕文廷式《純常子枝語》（揚州：江蘇廣陵古籍刻印社，1990），頁 356。

對實際困苦之抗議，不啻爲人民之鴉片。」（《管錐編》頁 21）這比喻說明宗教常爲駕馭人民心靈的桎梏，使得人民信奉它的力量。這是鬼神神秘宗的色彩，使政教合一，使統治者更有力的發揮其力量。《左傳‧僖公五年》引述晉侯向虞國借道攻打虢國，宮之奇力諫不可，「公曰：吾享祀豐潔，神必據我，對曰：臣聞之，鬼神非人實親，惟德是依，……如是則非德，民不和，神不享矣。神所馮依，將在德矣。」（《管錐編》頁 181）這段引述在於爲政者，雖然亦藉由鬼神之宗教力量來表述自己的領導能力，又藉著神秘宗的力量，顯示鬼神對於統治者之間的互動關係，可是這種神祕微妙關係，還需有德行做爲基礎，也就是鬼神亦需識辨善惡來行使它那神祕的力量。錢先生在論述此題目時，似乎有所指的表明政治人物若失去德，那些神秘力量的鬼神也將會反對統治者，儘管在無神論之共產黨意識型態統御下，將對此論題所有反駁及批判，但錢先生並沒有畏懼，仍然提出他的見解，他引汪容甫（中，1744～1794）《述學‧內篇》〈左傳春秋釋疑〉「左氏言鬼神，未嘗廢人事。」於此錢先生定論說「左氏記賢人君子之言鬼神，即所以垂戒勸。」（《管錐編》頁182）這用意乃在於他認爲統治者，並沒有對人民之需求加以體察，只想藉鬼神神秘宗加以揮使，說明白一點錢先生反對當權者的治理方式，使十年文革中，讓每個中國人只信仰一個無所不能的神，奉爲圭臬的尊主。這用意是可以理解的。以上論述乃說明鬼神與政教合一之間的關係。

　　鬼神觀念在《管錐編》闡述中時時出現，錢先生對於鬼、神之間的區分有一段論述：

> 《禮記‧祭義》宰我不解鬼神之名所謂，子曰「氣也者，神之盛也，魄也者，鬼之盛也。……天戲、神戲、鬼戲、怪戲、皆非人非物，亦顯亦幽之異屬，初民視此等爲同質一體，悚懼戒避之未遑。……世仰"天"彌高，賤"鬼"貴"神"，初民原齊物等觀，古籍"鬼"、"神""鬼神"、"天"渾用而無區別。（《管錐編》頁184）

鬼神在初民之時並沒有區分，同時它們彼此互爲循環。「蓋謂神出身於鬼，鬼發跡爲神；事頗如成則爲王者，初原爲寇。理正同魔鬼先進而上帝後起。」（《管錐編》頁184）神與鬼之間並沒有區分的。此外，對於鬼神與物區分，《史記‧留侯世家》「學者多言無鬼神，然言有物，」錢先生認爲「不僅鬼別於神，亦且物別於鬼神。舊註物爲鬼神，尚非確諦，物蓋指妖魅精怪，雖能通神，而與鬼神異類。」（《管錐編》頁288）從以上之論述，即物、鬼、神三者通用。

不過物不是鬼，而鬼可以物。以下將《管錐編》提到鬼、神之處，臚列於下。

1. 《左傳》昭公七年。「子產論伯有爲鬼曰：『匹夫匹婦強死，其魂魄猶能馮依於人，以爲淫厲。』」錢先生認爲後世，枉死鬼，冤魂之說始見於此。（《管錐編》頁230）

2. 《太平廣記》卷293〈蔣子文〉，此段故事述鬼神與勢力升長的故事。同條又引了《太平廣記》〈曲阿神〉的故事：「一劫盜逸入廟中，跪請神祐，許供一豬，官司蹤至，覓盜不得，因禱曰，若得劫者，當上大牛，盜形即現，被縛而去。」（《管錐編》頁770）

這就是說神亦會因供品不同，對凡間人有所區別。這位被吏所縛之盜，便是所祀「神靈已見過度，云何有牛豬之異，而乖前福。」〔註58〕錢先生調侃世人說「然人之信奉鬼神，正亦望其非冰心鐵面而可利誘勢奪，故媚奧媚竈，投合所好耳。」（《管錐編》頁770）林雲銘《挹奎樓選稿》卷八〈與丁晶庵〉一文更露骨的說出人對於利欲求，「昨承面教云，神仙離不得勢利二字，未經人道，僕以爲今世學仙佛者，無非欲得其神通，受人供養，使勢成於我，利屬於我，雖學仙佛，卻是學勢利也。」對於人與鬼神之間的利欲糾紛，錢先生認爲「人之信事鬼神也，常懷二心焉。雖極口頌說其聰明正直，而未嘗不隱疑其未必然，如常覺其跡近趨炎附勢是也。」（《管錐編》頁186）

3. 《太平廣記》卷330〈王光本〉。「王光本妻李氏暴卒，王慟哭，李見形曰：聞君哀哭，慟之甚，某在泉途，倍益淒感，語曰：生人過悲，使幽壞不安。」（《管錐編》頁776）此則故事，在民俗學上，正可說明今民間習俗，乃有人往生者，生人必不可以哀慟淒嚎，是有所依據的。〔註59〕

4. 《太平廣記》卷321〈宋定伯〉。「定伯復言：『我新鬼，不知有何所惡忌？』鬼答曰：『不喜人唾。』鬼畏唾沫之說，始著於此。」錢先生更引申說「憶吾鄉舊有諺：噀唾不是藥，到處用得著。小兒爲蟲蟻所嚙，肌膚痛癢，嫗媼塗以唾沫，每道此語，是唾兼巫與醫之用矣。」（《管錐編》頁778～779）這種習俗至今民間老輩仍有此說，故唾可以驅鬼驅妖及醫用。

5. 《太平廣記》卷330〈崔尙〉。「崔尙著〈無鬼論〉，有道士詣門曰：『我

〔註58〕《太平廣記》（臺北：古新書店，1980）卷295，頁619。
〔註59〕《太平廣記》（臺北：古新書店，1980）卷295，頁687。

則鬼也，豈可謂無。』」《五燈會元》卷 6「昔有官人作〈無鬼論〉，中夜揮毫次，忽見一鬼出云：汝道無，我聻？」（《管錐編》頁 785）

6.《全漢文》卷 58 王延壽〈夢賦〉。此賦亦見《古文苑》卷 6「於是雞天曙而奮羽，忽嘈然而自鳴，鬼聞之以迸失，心慴佈而皆驚。」「後世小說中鬼畏雞鳴之說，始著於此。」（《管錐編》頁 1015）今之戲劇每有此幕，鬼魅聞有雞鳴，必要遁首而去，而有女魅者與男主角依依不捨，時時見之，皆源於此。

7.《太平廣記》卷 243〈張延賞〉。「錢至十萬貫，通神矣，無不可回之事。」《太平御覽》卷 36 杜恕〈體論〉「可以使鬼者，錢也，可以使神者，誠也。」《晉書‧魯褒傳》「有錢可以使鬼，而況於人乎？」（《管錐編》頁 734）

以上之述，人各一言，俗語說「有錢能使鬼推磨」而「張延賞遂言，聰明正直之神，亦可以錢使矣。」（《管錐編》頁 735）這些徵引主要述說，錢先生對於鬼神的區分，從各文獻把他引證出來，一者說明正史、小說等對於鬼神的引用很多，同時，他似乎藉鬼神故事亦在批評時事，或引述今人俗語相關的說法及應用。當然這個神似乎也指在那瘋狂時代中的毛澤東所扮演的角色。而這似乎在調侃什麼。難怪巴金說「沒有神，也沒有獸，大家都是人。」〔註60〕

　　以上論鬼神之說，正反之論，多有辯說。或有嘲諷、調侃之言，亦是全書常有論及之母題，而錢先生對於這些母題之論述，又皆能引述西方相同說法作為佐證。

（五）儒釋道三家評述

1. 論道家

　　錢先生在《管錐編》論述道家選擇了《老子》、《列子》二書加以闡述，看起來似有偏愛。論及儒家及佛家的問題亦相當多。故這一節想從全書來觀察他對於古代各思想家之看法及批評。他在《史記‧太史公自序》中論六家要指，便順手加以批評。在〈論六家要旨〉之前對於學術作評述的有《莊子‧天下》及《荀子‧非十二子》二篇。荀子有所偏愛，不存異同。「是聖人之不得執者也，仲尼、子弓是也。」〔註61〕對於莊子〈天下篇〉，錢先生以為「莊

〔註60〕巴金《再想錄》（上海：上海遠東出版社，1995），頁 44。李澤厚、劉再復《告別革命》（香港：天地圖書公司，1996）頁 149～150。

〔註61〕錢大昕《潛研堂金石跋尾續》《續修四庫全書》（上海：上海古籍出版社，1997），

固推關尹、老聃者，而豁達大度，能見異量之美。」（《管錐篇》頁 390）這些批評對道家有所留手，很顯然錢先生對道家也是另眼看待的。所以司馬談論說「道家……其爲術也，因陰陽之大順，采儒、墨之善，撮名、法之要。」錢先生給與按語說「按言道家並包備具五家之長，集其大成。」（《管錐編》頁 391）可見道家之義理是爲錢先生所特別注重的。這或許皆與其環境有關係。

錢先生在詮釋《老子》時，採用王弼注本。他自己說明爲何採用王弼注，「余初讀《老子》，即受王弼注本，龔自珍有〈三別好〉詩，其意則竊取之矣，亦曰從吾所好爾。」（《管錐編》頁 403）可知他早先讀《老子》便依王弼註本，依龔自珍之詩，他似乎指出王弼註本並非最好，但從幼年即受此書，龔氏詩前有序說「余於近賢文章，有三別好焉，雖明知非文章之極，而自髫年好之，至於冠益好之。」〔註 62〕同時，錢先生亦明白指出對老、莊、列三家註之意見，他說「余觀張之註《列》，似勝王弼之註《老》，僅次郭象之註《莊》」（《管錐編》頁 468）從以上之證，我們可以說他對於王弼註並非是完全滿意的。其次，他指出錢大昕（1728～1804）及嚴可均盛推唐中宗景龍二年易州龍興觀碑本，錢大昕在〈潛研堂金石文跋尾續〉卷二說「景龍碑本文初唐所刻，字句與他本多異。如無作无，愈作俞，芸作云，譽作豫，荒作忙，佐作作，噏作翕之類，皆作古字，……皆遠勝它本。」〔註 63〕嚴可均謂「世間眞舊本，必以景龍碑本爲最，其異同數百事，文誼簡古，遠勝今本者甚多。」雖然景龍本多古字異於他本，但並非最佳，錢先生便舉證說「余少時見齋醮青詞黃榜猶然，不得概目爲古字，道俗之別，非古今之分也。以字之從古定本之近古，亦不盡愜。」（《管錐編》頁 401）故說「且本之勝否，依文義而不依字體。」（《管錐編》頁 402）如碑本第 26 章「輕則失臣」；第 45 章「噪勝塞」；第 61 章「牡常以靜勝牝」；「諸如此類，或義不可通，或義可通而理大謬，得不謂爲遠輸他本哉？」因爲文字之不同可以引申出文義之不同，錢先生在乎的是意義上的詮釋。他又指出碑本可笑在於節省助詞之弊，感嘆說「余讀易州碑本《道德經》，時有海外盲儒爲《論語》削繁或吝惜小費人拍發電報之感。時賢承錢、嚴之緒言，奉碑本爲不刊，以河上公本亞之，而處王弼本于下駟。」（《管錐編》頁 403）一九九三年湖北省荊門市郭店一號楚墓出土了《郭店老

頁 469。

〔註 62〕龔自珍《龔自珍全集》（上海：上海古籍出版社，1999），頁 466。

〔註 63〕朱謙之《老子校釋》（臺北：里仁書局，1980），頁 5。

子》〔註64〕與一九七三年馬王堆帛書《老子》，這兩種不同本子，使《老子》
之原本考訂更趨近一步，《郭店楚簡》是戰國中期之傳本，比帛書本更早些。
這些版本在於文字之考訂上常是一大難題，若能在文字之釐定上更加準確，
當然對時代判斷或是先秦諸子思想之傳承的研究能更加精進，這亦是顧頡剛
（1893～1980）當年編《古史辨》考訂《老子》年代時所無法見到的。〔註65〕

　　關於《老子》第一章「道可道，非常道。名可名，非常名。」的解說，
錢先生首先評斷俞正燮《癸巳存稿》卷十二論及《老子》「名可名」這一段說
「俞說非也，清代以來，治子部者，優於通訓解詁，顧以為義理思辨之學得
用文字之學盡了之，又視玄言無異乎直說，蔽於所見，往往而有，俞氏操術，
即其一例，特尤記醜而博者爾。」（《管錐編》頁404）而俞氏在書上說「此二
語道名，與他語道名異，此云道者，言詞也，名者，文字也。」〔註66〕錢先
生卻認為「名皆字也，而字非皆名也，亦非即名也。」並舉例說明「《道德經》
稱老子，白叟亦稱老子，名之所指舉大異，而書文道字同也，呼老子曰李耳，
或曰猶龍氏，或曰太上道德真君，名之所指舉一也，而文字則三者迥異也。」
（《管錐編》頁 405）以上是錢先生對俞氏說法不同的見解。他以為道可道，
非常道，第一、三道字為道理之道，第二道字為道白之道。這與古希臘道（logos）
兼理與言兩義，是可以互為參考的。「『名可名，非常名』，名如《書‧大禹謨》
『名言茲在茲』之名，兩句申說可道，第二十五章云：『吾不知其名，字之曰
道』，第三十二章云：『道常無名』，第四十一章云『道隱無名』，可以移解。
名，名道也，非常名，不能常以某名名之也。」（《管錐編》頁 408～409）因
此，關於道與名解說便入於語言之囿限，這種分析在西方亦是一個棘手之問
題。柏拉圖（Plato）便說「語言文字薄劣，故不堪載道，名皆非常。」（《管

〔註64〕關於郭店楚簡的討論甚多，最原始材料《郭店楚墓竹簡》（北京：文物出版社，
　　　　1998）；其他討論如崔仁義《荊門郭店楚簡老子研究》（北京：科學出版社，
　　　　1998）；彭浩《郭店楚簡老子校讀》（武漢：湖北人民出版社，2000）；《道家
　　　　文化研究》（郭店楚簡專號）第 17 輯（北京：三聯書店，1999）；武漢大學文
　　　　化研究院編《郭店楚簡國際學術研討會論文集》（武漢：湖北人民出版社，
　　　　2000）；丁原植《郭店竹簡老子釋析與研究》（臺灣：萬卷樓圖書有限公司，
　　　　1998）；劉信芳《郭店楚簡老子解詁》（臺灣：藝文印書館，1999）；魏啓鵬《楚
　　　　簡老子柬釋》（臺北：萬卷樓圖書有限公司，1999）等書；《中國哲學》第20、
　　　　21 輯（瀋陽：遼寧教育出版社，1999～2000）
〔註65〕顧頡剛等人《古史辨》第六冊下編，影印本，頁 387～686。
〔註66〕俞正燮《癸巳存稿》下冊（臺北：臺灣商務印書館，1956），頁 332。

錐編》頁 410）史賓諾莎（Spinoza，1632～1677）也說「文字乃迷誤之源。」（《管錐編》頁 407）對於這種不可以思議之言，無法用語言文字來表述的，錢先生以爲「莫過於神祕宗者。」如《妙法蓮華經・方便品第二》佛說偈語「止，止不須說，我法妙難思。」這也是《老子》不可思議處：「吾言甚易知，甚易行。天下莫能知，莫能行。」（第 70 章）我們不必爲文字所局限，關於《老子》所表述的語言，應不必限於神祕主義的字眼中，我們或可依維根斯坦（L.Wittgenstein, 1889～1951）《邏輯哲學論》所說「對於不可以說的東西，我們必須保持沉默。」〔註 67〕又說「確實有不可說的東西，它們顯示自己，他們是神祕的東西。」維根斯坦之意是說凡是能用嚴格正確的方法來闡述的，這即是可說的東西，即是說自然科學的命題，並非形而上學的東西。這也和錢先生所說對於無法用語言文字表達出來的莫過於神祕宗的意見相同。

老子對於自然的態度，是全書的核心之一。《老子》各章引述有自然的章節，如：第十七章「功成身退，百姓皆謂我自然。」；第二十五章「人法地，地法天，天法道，道法自然。」；第五十一章「道之尊，德之貴，夫莫之命，常自然」等章。王弼在第二十五章注說「自然者，無稱之言，窮極之辭也。」自然乃是事物本源，天地生於自然，萬物生於天地，自然者無外，故天地名焉。〔註 68〕第十七章是論述太上，王弼註太上爲大人，即是聖人。即是涵蓋每個自我，即第四十二章所說「人之所教，我亦教之，……我將以爲教父。」天地萬物皆是我們所仿效的，如第一章「無名天地之始，有名萬物之母。」第五章「天地不仁，以萬物爲芻狗。」第六章「玄牝之門是謂天地根。」第七章「天長地久，天地所以能長且久者，以其不自生，故能長生。」第十六章「王乃天，天乃道，道乃久。」第五章「天地不仁，以萬物爲芻狗。」第二十三章「故飄風不終朝，驟雨不終日，孰爲此者天地，天地尚不能久，而況於人乎？」等章，「以天地並稱，或舉天以概地，此則以『法地』爲『法天』之階焉。」（《管錐編》頁 434）又有以法自然爲法道之歸極焉。如第十六章「王乃天，天乃道，道乃久」，第二十五章「故道大、天大、地大、王亦大；」第三十二章「譬道之在天下，猶川谷之於江海。」第四十三章「道生一、一生二、二生三、三生萬物。」明此道法自然的原理，取法於自然，攝取於身。二十五章「有物渾成，先天地生，寂兮寥兮，獨立不改。周行而不殆，可以爲天下母。吾不知其名，字之曰道，強

〔註67〕維根斯坦著賀紹甲譯《邏輯哲學論》（北京：商務印書館，1996），頁 105。
〔註68〕王曉毅《中國文化的清流》（北京：中國社會科學出版社，1992），頁 231。

爲之名曰大。大曰逝，逝曰遠，遠曰反。故道大，天大，地大，王亦大。域中
有四大，而王居其一焉。人法地，地法天，天法道，道法自然。」這一章便是
宣示這個道理。可是錢先生卻一反其道，爲這個論題提出反面的看法。他認爲
水之柔弱固然是老子義理中的精要，可是老子卻反取谷、下、水、弱來表述他
的思想，錢先生認爲「非無山也，高山仰止，亦可法也；老以其貢高，捨而法
谷。亦有火也，若火燎原，亦可法也。老以其炎上，捨而法水。」（《管錐編》
頁 434）他道出這些並非老子所取法的，所以他批評說「所謂法天地自然者，
不過假天地自然力喻耳。」也就是說這些法水之性，谷之勢，物之理，就能弱
其志，虛其心，悟人事，看來皆是詞章之寓言，「哲人之高論玄微，大言汗漫，
往往可驚四筵而不能踐一步，言其行之所不能而行其言之所不許。」（《管錐編》
頁 436）也就是他指責老子微言高論，只是口說卻無法力行，空談無行動。如
他所引述「亦所謂哲學家每如營建渠渠夏屋，卻不能姘橡入處，而祇以一把茅
蓋頂。」（Most systematisers are like a man who builds an enormous castle and lives
in a shack close by）（《管錐編》頁 437）哲學智言，每是空言義理，無所行動，
如此調侃令人深省。以上是錢先生論述自然正反之意見，依他的個性及思辯方
式提出他個人獨特的看法，他以爲依仿自然是老學精神立論之精義，可是這種
思惟見解不見得是好的，反觀，它只是精神層面，對於實質意義上沒有半點功
用。錢先生更引用海涅嘲笑中世紀基督教說是精神與物質之協議，而前者居虛
位，後者掌實權。他更引南宋胡寅給秦會之（檜）的信批評佛教，「至以中原板
蕩歸罪之，談言微中，未可盡目爲儒生門戶迂見也。」（《管錐編》頁 438）這
是說佛教的權、實二諦，仍是說得行不得。從這一點論述，錢先生對於老子之
論述是有意見不能苟同的。同時他又提到「中原板蕩」的用語，也令人揣測他
指涉的是什麼時代，這些批評或許是錢先生給予世人的一種隱喻及戒鑑的啓示。

關於名教與自然，是魏晉玄學之論題。錢先生論及名教是討論《全晉文》
戴逵〈放達爲非道論〉一則論之。「按晉人以名教與自然對待」，是魏晉名士
爭辯的問題，牟宗三說兩者在某人說是衝突，如阮籍「禮豈爲我輩設乎。」
而樂廣說「名教中自有樂地，何爲乃爾也。」便不衝突。〔註 69〕錢先生引了
《世說新語・文學》「王戎問阮瞻，『聖人貴名教，老莊明自然，其旨同異。』」
（《管錐編》頁 1243）〔註 70〕這段話應是《晉書・阮瞻傳》的話，錢先生誤記

〔註 69〕牟宗三《中國哲學十九講》（台北：臺灣學生書局，1986），頁 229。
〔註 70〕錢先生此處引述《世說新語・文學》非也。應是《晉書・阮瞻傳》卷四九，

了。而《世說新語・文學》的對話是阮宣子與王夷甫的對話，王問阮說「老莊與聖教同異？」阮宣子說「將無同」，這「將無同」三個字就是不能肯定與否定名教與自然衝突與否的答話。唐君毅（1909～1978）稱這類語言爲啓發性之語言（Heuristic language）。錢先生稱名教即是禮法，又說名教乃儒家要指，（《管錐編》頁 1245）此處顯然看出錢先生對於名教有所指有所批評，顧炎武在《日知錄》卷十三〈名教〉條說「昔人之言名教，曰名節，曰功名，不能使天下之人以義爲利，而猶使之以爲名爲利。」〔註71〕戴逵〈放達爲非道論〉論及「且儒家尙譽者，本以興賢也，……其弊必至於末僞。道家去名者，欲以篤實也，……其弊必至於本薄。」錢先生有按語說：「“名”與“譽”互文，示“名”涵毀譽」（《管錐編》頁 1245）故名教者以名爲教也，因名而得禍，《列子・楊朱》論及「人而已矣，奚以名爲？」（《管錐編》頁 516）錢先生說「古人倡名教，正以名爲教，知人之好名僅亞於愛身命，因勢而善誘利導，俾就範供使令。」（《管錐編》頁 519）這是指「名」之害，譚嗣同在《仁學》更是大聲疾呼「仁之亂也，則於其名，名忽彼而忽此，視權勢之所積，名時重而時輕，視習俗之所尙。」「嗟呼！以名爲教，則其教已爲實之賓，而決非實也。」〔註72〕這是來自《莊子・逍遙遊》「名者實之賓也，吾將爲賓乎？」譚氏批評名與實之不符，同時說三綱之害，乃名教之害，「君臣之禍亟，而父子、夫婦之倫遂名以名勢相制爲當然矣。此三綱之名爲害也。」又「三綱之懾人，足以破其膽，而殺其靈魂。」〔註73〕這些名教之害皆源於對儒家之攻擊，「其他晉人以名教專屬儒家，范仲淹而下，倡名教與夫摒名教者，歸功歸罪，亦唯儒一家是問。」（《管錐編》頁 1246）更引用邊沁的話「獨夫或三數人操國柄，欲黎庶帖然就範，於是巧作名目，強分流品，俾受愚而信虛稱爲實際；僧侶與法家均從事於此。」（《管錐編》頁 1246～1247）即是說獨夫利用名教來治理百姓，亦是名教之弊端也。這獨夫與上文「中原板蕩」之用字，牽涉政治敏感話語，但錢先生似乎不畏指摘者，在此做文章，可見他率性的脾氣及不畏權勢的性格。筆者對於這一點的觀察，雖然不能有證據去論證錢先生對於當局之不滿，甚至於對文化大革命的政治氣候下所造成的鉅大損

上的話。亦見牟宗三《中國哲學十九講》（台北：臺灣學生書局，1986），頁241。

〔註71〕顧炎武《日知錄》（蘭州：甘肅民族出版社，1997），頁602。

〔註72〕譚嗣同《仁學》（鄭州：中州古籍出版社，1998），頁93。

〔註73〕譚嗣同《仁學》（鄭州：中州古籍出版社，1998），頁197。

失，提出他個人的意見，可是我們在《管錐編》每見這些隱寓之批評，或多或少也可見他內心的埋怨及深痛，這種揣測對於錢先生思想剖析是重要的。

錢先生除了對名教有意見外，同時引申了「正名」之見解。他以為「正名乃為政之常事、立法之先務，特可名非常名耳。」（《管錐編》頁1247）孔子說「必也正名乎」對於政事、立法之務，名是相當重要且嚴謹的，「名不正則言不順，言不順則事不成，事不成則禮樂不興，禮樂不興則刑罰不中，刑罰不中則民無所措手足。」〔註74〕在政治事務上，名的不確定性便會造成許多波動，國際事務上對於名的確定性也是相當重視的。錢先生舉幾個例子，對於正名的重要性提出他的解釋，他引了《淮南子‧脩務訓》「楚人有烹猴而召其鄰人，以為狗羹而甘之，後聞其猴也，據地而吐之。」（《管錐編》頁1248）這乃是非正名所造成的，錢先生批語說「羹不因名而異其本味，口卻因名而變其性嗜。」這是名不實所引起的。又一則另人噴飯的故事佐之，「天主教規以星期五為齋日，禁食肉而不忌魚腥，有人於是過酒家，適覘雞甚肥，即捉付神甫，請施洗命名，比於嬰兒，以水灑雞首，咒曰"吾肇錫汝以鯽、鱸之嘉名，即可烹食而不破齋矣。"」（《管錐編》頁1249）以上是錢先生從名教、以名為教，到正名的探索。

2. 論儒家

錢先生對於儒家之處理是不採取正面討論的，由於批孔批林政治氣候，因此對於儒家多少是從負面去面對它的。他借用道家之手來批評儒家，論述何劭〈荀粲傳〉「粲諸兄並以儒術論議，而粲獨好言道，常以為子貢稱"夫子之言性與天道，不可得聞"然則六籍雖存，固聖人之糠秕。」（《管錐編》頁1103～1104）又《莊子‧天道》說桓公讀聖人之書，輪扁調侃之，說「然則君之所讀者，古人之糟粕已夫！」〔註75〕把儒家聖人之言視為糟粕是批評儒家者一慣技法，本不稀奇，也不必驚訝。

討論到聖人無喜怒哀樂之論，錢先生採用「援道入儒」之手法，這亦是魏晉玄學的論題。何劭〈王弼傳〉「何晏以為聖人無喜怒哀樂，……弼與不同，以為聖人茂於人者神明也，同於人者五情也，神明茂，故能沖和以通無，五情同，故不無哀樂以應物。然則聖人之情，應物而無累於物者也。」（《管錐編》頁1105）何晏、鍾會以為聖人無喜怒哀樂論，但王弼反駁他之意見，主

〔註74〕朱子《四書集注》（臺北：漢京出版公司，1983），頁327。
〔註75〕《莊子集解》（臺北：河洛圖書出版社，1974），頁491。

張「聖人有情」。湯用彤在〈王弼聖人有情義釋〉一文說「當時論者,顯分兩派,二方均言聖人無累於物,但何、鍾等以為聖人無情,王弼以為聖人有情,並謂有情與無情之別,則在應物與不應物。」〔註 76〕對於聖人無喜哀樂之見為清談者常論之調,因無情而無畏,王弼認為聖人有情而能夠反映外物而不為外物所拘絆。錢先生說「弼尚同漢儒,以孔之慟顏為過當,而六朝經生扇於玄風,牽合《南華》寓言與東家遺事,將哀過說成應物而無累矣。」(頁 1106)此處是藉道家之事來反駁(應)儒家之事,所以錢先生經過一番舉證後說「有哀樂而感不過甚,此儒家言也,有哀樂而感非切實,此道家言也,前所流露者,真情而中節得當,後所流露者,淺跡以安時應物。」(《管錐編》頁 1107)這樣的手法是「援道入儒」之例。又如討論《孟子·告子》「人皆可以為堯舜」,而佛家說人皆有佛性之論,這是儒、釋有相同之見。而錢先生應用「援釋入儒」之手法,來說明人對於成聖成賢皆有相同之理念。《大般涅槃經·如來性品第四之三》「智者了知一切眾生悉有佛性」;《高僧傳》卷七〈竺道生傳〉「一闡提人皆得成佛」(《管錐編》頁 1331);佛家之修行,立道成佛,與儒家說法,《荀子·性惡》「塗之人可以為禹」,王陽明《傳習錄》卷三「人胸中各有個聖人,只自信不及,都自埋倒。」(《管錐編》頁 1332),又「王汝止、董蘿石出游歸,皆曰『見滿街人皆是聖人』。」,可見儒家與佛家在本性中皆有此聖人及成佛之理念,這就是「援佛入儒」之手法。以上兩種手法,完全是錢先生針對儒釋道三家,各自道理中,加以比較的闡釋。

　錢先生對於儒家的義理學說,提出嚴厲批判,他說「義理學說,視若虛遠而闊於事情,實足以禍天下後世,為害甚於暴君苛政。」(《管錐編》頁 1132)更引了好幾段文獻來說儒家殺人之說。《戴震集》卷九〈與某書〉言「酷吏以法殺人,後儒以理殺人。」又《孟子字義疏證》卷上"理"字條:「人死於法,猶有憐之者,死於理,其誰憐?」吳曾《能改齋漫錄》卷十八「高尚處士劉皋謂"士大夫以嗜欲殺身,以財利殺子孫,以政事殺人,以學術殺天下後世。」(《管錐編》頁 1133)以上引述之例在在對儒家提出「以理殺人」、「以儒害人」之批判,固然說這是歷史時代之產物,但從全書看來,錢先生對儒家之理,提出嚴厲批判,絲毫不手下留情。他所處時代文革破四舊,對於中國傳統徹底的摧毀,這些意識型態的思維禁錮,多少仍存在他心中。他指出「人欲、

〔註76〕湯用彤〈魏晉玄學論稿〉(臺北:里仁書局,1994),頁 75。;林麗真《王弼及其易學》(國立臺灣大學文學院,1977)。.

私欲可以殺身殺人，統紀而弘闡之，以爲天理、公理、準四海而垂百世，則可以殺天下後世矣。」（《管錐編》頁 1133）從這一點可知他在思惟上似乎難與儒家契合的原因。

3. 論佛家

錢先生論及佛家主要在《太平廣記》、《全上古三代秦漢三國六朝文》二書中加以討論。所討論問題亦涉及對儒家契合道家問題的批判。佛家不殺生之戒律，凡僧侶必遵守。我佛慈悲之念起於輪迴觀點使然，由於眾生死後復又有六道輪迴的宗教信仰，故不殺生是佛家規勸世人的戒律。錢先生引了安世高譯《佛說處處經》「佛行，足去地四寸，有三因緣，一者，見地有蟲蟻故，二者，地有生草故，三者，現神足故。」（《管錐編》頁 684）佛家慈悲不殺蟲蟻，甚至生草亦是生命，神會《語錄》卷一「眾生心是佛心，佛心是眾生心。」（《管錐編》頁 1332）慧皎《高僧傳》卷十一道法「乞食所得，常減其分以施蟲鳥，每夕輒脫衣露坐以飼蚊蝱。」（《管錐編》頁 684）這種不殺生的戒律，如儒家王陽明在〈大學問〉〔註77〕所說：「見鳥獸之哀鳴觳觫而必有不忍之心焉，是其仁之與鳥獸而爲一體也。鳥獸猶有知覺者也，見草木之摧折而必有憫恤之心焉，是其仁之與草木而爲一體也。」釋氏的慈悲戒殺與儒家仁者之自律心，道德心是相同的，這就是佛家與儒家相契之處。

佛家之修行主張漸修與頓悟。此二者形成南北兩宗派，以唐初六祖慧能與神秀爲主，前者主張頓悟，「菩提本無樹，明鏡亦非台，本來無一物，何處惹塵埃。」後者主張漸修，「身是菩提樹，心如明鏡台，時時勤拂拭，勿使惹塵埃。」《全齊文》卷二十劉虯〈無量義經序〉有「會理可漸」與「入空必頓」兩義。（《管錐編》頁 1293）這亦如同王畿（1497～1582）《龍谿先生全集》卷一〈天泉證道紀〉說王陽明自言「良知之學」於「上根人」爲「頓悟之學」，而「中根以下」之人須用「漸修功夫」這兩種行徑在釋儒之間，亦存有相同功夫義理。

佛家雖是嚴守身分，守持戒律，但佛門也有醜行，古今皆有之。周朗〈上書獻讜言〉（《全宋文》卷四八）云「自釋氏流教，其來有源。……復假揉醫術，託雜十數，延姝滿室，置酒俠堂，寄夫託妻者不無，殺子乞兒者繼有。」（《管錐編》頁 1318）這些聽來令人毛骨悚然，但古今咸有之。釋志磐《佛祖統紀》卷四十三「述有粵、蜀僧人公然蓄妻養子。寄夫託妻，僧資給俗人，以其妻爲

〔註77〕王陽明《王陽明全集》（臺北：河洛圖書出版社，1974），頁 470。

己外室，亦即以己之外遇託爲俗人之妻。」（《管錐編》頁 1319）此種佛門所戒的百般醜事，錢先生引述以爲論題，主要說明在於正道之上，長有旁門左道，倒行逆施，胡作非爲，惡逆上天，佛門清淨之心，蕩然無存。任何一種宗教或學派之中，貫行教義的過程，必有行徑歧異之人，造成正道中的怪異，佛教當然也會有，古今中外皆如是，近來佛門不也發生僧道淫亂之事麼？

說佛家之理來自道家之說，古人早有所論。「佛理出於道家言，乃唐宋儒者常談，不必多怪。」（《管錐編》頁 1533）錢先生論此點，引了以下的話。如朱子《朱子語類》卷六八、一二五，一二六反復言道士不知讀老莊書，反「『爲釋氏竊而用之』，佛書『大抵都是剽竊老子、列子意思』」、「列子語，佛氏多用之」、「列子言語多與佛經相類」、「佛家先偷列子」等等。又《全唐文》卷六三六李翱〈去佛齋論〉「佛所言者，列禦寇、莊周言之詳矣。」（《管錐編》頁 481）可見佛教的義理來於道家之說是唐宋儒所樂於敘述的。王世貞（1526～1590）《弇州山人續稿》卷一五六〈題笑道論〉「《老子化胡》諸經即見斥於《道藏》，不復見，而乃見之《佛藏》甄鸞〈笑道論〉中。」（《管錐編》頁 1533）陳澧《東塾讀書記》卷一二論「列子乃中國之佛。」以上引述在在顯示佛教義理來自道教之說。但佛教卻輕視道教，「釋教入華，初與道家依傍。蓋客作新旅，每結交家生先進之氣味相近者，所以得朋自固，逮夫豐羽可飛，遯心遂起，同道相謀變而爲同行相妒。始之喜其類己者，終則惡其彌近似而大亂眞。」（《管錐編》頁 1242）以上爲佛家輕視道家之喻。錢先生又論，「後世僧徒常嗤道士剽竊釋典之天神帝釋，換頭面而改名稱，如仿三寶而有三清，擬四金剛而有四天王之類。」這是佛家看不起道家，但事實上，如錢先生所下的定論說「然僧徒所言精怪，實又本諸道士之野語。」（《管錐編》頁 1336）

二、倫理思想分析

前面論及哲學思想分析，以道家思想爲主，並與儒、釋家互爲交叉比較，略析錢先生的哲學思維。這裏仍以錢先生評論《老子》作爲討論主題，來分析他的倫理思想。我們以爲就錢先生之情境看來，在政治氣候的壓迫下，他的心境大概有以下三種情況：一、憂患之情；二、痛心疾首之心；三、多病意倦之體。此三者盤繞在他心靈之中。〔註 78〕在文化大革命瘋狂的時代裏，

〔註78〕錢鍾書《管錐編》序文。（北京：中華書局，1991）

他能在多事之秋，努力不懈完成《管錐編》，他所借助的精神力量，我以為在《老子》一書多少可以看出端倪。知識份子對於政治體制之憂患之情是不可不有的，那時候他在下五七幹校磨練，學習工農兵的體驗，加上氣喘之病，有一段時間海外竟說他病逝〔註 79〕，身體之羸弱，固然可使他的意志受到打擊，加上他的女婿自殺，及惡鄰之抗對，這些痛心之事，不難看出他在人生哲學，尤其老學意境中，有所體悟。以下將分別嘗試用幾個課題，來討論他對倫理思想的觀點。

（一）無身與養生

「無」在老子哲學中是主要的課題，當然在無奈及危難病困中，總會反思這個肉體的存在，假若用《老子》第十三章「吾所以有大患者，為吾有身，及吾無身，吾有何患。」也就是這個肉體的患難怎樣處理的問題，王弼以為要「歸之自然也」就是退避、不張揚，錢先生取用了這哲理，使他在文革，及晚年多少排除一切之苦惱，婉拒一切邀請，均用「疾病纏身」做為婉謝的藉口。〔註 80〕這一道理他不僅在文革動亂中，用來迴避不必要的糾紛，同時，在改革開放後，海外有許多學校均邀請他擔任客座，想要拜訪他的人多如過江之鯽，他都謝客，這個哲理他也長期應用到己身上。他分析《老子》第十一章「三十輻，共一轂，當其無，有車之用。埏埴以為器，當其無，有器之用，鑿戶牖以為室，當其無，有室之用，故有之以為利，無之以為用。」這裏值得一提的乃「當其無有」連讀的討論。畢沅《道德經考異》主張無有二字連讀，引《周禮・考工記》鄭玄註「利轉者，以無有為用也。」（《管錐編》頁 424）；河上公《老子》註「無有謂空處」〔註 81〕故錢先生亦認為「蓋無有即無」，又說「河上公註無為空，竊謂中虛曰空，外曠亦曰空，此章蓋言中空，非言太空，觀器、室等例可見也。」（《管錐編》頁 424）我們不難體會老子這個無就是空，也就是因為「無」為「空」才會「有」，才能有「有」。王弼註「言無者，有之所以為利，皆賴無以為用。」河上公註「言虛空者，乃可用盛受萬物。」我們據此理說，亦可明瞭在文革中，多少人因不忍受打擊、侮

〔註 79〕夏志清〈追念錢鍾書先生〉，收入《人之文學》（臺北：純文學出版社，1977），頁 77～194。

〔註 80〕林耀椿〈從錢鍾書退的人生觀看錢學的發展〉《國文天地》9 卷 2 期（1993 年 7 月），頁 98～100。

〔註 81〕朱謙之《老子校釋》（臺北：里仁出版社，1985），頁 43。

辱、破壞，甚至於自盡了一生。若能體會此番道理，多少能避開批鬥的機會。錢先生總結說「蓋就本章論，老子祇戒人勿實諸所無，非教人盡空諸所有。當其無，方有有之用，亦即當其有，始有無之用。有無相生，而相需爲用，淮南所謂必因其所有，乃用其所無耳。」（《管錐編》頁 425）

　　既然這無涉及到空，亦即是把己身當成無。利用這己身的「無」用，使他能有所用。但這「無用」，錢先生分析依《全唐文》卷 803 李蹊〈廢莊論〉略云「無用之說有三，不可混而同一，有虛無之無用者，如老子埏埴鑿戶之說，其用在所無也；有有餘之無用者，則惠子側足之喻，其用必假於餘也。有不可用之無用者，苗之莠、粟之秕也。」（《管錐編》頁 426）這是無用之解析。錢先生必能體會這無字之妙處，他在《老子》第十三章更多詮釋，說了有三點：一者欲吾有身而又無患。二者於吾身損之又損，減有而使近無，則吾少患而或無所患。三者雖有身而不足爲吾患，能爲吾患者心也，身亦外物而已。（《管錐編》頁 427～430）而嚴又陵（復）評論老子〔註82〕第十三章云「此章乃楊朱爲我，莊周養生之所本。」既然是有身，故必保之，並且更要養生。老子於貴身、愛身，莊子於養生，都是很注意的，故老子於寡欲之道也常論及，「少私寡欲」（第十九章）、「聖人爲腹不爲目」（第十二章）、「禍莫大於不知足，疚莫大於欲得。」（第四十六章）、這些皆是要人無欲，無欲則可以養生。故第二點便論及戒欲。「禁欲苦行，都本此旨，心爲形役，性與物移，故明心保性者，以身爲入道進德之大障。憎厭形骸，甚於桎梏，克欲遏情，庶幾解脫。」（《管錐編》頁 428）又如第三章「不見可欲，使民心不亂。」、第十二章「五色令人目盲，五音令人耳聾，五味令人口爽。」這些論題皆在於戒欲養生。「男女爲人生大欲，修道者尤爲思塞源根除。」故佛經上所戒所述，甚至說人患淫而斷根自宮。《四十二章經》、《法句譬喻經》均載有人患欲不止，欲自斷根，佛曰「不如斷心」。即無身，虛空這心，使其無患纏身。第三點乃述既然有此身、此心、此念、此欲，便「不絕物而應物，不禁欲而恣欲，諸如目中有妓，心中無妓。」「佛在心頭留，酒肉穿腸過。」既然心中不能泯除欲望，克服心中之念才是重要的。從以上三點著眼，才是適當的養生之道。

　　因爲要無患即要無身，故要面對這身，便得禁欲使其養身，但也並非絕對禁欲，那樣或可能反害身，故惟適當的調節其欲，才能靜其心。這是錢先生的無身與養生之論。又如老子說：「江海所以能爲百谷王者，以其善下之，故能爲

〔註82〕嚴復《評點老子道德經》（臺北：廣文書局，1979），頁 11。

百谷之王。」（第六十六章），「我有三寶，持而保之，一曰慈，二曰儉，三曰不敢為天下先。」（第六十七章）「聖人後其身而身先，外其身而身存，非以其無私耶？故能成其私。」（第七章）錢先生在《幹校六記》小引中說「就像我本人慚愧自己是懦怯鬼，覺得這裏面有冤屈，卻沒有膽氣出頭抗議，至多只敢對運動不很積極參加。〔註83〕」這不積極參加便是「不敢為天下先」，處其下而不反抗。錢先生在那造反有理，無法無天的環境下，不得不處其下而避退。他甚明白，「為者敗之，執者失之。」（六十五章），「聖人無為，故無敗，無執，故無失。」（六十四章）；「自見者不明，自是者不彰，自伐者無功，自矜者無長。」（二十四章），這些老子無為，不矜之道理他自然了然於心。

　　錢先生在《管錐編》討論此課題除了用《老子》外，還有：

1. 《左傳》成公十年，「晉景公卒，杜註曰：巫以明術見殺，小臣以言夢自禍。」（《管錐編》頁206）此非闡明經、傳之旨，乃杜氏有感而發，即莊子〈人間世〉，〈山木〉兩篇所謂不材則得終天年之意，亦皆論述「無身」之理。

2. 《全上古三代秦漢三國六朝文》卷十六，彭祖〈養壽〉「服藥百過，不如獨臥」。養生之道在於戒欲戒色，錢先生每論及此課題，常能大加發揮舉例印證，時有妙舉，令人噴飯。他引《說郛》卷二十七〈三朝野史〉賈似道請包恢傳授延年益壽妙方，恢曰：「恢吃了五十年獨睡丸」。又顧況〈宜城放琴客歌〉「服藥不如獨自眠，從他更嫁一少年。」獨臥少欲以養生。均如《老子》十九章所說「少私寡欲。」（《管錐編》頁880）

3. 枚乘〈七發〉「蛾眉皓齒，命曰伐性之斧。」此乃論色欲之害。又引《韓詩外傳》卷九「嗜欲者，逐禍之馬也。」此伐性之斧乃女色也，又如孟郊〈偶作〉詩曰：「利劍不可近，美人不可親，利劍近傷手，美人近傷身。」又呂巖〈警世〉「二八佳人體似酥，腰間仗劍斬凡夫。」又引十七世紀法國名劇中人嘲笑老翁娶風騷女說「此乃操刀割己之頸，斷送自家性命。」（《管錐編》頁908）錢先生對於戒色討論甚多，下節再詳加討論。

4. 司馬相如〈美人賦〉「王曰：子不好色，何若孔墨乎？相如曰：古之避

〔註83〕楊絳《幹校六記》，收入《從丙午到流亡》（北京：中國青年出版社，2000），頁56。

色，孔墨之徒，聞齊饋女而遐逝，望朝歌而迴車，譬猶防火水中，避溺山隅，此乃未見其可欲，何以明不好色乎？」（《管錐編》頁914）此乃自好色而不敢近於色。這是禁欲之心，亦爲養生之道。《老子》第三章「不見可欲，使心不亂。」錢先生對於此段評斷云，「顧古來修身所主張，實謂人樂爲者多非善事，而事之善者每即人所惡爲，故人之所應爲當爲輒反於其欲爲願爲，甚且非其所能爲可爲。故人之所應爲當爲輒反於其欲爲願爲，甚且非其所能爲可爲。」（《管錐編》頁916）戒欲本是好事，人卻不能忍受欲望之引誘，而欲望之滿足往往非善事。人當克欲愼獨，本是好事，但人又往往勿爲。因此，錢先生以爲對於外界的引誘，爲使內心平靜，仍要能克欲愼獨。

（二）論女色

縱覽《管錐編》全書，其中以女色（性）爲論題的特別多。錢先生爲何花費如此氣力，每每論及無論女人之容貌、性情、情欲……都大加發揮。這種手筆令人嘆爲觀止，以女色論題做文學、哲學討論，自古至今，從未停止，「食色性也，」人之七情六欲總要發洩。錢先生在他著名的小說《圍城》中所寫各女性角色的演出，令人歷歷在目。把愛情婚姻當做圍城之喻，是錢先生之妙舉：「被圍困的城堡，城外的人想衝進去，城裏的人想逃出來。」眾生若知愛情，婚姻的眞諦是攝於此理，便會有所思索及顧念。不過小說中的女性有些人的模樣也眞令人畏懼三分，錢先生《圍城》中對女人之描繪，試舉如下：

1. Ed Springer 之愛情（Eros）演講，明白愛情跟性欲一胞雙生。（頁22）〔註84〕
2. 丈夫是女人的職業，沒有丈夫等於失業，所以該牢牢捧著飯碗。（頁46）
3. 女人原是天生的政治動物。（頁52）
4. 想來這是一切女人最可誇傲的時候，看兩個男人爲她爭鬥。（頁55）
5. 亦許一切男人都喜歡在陌生的女人前面浪費。（指請客吃飯）（頁70）
6. 現代人有兩個流行的信仰，第一女子無貌便是德，所以漂亮女人準比不上醜女人那樣有意思、有品節。（頁212）
7. 聽說女人戀愛經驗越多，對男人的魔力愈大，又聽說男人只肯娶一顆

〔註84〕以下引用《圍城》皆是臺北書林出版公司的版本，只註頁數。

心還是童貞純潔的女人。（頁 248）

8. 有雞鴨的地方糞多，有年輕女人的地方笑多。（頁 250）

9. 切忌對一個女人說另一個女人好。（頁 277）

10. 老實說，不管你跟誰結婚，結婚之後，你總發現你娶的不是原來的人，換了另外一個。（頁 348）

以上是從《圍城》錄出錢先生對女性之描繪，這些描寫並非詆毀，只是記他用諧趣筆法抒發出來，對女性的觀感及情境。他寫《圍城》的用意，只是在描繪男女之愛情及婚姻的不定性，當然題材上，他所駕馭的是他環境中的人、事、物等題材，用來調侃男女及愛情的假面，其中針對女人的描繪如同上引，我們總以為錢先生每提到女性話題，總會掉書袋刻畫淋漓盡致，同時，絲毫不留餘地，將女性之醜面、陰面、造作面表露無遺。或許他在年輕時，對於女性書籍，尤其是情欲著作特別有研究，像李洪岩《錢鍾書與近代學人》所描述「有一次曹禺見吳組緗進來，便偷偷對他說，你看錢鍾書坐在那裏，還不趕緊叫他給你開幾本英文淫書。結果錢先生竟然開了 40 幾本英文淫書的名字，還包括作者姓名與內容特徵。」可見他對這方面的知識相當豐富。〔註 85〕

《管錐編》所談十部書，他更是把各種女性論題，匯集在一起，同時，與西方文獻資料互為印證，來表示他對於女性論題的見解。以下分列幾項題目來討論。

1. 論男女之不平等

重男輕女在中國傳統的世俗眼中，是習以為常的。男尊女卑，《易‧大過》九二「枯楊生稊，老夫得其女妻，無不利。」而九五「枯楊生華，老婦得其士夫，無咎無譽。」前者所喻年老得少室可無往不利，後者卻得不到贊美，可見男女之不平等。古之 Ariosto 詩「許男放蕩而責女幽貞」、《詩‧衛風‧氓》「士之耽兮，猶可說也，女之耽兮，不可說也。」錢先生對於此重男輕女，批評說「是則學道修行，男期守身，而女須失身，一若與周公貽孽之女戒淫邪，男恣風流，大相逕庭者，而其實乃重男賤女之至盡也。蓋視女人身為男子行欲而設，故女而守貞，反負色債，女而縱淫，便有捨身捐軀諸功德。」（《管錐編》頁 26）世俗重男，可以在外為所欲為，女必閨房守貞，鄭玄箋前引《詩‧

〔註 85〕李洪岩《錢鍾書與近代學人》（天津：百花文藝出版社，1998），頁 33。。陳慶浩老師有次到南沙溝拜訪錢先生，閒談之間，錢先生向陳老師述及他目前正在讀《O 孃》這部情欲小說。

魏風‧氓》曰「說，解也，士有百行，可以功過相除，至於婦人，無外事，維以貞信爲節。」（《管錐編》頁 94）女子，卑賤不能外行。故愛情之事非能所主，貞節爲重。斯大爾夫人（Madame de Stael）言：「愛情於男衹是生涯中一段插話，而女則是生命之全書。」（《管錐編》頁 94）又白居易〈婦女苦〉所嘆「婦女一喪夫，如竹之折，而男兒若喪婦，則如柳之折，流俗視爲當然。男尊女卑之世，丈夫專口誅筆伐之權，故苛責女而恕論男。」（《管錐編》頁 1034）全是男女不平等之鳴。錢先生在《圍城》對於女性在家養孩子不可拋頭露面，描繪的淋漓盡致，又引來一場女權之爭，亦造成婚姻的震盪。男女主角的爭吵及對於男主外女主內的抗爭，形成婚姻的不確定性，及夫婦之間的對抗。以上論述對男女的引例，均可見作者對女性諷世的偏見。

2. 論男女容貌

錢先生寫女人在容貌上費功夫的心理，我們在他的《寫在人生邊上》一書或可窺得。他說：「譬如中年女人，姿色退減，化妝不好，自然減少交際，甘心做正經家庭主婦，並且覺得少年女子的打扮妖形怪狀，看不入眼。」〔註86〕又「譬如一個近三十歲的女人，對於十九八歲女孩子的相貌，還肯說好，對於二十三歲的少女們，就批判得不留情面了。」這是女人對於容貌在意之心理，所以女人打扮費時全是正當行爲，錢先生引用了莎士比亞調侃女人的話說「王子漢姆雷德罵他未婚妻的話，女子化妝打扮，也是愛面子而不要臉。」（God has given thou one face but you make you-self another）這眞是一針見血。〔註87〕錢先生在各書中對於女人容貌，如在《詩經‧碩人》「手如柔荑，膚如凝脂，領如蝤蠐，齒如瓠犀，螓首蛾眉，巧笑倩兮，美目盼兮。」又《楚辭‧招魂》「蛾眉曼睞，目騰光些，靡顏膩理，遺視綿些。……娭光眇視，目曾波些。」（《管錐編》頁 92）每每加以評騭。同樣描繪女人的容顏的作品，繪聲繪影，舉手投足，引人遐思，如〈鄭風‧有女同車〉「顏如舜華」、「顏如舜英」，舜花乃木槿花。均喻女人之容貌非長久青春貌美。謝肇淛（1527～1624）《五雜組》卷十說「《詩》『有女同車，顏如舜華』舜，木槿也，朝開暮落。婦人容色之易衰，若此詩之寄興，微而婉矣。」〔註88〕又如〈陳風‧澤陂〉「有美一人，碩大且卷」，錢先生以爲女人碩大才顯得華貴美麗，如唐宋畫仕女及唐墓中女俑面頰重頤豐碩，

〔註86〕錢鍾書《寫在人生邊上》（臺北：書林出版有限公司，），頁 37。
〔註87〕錢鍾書《寫在人生邊上》（臺北：書林出版有限公司，），頁 40。
〔註88〕謝肇淛《五雜組》下冊（北京：中華書局，1959），頁 293。

如永樂宮壁畫，韓熙載夜宴圖等。〔註89〕美人之貌，各有所見，如徐文長〈眼而媚〉說的「粉肥雪重，燕趙秦蛾」又《史記‧呂不韋列傳》「因使其姊說華陽夫人曰：吾聞之，以色事人者，色衰而愛弛。」這是用容貌來取媚男人之技倆。所以李白「昔日芙蓉花，今成斷根草，以色事他人，能得幾時好。」（《管錐編》頁 325）以上僅引幾段來說明女人的容貌。錢先生對女人之容貌及生性平時的描繪，已見前面引用《圍城》各段。《圍城》那一位汪處厚的太太，容貌出眾，趙新楣有回與她散步，被她先生及大學校長高松年抓到，這個女人哈哈大笑，說趙新楣的膽子只有芥荣這麼大，而且直嚷「高校長，你何必來助興，吃醋沒有你的份兒！」錢先生在描繪這女人之容貌，文字是「骨肉停勻」，使得三閭大學這些男眾癡癡妄想，個個垂涎，連校長高松年亦是其中一位，這樣描繪女人容貌，尤其在不同場合中，更顯得錢先生妙筆生花，令人拍案叫絕。

3. 女人的愛情描繪

男女愛情故事總是纏綿悱惻，有之甜甜蜜蜜，廢寢忘食，待與佳人相會〔註90〕，有之卻生離死別，各在天一方。把男女兩性撮合在一起，又會形成另一個天地。不過兩性之結合，有時亦往往各持己見，而不能成圓。錢先生引張雲璈〈相見詞〉「見多情易厭，見少情易變，但得長相思，便是長相見」（《管錐編》頁326）這是說男女愛情的不定性。唐君毅對於男女之愛情相當著重，寫了一部《愛情之福音》〔註91〕，他用倫理學的角度來闡述男女之愛情，他曾說「所以男女會相求，實際上不是男求女，也不是女求男，卻是那被割裂剖分的宇宙靈魂，要恢復他自己，要把被割出的兩部份，重新合一起來，要使男女兩方一齊還歸於宇宙靈魂之自體。」〔註92〕這種男女結合便是柏拉圖在《理想國》的大圓之理想情境。

在《詩經‧七月》「春日遲遲，采蘩祁祁，女心傷悲，殆及公子同歸。」這是因氣候所造成的女人之感傷，更有因物而引起的，《詩經‧杕杜》「卉木萋止，女心悲止，征夫歸止。」（《管錐編》頁 137）如同王昌齡〈閨怨〉「忽

〔註89〕　《永樂宮壁畫全集》（天津：人民美術出版社，1997）；又顧閎中的韓熙載夜宴圖，壁畫上及圖中的美人可以為證。

〔註90〕　近讀兩部日記，主人吳宓與毛彥文，又常任俠與日本妻子前野元子。日記中日夜相思，令人動容。《吳宓日記》（北京：三聯書店，1998）；常任俠《戰雲紀事》（深圳：海天出版社，1999）。

〔註91〕　唐君毅《愛情的福音》（臺北：正中書局，1984）。

〔註92〕　唐君毅《愛情的福音》（臺北：正中書局，1984），頁 18。

見陌頭楊柳色，悔教夫婿覓封侯」，這又是女人睹物思愛人之情形。有時女人的驕縱，令人高不可攀，也使男女愛情故事更加哀怨動人。但有的女人因醜陋而無人親好，在《焦氏易林·〈無妄〉之〈豫〉》「東家中女，嫫母最醜，三十無室，媒伯勞苦。」，錢先生於此類性質的情況闡述說「男高攀不得，尚可不娶，女高攀不可得，輒須下嫁。蓋世情患女之無家急於患男之無室也。」（《管錐編》頁 570）錢先生這段話在這時代似乎很不相宜，不過對於醜婦無夫家之描繪也是有點過火，他又舉《易林·〈渙〉之〈蠱〉》將醜婦「獨宿憎夜，嫫母畏晝」，說「然醜婦既畏白晝矣，復以厭獨宿而憎玄夜，則宇宙間安得有非晝非夜，不晦不明之時日哉？」（《管錐編》頁 570～571）錢先生對於男女三角戀情，又有一個譬喻，他稱爲「鵝籠境地」，他引一段「法國一小名家作詩歡風愛花，花愛蝴蝶，蝴蝶愛蔚藍天，蔚藍天愛星，星愛大海，大海愛崖石，作浪頻吻之，而石漠然無動。」這段引述用來喻男女三角戀情頗爲生動。（《管錐編》頁 767）

4. 女人之妒

《全漢文》卷十九鄒陽〈上書獄中自明〉「故女無美惡，入宮見妒，士無賢不肖，入朝見嫉。」這是女人在宮中各顯神通以求恩寵，大臣在朝廷亦是如此。「蓋謂女之遭妒，緣其能親君而承寵，非緣其美，士之被嫉，緣其能面君而受知，非緣其賢。」（《管錐編》頁 901）又《易經·睽》「二女同居，其志不同行」，《易經·革》「兩女共室，其心不相得。」，《焦氏易林·大過之謙》「瓜芭匏實，百女共室，芳醴不熟，未有配合。」《焦氏易林·豐之損》「兩女共室，心不聊食，首髮如蓬，憂常在中。」以上之引述皆說明女人妒嫉心所造成的後果，這是從反面來看女人妒心之情形。但朱子卻以爲「嘗嘗論之，以爲妒忌之禍固足以破家滅國，而不妒忌之美未足以建極興邦也。」（《管錐編》頁 1324）這是朱子從正面來論述妒女。謝肇淛《五雜俎》卷八〔註93〕，引了十條例子來闡述妒女的事例。茲僅列三條如下。

> （1）人有爲妒婦解嘲者曰：士君子情欲無節，得一嚴婦約束之，亦動
>   心忍性之一端也。故諺有曰到老方知妒婦功。
> （2）凡婦人女子之性，無一佳者。妒也，懫也，拗也。嬾也，拙也，
>   愚也，醋也，易怒也，多疑也，輕信也，瑣屑也，忌諱也，好鬼

〔註93〕謝肇淛《五雜俎》（北京：中華書局 1959），頁 207～237。

也，溺愛也，而其中妒爲最甚。故婦人一不妒，足以掩百拙。

（3）汪氏姊妹五人，兇妒惡，人稱五虎。有宅素兇，人不敢處，五虎聞之，笑曰：安有是！入夜，持刀獨處中堂，至旦帖然，不聞鬼魅。夫妒婦，鬼物猶畏之，而況於人乎！

俞正燮（1775～1840）《癸巳類稿》卷十三〈妒非女人惡德論〉更詳賅論之。他一開頭便點出女人妒嫉並非完全是惡事，「妒在士君子爲惡德，謂女人妒爲惡德者，非通論也。」〔註94〕這論調與前面謝肇淛所引之例相同的看法，是從正面來看嫉妒的女人，並非惡德。洪亮吉《北江詩話》卷三說「老健方知妒婦賢。」又張萱《疑耀》卷二論「妒婦乃養心之資。」（《管錐編》頁1325）亦是相同之論。以上所論說明妒婦之妒並非全是惡德，一事或可兩面權論。弔詭之例，多難辯解，妒婦是善或惡從不同立場各有定論。

5. 戒女色

女色在《管錐編》多所論及。前已提及女人之容貌、男女不平等，男女的情欲及女人的妒心，妒嫉更是情欲種種因素之所使然。《戰國策・楚策》「婦女所以事夫者色也，而妒者其情也」。女人均因爲情欲而起妒心，故《女仙外史》第十四回說「女子而妒，則天下有色者皆遭其陷。」（《管錐編》頁1327）關於情欲之述，《易經・姤》「姤，女壯，勿用取女。……初六，……羸豕孚蹢躅」故《正義》說「此女壯甚，淫壯若此，不可與之長久。」（《管錐編》頁27）錢先生以爲用豬擬示淫欲也，今人每以好色之男爲豬哥，是有所由。寒山詩曰「世有一等愚，……貪淫狀若豬。」男女幽會最憎雞鳴聲，《詩經・女曰雞鳴》：「女曰雞鳴，士曰昧旦」，《開元天寶遺事》劉國容〈與郭昭述書〉「歡寢方濃，恨雞聲之斷愛，恩憐未洽，歎馬足以無情。」（《管錐編》頁104）雞鳴礙事，錢先生更調侃男女情愛，引了十七世紀法國詩人作犬塚銘，稱盜來則吠，故主人愛之，外遇來則不作聲，故主婦愛之，引來令人噴飯。（《管錐編》頁76）

人之七情六欲難以抑制，孔子曰：「君子有三戒，少之時，血氣未定，戒之在色。」（《論語・季氏》）《孟子・告子上》「食色性也。」《老子》第二十九章「聖人去甚、去奢、去泰。」河上公註「甚爲貪淫聲音」。既然情欲是人之大欲，要強制它戒欲亦難矣，孔子苦口婆心的勸戒，佛家戒律戒淫，如寒山詩所說。無論佛、道、儒對於戒女色皆有所論，《老子》第三章「不

〔註94〕俞正燮《癸巳類稿》（臺北：世界書局，1960），頁495。

見可欲，使民心不亂。」又第十二章「五色令人目盲，五音令人耳聾，五味令人口爽，馳騁畋獵，令人心發狂。」第十九章「少私寡欲」，勸人寡欲勿近女色。《左傳》昭公元年「醫和曰：疾不可爲也。是爲近女室，疾如蠱，非鬼非食，惑以喪志。」佛經《四十二章經》、《法句譬喻經》均載有人患淫不止，欲自斷根。佛曰：「不如斷心」（《管錐編》頁 430）彭祖〈養壽〉「服藥百過，不如獨臥。」人欲長命百壽，養生之道在於戒欲，亦如老子所說少私寡欲，《說郛》卷九羅點〈聞見錄〉記一老翁納二妾，友人戲弄說以二妾名曰忠奴、孝奴，「謂孝當竭力，忠則盡命」。讀來令人捧腹大笑。（《管錐編》頁 880）又《全晉文》卷五十二傅咸〈答楊濟書〉「衛公云：酒色之殺人，此甚於作直。」「作直」謂以鯁直取禍，但全篇立意，不外是在描繪色欲傷生，勸人勿近女色以保身。

　　錢先生在《管錐編》每有相似主題，便引來評騭，時有妙語，更有調侃，不屑之引言，對於女性之評論，亦不顧及女權平等，時有貶詞，其妙筆從《圍城》小說到《管錐編》對於女性課題，有他個人主見，前者議論來自他在大學及留學所思的創作，女性形象各式各樣皆有，也顯現四十年代十里洋場之上海社會女性的姿態，百媚叢生，皆被錢先生塑造出來。《管錐編》的寫作時期是文革，在暗無天日文化大革命中，成天只有批鬥，對於男女之事，很難與十里洋場相比擬，錢先生爬梳古籍，每遇女性形象，無論容貌、情欲、妒嫉、男女相戀之事例也都記入，加以考評及闡述。這是《管錐編》相當特別的一個題目。

（三）論生死

　　錢先生面對生死問題，我們從著作或可感受到，他在《圍城》序中說「這本書整整寫了兩年，兩年裏憂世傷生，屢想中止。」又《談藝錄》序中說「《談藝錄》一卷，雖賞析之作，而實憂患之書也。」這二種著作，皆是對日抗戰如火如荼、民不聊生，暗無天日的環境下完成的。《管錐編》也是在文化大革命中陸續完成的，當時他又面臨惡鄰的不友善，加上下放五七幹校及他的女婿自殺，這一連串的人生悲劇皆落在他身上，故見到人世間的悲涼、淒愴，與惡鄰爭執打架之事，至今又被人拿出來抄熱，這樣面臨死亡艱困之生活，可是他卻離開人世間。他似乎從抗戰到文革都有深刻的體驗。1976 年間夏志清（1921～）訛聽了海外傳言，寫了一篇〈追念錢鍾書先生〉〔註 95〕的悼念

────────

〔註95〕夏志清〈追念錢鍾書先生〉，收入《人的文學》（臺北：純文學出版社，1977），

文章，加上日本荒井健（1929～）爲了悼念錢先生而翻譯了《圍城》〔註96〕這些以訛傳訛的事，後來也引起當事人的抱歉。他說「在我故鄉，舊日有個迷信，錯報某人死了，反而使他延年益壽。說凶就是吉，原屬於古老而又普遍的民間傳說，按照這種頗有辯證法意味的迷信，不確的死訊對當事人正是可賀的喜訊。」〔註97〕文化大革命中，文人被逼死的相當多，難以數計，錢先生的老友傅雷、老舍、吳辰伯、陳夢家……比比皆是含冤被鬥，或不忍能辱而自殺。這些爭鬥之情境，難以用平靜的心去面對及反駁。錢先生面對多少可惡之事皆用「默存」的態度去應付它，「覺得這裏面冤屈，卻沒有膽氣去抗議」這股面對死亡之降臨，苟且偷生的生活，反而增強他對於生命的熱愛，便更加積極努力。他引了明人余繼登《典故紀聞》卷四說「每旦，星存而出，日入而休，慮患防危，如履淵冰，苟非有疾，不敢怠惰，以此自持，猶恐不及。」〔註98〕這是他治學的精神。

　　《管錐編》處理生死之問題，我們似乎也見到他影射事物及悲愴處。《楚辭・遠遊》「惟天地之無窮兮，哀人生之長勤，往者余弗及兮，來者吾不聞。」對於人生之長而悲愴，他自己似乎也感同身受。文革中他是學術反動權威，遭受到批判，這樣對於學術界知識份子的侮辱，他「忍辱偷生」，不像傅雷走上黃泉路，他說「屈子則異撰，不言短而反言長，已出意外。然長者非生命而爲勤苦，一若命短不在言下者。又命既短而勤卻長，蓋視天地則人生甚促，而就人論，生有限而身有待，形役心勞，仔肩難息，無時不在勤苦之中，自有長夜漫漫，長途僕僕之感，語含正反而觀兼主客焉。」（《管錐編》頁622）悲愴人生之窮盡，對於先人及來者皆未見，故有悽悽的感受。《莊子・人間世》「楚狂接輿歌，『來世不可待，往世不可追。』」《尉繚子・治本》「往世不可及，來世不可待，求己者也。」陳子昂〈登幽州臺歌〉「前不見古人，後不見來者，念天地之悠悠，獨愴然而涕下。」（《管錐編》頁623）這種對生死，及先人、未來者不能親見的感受，錢先生是有所感慨的。前文我們已提到他對於生命之積極、戮力沒有絲毫放棄，他在評論《列子・天瑞》中引述榮啓期的話說：「天生萬物，唯人爲貴，而吾得爲人，是一樂也。……男尊女卑，……

頁177～194。

〔註96〕羅俞君編《錢鍾書散文》（杭州：浙江文藝出版社，1997），頁445。

〔註97〕羅俞君編《錢鍾書散文》（杭州：浙江文藝出版社，1997），頁445。

〔註98〕鄭土生〈英辭潤金石　高義薄雲天〉，收入《記錢鍾書先生》（大連：大連出版社，1995）

吾既得爲男矣,是二樂矣。人生有不見日月,不免襁褓者,吾既已行年九十矣,是三樂也。」(《管錐編》頁 477)這種對於生命之樂觀及進取,或以爲生爲人之珍貴,希臘哲人泰理斯(Thales)說「吾有三福,吾生得爲人而不爲畜,是一福也,得爲男而不爲女,是二福也,得爲希臘上國之民而不爲蠻夷,是三福也。」(《管錐編》頁 478)。正是與前引榮啓期三樂相似之感受。對於人生的艱難,陶淵明在〈自祭文〉已感歎說「嗚呼哀哉!茫茫大塊,悠悠高旻,是生萬物,余得爲人,自余爲人,逢運之貧。……人生實難,死如之何!嗚呼哀哉!」〔註99〕又〈挽歌詩〉「有生必有死,早終非命促,作暮同爲人,今旦在鬼錄。」〔註100〕王僧孺〈初夜文〉「殊不知命均脆草,身爲苦器,何異犬羊之趣屠肆,麋鹿之人膳廚。」又《抱朴子》內篇〈勤求〉說「里語有之,人在世間,日失一日,如牽牛羊,以詣屠所,每進一步,而去死轉近。」與古羅馬哲人云「吾人每日生正亦逐日死,生命隨日而減,其盈即其縮也。」又但丁:「人一生即向死而趨。」(《管錐編》頁 1438〜1439)海德格(M.Heidegger,1889〜1976)也如此說過。古詩云:「生命即息息相續之死亡。」(《管錐編》頁 477)這些對於生爲人之珍貴及邁向死亡,中西方哲理書中常有論及。西方存在主義(Existentialism)對於生命的討論相當熱烈,齊克果(S.A.Kierkegarrd,1813〜1855)曾引了一個例子,讓我們感受到人對於生命之無奈,他說:

> 一個沉醉的農夫,睡在馬車上,讓群馬拉著向熟習的路上前行,他
> 雖然手執韁繩,像是個御者,但我們亦可說他並不是個御者。因此,
> 有許多人像是活著,但同時卻不存在著。〔註101〕

這是存在主義者對於死亡的一種無奈的表達,就如同齊克果所說那個農夫。存在主義哲學家沙特(J.P.Sartre 1905〜1980)在《嘔吐》中說:「如果你在鏡子裏看見自己看得太久,你會看到一隻猴子」。〔註102〕這一隻猴子是人自揉而成的,也因此他說「我們根本沒有,沒有,絕對沒有什麼理由存在。」〔註103〕這便可看到存在主義的把柄,一再說明存在似無意義,對於生命根本不重視,

---

〔註99〕陶淵明〈自祭文〉《陶淵明集》(臺北:里仁出版社,1985),頁 197。
〔註100〕陶淵明〈自祭文〉《陶淵明集》(臺北:里仁出版社,1985),頁 141。
〔註101〕陳鼓應〈存在主義簡介〉,收入陳鼓應編《存在主義》(臺北:臺灣商務印書館,1967),頁 6。
〔註102〕沙特《嘔吐》(臺北:遠景出版公司,1981),頁 24。
〔註103〕沙特《嘔吐》(臺北:遠景出版公司,1981),頁 160。

不珍惜，因此，是無奈、荒謬、痛苦，這一切皆是他們自己在作孽。杜斯妥也夫斯基也說「我生命極其幽暗，騷動，比野獸更爲孤獨。」〔註104〕又說「我是個懦夫，是個奴隸。」這樣自嘲、自責之經過，亦造成孤獨之媒介。孤獨是因爲他對於生命之不能肯定，由於內心積壓、空無、與焦慮不安所致。沙特無奈說：「我感到極端之孤獨，我想自殺。」〔註105〕如此荒謬無知，全都是鏡中的人〔註106〕自作孽，卡繆《異鄉人》之主角不亦是如此糊塗殺人麼？這一切鏡中人都給生命否定、消極意義，所以沙特說：「如果你願意給生命一個意義，生命便有一個意義。」〔註107〕鏡中的人完完全全皆在自己裝飾，你願意照出一隻猴子就是猴子，你願意怎樣便怎樣。存在主義到底是荒謬的或是正面健康、反省的思想呢？假若在小說中情節描述世人之荒謬、焦慮不安、虛無、頹喪、墮落，那末我們可反過來自我反省，拋除這一切之無知，自覺的朗現在深淵中超拔出來，從地下室走出來，迎向陽光。如同卡繆《西薛佛斯神話》在推往山上之石頭，不因再滾下而奮力向前。沙特在《存在主義是人文主義》引笛卡爾的話說：「征服你自己比征服世界更重要。」〔註108〕從以上討論，既知生而爲人的幸福，又對存在主義關於死亡的意見有所瞭解。都可見生死之課題在中西方的重要。錢先生歷經抗戰艱難之環境及文化大革命對於知識份子的批鬥，深令他對過去及未來的悲愴，感觸甚深。他在晚年更加以「退」的心境來應付外界的一切酬對，而「病忘」之心態亦即尼采（F.W.Nietzsche，1693～1765）說的「善忘爲至樂之本」，也就是鄭板橋「難得糊塗」，亦即嚴復評《老子》第二十章之駝鳥政策，無知即是福（Ignorance is bliss），用這諸般境界來面對外界，是對生死之另一種詮釋心境。（《管錐編》頁 497～498）

（四）論禍福

這一段主要陳述老子哲學對於錢先生行爲的影響。《管錐編》在討論《老子》五十八章時，很深刻的表示他的見解，也可從而深入了解文化大革命之禍害，

〔註104〕杜斯妥也夫斯基《地下室手記》（臺北：遠景出版公司，1982），頁 59。

〔註105〕沙特《嘔吐》（臺北：遠景出版公司，1981），頁 166。

〔註106〕沙特小說《嘔吐》，時時提到鏡子，鏡中的人，白爲白、美爲美、醜爲醜、皆已顯現其中，爲人者自作孽，每每扭曲自己，僞造自己，哀嘆人生種種，以致生活荒謬、頹喪、墮落。

〔註107〕沙特《嘔吐》（臺北：遠景出版公司，1981），頁 160。

〔註108〕陳鼓應編《存在主義》（臺灣：臺灣商務印書館，1982），頁 300。

和對於知識份子的警戒及反省。《老子》五十八章「禍兮福之所倚，福兮禍之伏。」這個正反相成的道理，看似很容易瞭解，可是在行動上就有點困難。《淮南子‧人間訓》「夫禍之來也，人自生之，福之來也，人自成之。禍與福同門，利與害爲鄰，非神聖人，莫之能分。」〔註109〕又《淮南子》所引塞翁失馬焉知非福之利，令人感受，人、事、物在變化中，可是誰能體察到福與禍之間的相輔相成之妙。錢先生以爲「禍兮福倚」也是西人所謂「化裝之賜福」（blessings in disguise），老子對於這種相反相成的道理，計有以下諸章：

> 「持而盈之，不如其已。揣而銳之，不可長保。金玉滿堂，莫之能守。富貴而驕，自遺其咎。功遂身退，天之道。」（第九章）

> 「太上下知有之，其次親而譽之，其次畏之，其次侮之。信不足焉，有不信焉。悠兮其貴言，功成事遂，百姓皆謂我自然。」（第十七章）

> 「曲則全，枉則直，窪則盈，弊則新，少則得，多則惑，是以聖人抱一爲天下式。不自見，故明，不自是故彰，不自伐故有功，不自矜故長。夫唯不爭，故天下莫能與之爭。古之所謂曲則全者，豈虛言哉，誠全而歸之。」（第二十二章）

> 「其政悶悶，其民淳淳。其政察察，其民缺缺。禍兮福之所倚，福兮禍之所伏，孰知其極。其爲正，正復爲奇，善復爲妖。人之迷，其日固久。」（第五十八章）

這些道理皆使人戒之於心，深深體會禍福相倚的哲理。賈誼〈鵬鳥賦〉「禍兮福所倚，福兮禍所伏，憂喜聚門兮，吉凶同域。」〔註110〕試觀當年連韓戰大元帥彭德懷皆遭毛澤東的批鬥，引來一連串的禍害。錢先生閱歷既深，在四九年之後，看到一些文人一一轉行，沈從文（1902～1988）不再創作小說，改習中國服飾研究，陳夢家放棄新詩創作，專研究甲骨文，比比皆是。錢先生之《百合心》小說的稿子也可能在文革動亂中僞稱丟掉了。這稿子或許還在人世間〔註111〕。四九年之後，從時間上說，1955、1967、1977 這三年，人事上胡風（1902～1985）、周揚、姚文元三人之位置變換〔註112〕，物

〔註109〕劉文典注《淮南子》（北京：中華書局），頁 587。

〔註110〕《全漢賦》（北京：北京大學出版社，1993），頁 2

〔註111〕夏志清〈錢氏未完稿《百合心》遺落何方〉，《明報月刊》（1999 年 2 月號，頁 25）夏志清便懷疑此稿並沒有丟掉，有可能還在楊絳手上。

〔註112〕李輝《胡風集團冤案始末》（南昌：人民日報出版社，1989）

換星移是五七年反右運動開始，錢先生也開始受到批判，文革又遭到批鬥，這些經過使他身心疲憊，《管錐編》有一段話可窺見他心情的悲愴與哀傷：「人情樂極生悲，自屬尋常，悲極生樂，斯境罕證。悲哀充盡而漸殺，苦痛積久而相習，或刻意繕性，觀空作達，排遣譬解，冀能身如木槁，心似石頑。忘悲減痛則有之，生歡變喜猶未許在。轉樂成悲，古來慣道。」（《管錐編》頁884）這段話，他由衷心而發，苦痛、悲傷皆在文革感受到。五七幹校雖然沒有多大的皮肉之痛，但在心靈精神中的衝擊仍是很大的，加上遇上惡鄰及女婿自殺的悲慟，這些悲愴鳩集在一起，也使他將隱痛，指桑罵槐的表示出來。齊白石喜畫蟹橫行，畫面生動，令人駐足而觀，錢先生引了徐文長自題畫蟹詩（見孫之騄《蟹錄》），即隱「看汝橫行到幾時」（《管錐編》頁463）。這種內心苦悶一衝而出，他對於無知紅衛兵的暴行，無法無天，令人髮指。對這個運動的推動者，無論是毛、或是四人幫，只有用「看汝橫行到幾時」來抗議罷了。

三、文字訓詁及其他

（一）文　字

　　錢先生對於語言文字之訓練是源於家學，錢基博在《古籍舉要》序中記與諸兒論及朱一新《無邪堂答問》與陳澧《東塾讀書記》可相互配讀，「儻學者先讀陳《記》以端其嚮，繼之《答問》以博其趣，庶於學問有從入之途，不為拘虛門戶之見。兒子鍾書因言，《答問》與陳《記》同一兼綜漢、宋，若論識議閎通，文筆犀利，則陳《記》遠不如《答問》。」兩人一來一往爭論不休。這一年（1930 年）錢先生為清華大學二年級的學生，渠尊翁自小諄諄教導，傳統學問已有紮實的功夫。文字的訓練是必要且重要的，錢基博在《經學通志》「夫六經孔孟之書以載道，所以明道者辭也，所以成辭者字也。學者當由字以通其辭，由辭以通其道。」〔註 113〕錢大昕在《經籍纂詁》序中說「有文字而後有訓詁，有訓詁而後有義理。訓詁者，義理所由出，非別有義理出於訓詁之外者也！」〔註 114〕戴東原說「求其一經，啟而讀之，茫茫然無覺，尋思之久，計於心日，經之至者道也，所以明道者其詞也，所以成詞者字也。由字以通其詞，由詞以通其道，必有漸。求所謂字，考諸篆書，得許氏《說文解字》，三年知其節目，

〔註 113〕錢基博《經學通志》（臺北：中華書局，1978），頁 216。
〔註 114〕《經籍纂詁》（北京：中華書局，1982），頁 1。

漸睹古聖人制作本始。」〔註115〕可見文字之先之要，是傳統中國學問中，不可或缺的一門學問。故錢先生說「乾嘉樸學教人，必知字之詁，而後識句之意，識句之意，而後通全篇之義，進而窺全書之指。(《管錐編》頁 171) 又說「語言文字爲人生日用之所必須，著書立說尤寓託焉而不得須臾或離者也，顧求全責善，嘖有煩言。」(《管錐編》頁 406) 別人記錄，也有人說及錢先生注重文字學的故事。潘小松與北京中國社會科學研究院文學研究所鄭永曉同室，有一次潘問鄭永曉說：社科院最有資格招研究生者當推錢先生，何故他不招？「鄭君答曰：錢先生有言，先把《說文解字》讀通了，再考研究生不遲。字都認不全，讀什麼博士？」〔註 116〕以上之徵引可明見錢先生對於文字學之注重及見解，因爲這是傳統學問最基本的功夫。《管錐編》討論文字部份每每出現，如《老子》第七十二章「夫唯不厭，是以不厭。」錢先生說「案此又一字雙關兩意，上厭乃厭（壓）足之厭，……下厭乃厭惡之厭。」錢先生此意乃依王弼之注，前厭字，王弼註「不自厭。」後厭字，王氏注「不自厭，是以天下莫之厭。」(《管錐編》頁 459) 此二字眾人頗有不同之意見。〔註 117〕這裏顯現錢先生對於文字的詮釋的精湛，使本義更能貫通全文。這也是帛書老子及郭店楚簡在文字釐定的困難之處。文字解釋之難，除了形之外，更要使字義更爲周全。如這章前一厭字當滿足，後一厭字便可解爲厭惡。這如同黑格爾說「意見者，己見也。」這種討論，錢先生也常舉經、子之例，反複論證。如《公孫龍子‧指物論》「物莫非指，指非指。」；《淮南子‧精神訓》「能知一則無一之不知也，不能知一，則無一之能知也。」高誘註：「上一，道也。下一，物也。」(《管錐編》頁 460) 對這些問題的討論，除了文字外，更涉及訓詁的解釋及修辭的問題。所以錢先生說「說者見經、子古籍，便端肅莊敬，鞠躬屏息，渾不省其亦有文

〔註115〕戴震《戴震全集》〈與是仲明論學書〉第五冊 (北京：清華大學出版社，1997)，頁 2587。

〔註116〕潘小松〈錢鍾書先生軼聞〉收入牟曉明，范旭侖編《記錢鍾書》(大連：大連出版社，1995)，頁 112。

〔註117〕錢先生說法與魏源近。魏源說「若夫不狎則不厭，我不厭誰得而厭之。」見魏源《老子本義》(臺北：臺灣商務印書館，1968)，頁 85。劉殿爵 (D. C. Lau) 譯爲「it is because you do not press down on them that they will not weary of the burden.」見 Lao Tzu：Tao Te Cing, The Chinese University Press Hong Kong, 1982.：陳鼓應註爲「上厭，壓也。下厭，惡也。」見《老子今註今譯及評介》(臺北：臺灣商務印書館，1985)，頁 220。朱謙之註文上厭字爲壓榨人民，下厭字爲人民厭惡。《老子校釋》(臺北：里仁書局，1985)，頁 285。

字遊戲三昧耳。」（《管錐編》頁 461）錢先生對於這方面的知識頗多，他說的文字之遊戲，這裏便可舉一例，以明其論。他在《全後漢文》引馬融〈樗蒲賦〉「精誠一叫，十盧九雉」（《管錐編》頁 984），考證此「十盧九雉」應是「凡雉入盧」之誤，因汪容甫在〈說三九〉說「十不可以爲數，故九者數之終也。」「實數，可稽也，虛數，不可執也。」〔註118〕這些話對以上之校證有其可參之處。錢先生更引了「合兩虛數以示多，多，都之意者，慣式有三」一、兩數相等。如「百戰百勝」、「一步一腳印」。二、後數少於前數。如「十拿九穩」，誇九之多，非負面之意。三、後數多於前數，如「一猜兩著」。以上之舉例，足見先生對於文字及校讎學上之智慧。《管錐編》的《全後漢文》卷十五，論及〈桓子新論・辨惑〉第十三：「道人作金銀云：鈆字，金與公，鈆則金之公；而銀者，金之昆弟也。」（《管錐編》頁 977）此段主要在闡釋文字學會意字望文生義的弊病。這種見解更與讖緯之行，相輔而生。故錢先生批評說；「此道人乃據字體之偏旁立論，望文而臆生義，又取義而臆變文，盡廢六書之形聲、指事、象形，而專用會意，於是鑿空之曲解與破體之俗字，相輔而生，因讖緯而大行。」（《管錐編》頁 977 這就造成俗字。俞正燮在《癸巳存稿》卷三〈書難字後〉一文，暢引了諸難字，俞氏說「金山曹君同福，宛平王君堂，同集字一冊，題曰：難字，皆取之學堂字書，欲持以難塾師者，余覽之多不識，審視之則十九誤字也。」〔註 119〕可見這些俗字皆有待商榷。如王安石《字說》「一而大者天也，二而小者示也。」（《管錐編》頁 977）俞氏又引「士心爲志，齊心爲齋，立心如一日爲恒，自大爲臭。」……等等。俞氏說「自唐以來如此，觀書不可不愼也。」關於諧聲字之論，沈括《夢溪筆談》卷十四說「王聖美，治子學，演其義爲右文。古之字書皆從左文，凡字其類在其左，其義在其右。如木類其左皆從木。所謂右文者，如戔，小也。水之小者，曰淺，金之小者曰錢，歹而小者曰殘，見之小者曰賤，如此之類，皆以戔爲義也。」〔註120〕又劉師培《左盦集》卷四〈字義起於字音說〉「字義起於字音，楊泉物理論述取字，已著其端，迄於宋代，若王觀國、張世南、王聖美均標斯旨。」〔註121〕這些說法「實則祇是王安石說字之推波引緒」（《管錐編》頁979），也就是說順從王安石解字主會意之說法。

〔註118〕林慶彰、蔣秋華編《汪中集》（臺北：中央研究院中國文哲研究所，2000），頁 73。

〔註119〕俞正燮《癸巳存稿》上冊（臺北：臺灣商務印書館，1956），頁 86。

〔註120〕胡道靜《新校正夢溪筆談》（香港：中華書局，1975），頁 153。

〔註121〕劉師培《劉申叔遺書》下冊，（杭州：江蘇古籍出版社，1997），頁 1239。

對於這些議論戴東原（1723～1777）在〈答江愼修先生論小學〉對六書之字體有一番解釋，對王安石《字說》，說「強以意解加之諧聲字。」〔註122〕關於這些從諧聲之文字，立論皆不確，各家論證不同，各有所批。如同斯賓諾莎所說「文字乃迷誤之源」（the cause of many and great errors）（《管錐編》頁407）因此，錢先生感嘆的說「皆王學之遺意，亦即緯字之流風也。」（《管錐編》頁980）在楊絳《幹校六記》第六段〈誤傳記妄〉有一事，楊絳有一回見老鼠死屍，穿腸破肚，血跡斑斑，向錢先生述及，錢先生似假讖緯之流風安慰楊絳說「這是吉兆，也許你要離開此處了（指幹校）。死鼠內臟和身軀分成兩堆，離也，鼠者，處也。」這或許也算是苦悶中一種測字之流風罷。

（二）訓　詁

整部《管錐編》對於訓詁尤爲突出。陳澧在《東塾讀書記》卷十一小學說「詁者，古也。古今異言通之，使人知也。蓋時有古今，猶地有東西，有南北，相隔遠，則言語不通矣。地遠則有翻譯，時遠則有訓詁，有翻譯則能使國如鄉鄰，有訓詁，則能使古今如旦暮，所謂通之也，訓詁之功大矣哉。」〔註123〕陳澧這段話正可用於錢先生對學問的討論。他對於東西方之問題，透過翻譯，使他們能經過比較，取得同樣之共識及看法，這是比較文學之功能，這一點錢先生發揮淋漓盡致，使得語言文字更趨於清晰明朗，使語言與語言之間無東西之隔、南北之分。乾嘉時代訓詁之學發達到高峰，學者之間的辯論及著作更是多如牛毛，我們不難發現《管錐編》正如清代這些訓詁學者的著作一般，每則皆會引經據典，考證賅博，愈辯愈明。

《管錐編》開宗明義便討論「易之三名」的問題。即論一字之多義之同時合用。甘陽在《語言與神話》譯文序註說「錢鍾書《管錐編》以《周易》三名開篇，正是極其深刻地抓住了中國語言（以及中國人文文化），這種一字多義且可同時並用的基本特徵，實爲《管錐編》之綱。」〔註124〕這段話抓住《管錐編》全書的旨趣，亦顯現出該書的風貌。它全然反應出中國文化的人文現象，對於人、事、物的深入淺出的刻畫，使中國典籍與西方思想文化鳩集一爐，而論「周易之三名」更顯出他對於語言文字的見解，同時是一種重要的論題。

〔註122〕戴震《戴震文集》（北京：中華書局，1990），頁63。
〔註123〕陳澧《東塾讀書記》（臺北：臺灣商務印書館，1965）頁183。
〔註124〕卡西勒著，甘陽譯《語言與神話》（北京：三聯書店，11988），頁25。

他引《周易正義‧序》，討論〈易之三名〉，引《易緯乾鑿度》云：「易一名而含三義，所謂易也、變易也、不易也。」皮錫瑞（1850～1908）在《經學通論》〈易經‧論變易不易皆易之大義〉「治經者，當先知此經之大義，以易而論，變易、不易皆大義所在，二者當並行不相悖。」〔註125〕而鄭玄依此義作〈易贊〉及〈易論〉云「易一名而含三義，易簡一也，變易二也，不易三也。」（《管錐編》頁1）錢先生更引用《毛詩正義‧詩譜序》孔穎達〈疏〉「然則詩有三訓，承也，志也，持也。作者承君政之善惡，述己志而作詩，所以持人之行，使不失墜，故一名而三訓也。」〔註126〕以上皆在說明「一字能涵多義，抑且數意可以同時並用，合諸科於一言。」（《管錐編》頁1）錢先生言中國文字一字涵有多義之用，同時對於黑格爾之奧伏赫變（揚棄，Aufheben）之調侃。Aufheben一詞，黑格爾在《邏輯學》言「揚棄在語言中，有雙重意義，它既意涵謂保存、保持，又意謂停止，終結。保存自身已包括否定，因為要保持某物，就須去掉它的直接性，從而須去掉它的可以受外來影響的實有，所以，被揚棄的東西同時即是被保存的東西，只是失去了直接性而已，但它並不因此而化為無。」〔註127〕黑格爾引以為傲的是「德國語言富有思辯的精神，它超出了單純理智的非此即彼的抽象方式。」〔註128〕但黑格爾不識漢語，故無法理解漢語一詞多意且可用之妙，無怪乎錢先生調侃他，說他「不知漢語，不必責也。」錢先生對於一字多意，分為兩種：一並行分訓，如《論語‧子罕》「空空，如也。空可訓虛無，亦可訓誠懇，兩義不同而亦不倍。二曰背出或歧出分訓，如亂兼訓治，廢兼訓置。」（《管錐編》頁2）這就是訓詁學上之反訓。以上二者是錢先生對於一字多義之粗分，亦為黑格爾奧伏赫變（揚棄）之二義，（即滅絕與保存）之二義，顯然這二者有相同之義理。錢先生藉用中國語言上訓詁之妙來釐清黑格爾之偏見，同時亦明示黑格爾揚棄之語意，保存及滅絕二義在德語中亦可表明事理。錢先生說「心理事理，錯綜交糾，如冰炭相憎、膠漆相愛者，如珠玉輝映，笙磬和諧者，如雞兔共籠，牛驥同槽者，蓋無不有。賅眾理而約為一字，並行或歧出之分訓得以同時合訓焉，使不倍者交協，相反者互成。」（《管錐編》頁2）這段話若

〔註125〕皮錫瑞《經學通論》（北京：中華書局，1998），頁1。
〔註126〕《毛詩正義》（《十三經注疏》本）（臺北：藝文印書館，1973），頁2b。
〔註127〕黑格爾《小邏輯》（北京：商務印書館，1991），頁98。
〔註128〕黑格爾《小邏輯》（北京：商務印書館，1994），頁213。

是把它應用在人之事理及心理上，或可揣測人心中所要表達的意思。試看政治上之人物或事，當 1959 年廬山會議之後，毛澤東將彭德懷批鬥下臺，即是保存亦是滅絕的揚棄道理。這如同錢先生是毛澤東詩詞及選集主譯的人，可是在那種政治環境下，也或者會有錯綜複雜之心情。我們以爲這論題的論述是訓詁學、是邏輯學、是哲學的問題討論，不過錢先整部大書所預設的問題也許或有所指，既然「一字有多義」、「心理事理，錯綜交糾」，知識份子不過問政治，何來「憂患」，這是我們所作的揣測，而整部《管錐編》或多或少有隱涉的用意，如果從另一面思考，借古諷今的意向就值得後人省思。

關於岐出分訓之論題，現在從錢先生舉的例子中，列出幾個說明如下：一、《易經‧革》「象曰：革，水火相息。」王弼的《註》與孔穎達的《疏》，皆有生變與侵剋兩義。息具有生及消滅之意，如平息就是消滅，其實亦再生之意，具備「奧伏赫變」（Aufheben）之相同用意。（《管錐編》頁 28）二、《詩經‧關雎‧序》「風，風也，教也。……上以風化下，下以風刺上。」《正義》「微動若風，言出而過改，猶風行而草偃，故曰風。……《尙書》之三風十愆，疾病也，詩人之四始六義，救藥也。」（《管錐編》頁 58），此處風字含有風謠及教義兩義。又有病及藥兩義，故「《正義》所謂病與藥，蓋背出分訓之同時分訓也。」三、《全三國文》卷十，魏明帝〈報倭女王詔〉「是汝之忠孝，我甚哀汝，以汝爲親魏倭王，……」這個哀字，錢先生以爲「不得訓悲戚，亦未可訓愛好，而當訓恩憐。」（《管錐編》頁 1055）這個哀字可訓愛，如《詩經‧關雎‧序》，說「是以〈關雎〉樂得淑女以配君子，憂在進賢，不淫其色，哀窈窕，思賢才。」哀，愛也。（《管錐編》頁 65），這亦是反訓之例。此道理或正言若反，亦如《老子》四十章「反者道之動」之義理，這個義理成爲《管錐編》闡述之主軸。他說「中外古文皆有一字反訓之例，如擾并訓安，亂并訓治，丐兼訓與，析心學者藉以窺見心思之正反相合。」（《管錐編》頁 1058）錢先生藉弗洛依德心理學說明這種愛恨之感情，是兩端感情（Ambivalence），而這種情感亦是從這種正言若反之情境來分析的。四、《老子》第四十章「反者道之動」王弼註「高以下爲基，貴以賤爲本，有以無爲用，此其反也。動皆知其所無，則物通矣。故曰反者道之動。」這是老子的正言若反的道理，同時，這個義理之深賾也很可以令人深思。錢先生說「《老子》用反字，乃背出分訓之同時合訓，足與奧伏赫變（Aufheben）齊功比美，當使黑格爾自慚於吾漢語無知而失言者也。」（《管錐編》頁 445）或許這也是錢先生要對黑格爾

之「揚棄」的討教，看誰之義理深奧。這「反」字錢先生認為有二個意思，一正之反，違反也。二往反（返）之反，回返也。這兩個反字，表面上似容易理解，就事物之正反面而言其反面就是「反」，而黑格爾之正反合之辯證規律亦就是如此，老子之反是正反而合，「逝曰遠，遠曰反。」逝即離去，反也。而遠去即反（返），「故反（返）於反為違反，於正為回反（返），黑格爾所謂否定之否定」，辨證規律的應用於馬克思主義之基本原則，恩格斯在《反杜林論》說「辯證法不過是關於自然、人類社會和思惟的運動和發展的普通規律的科學。」〔註129〕可見老子這個道理就是自然的規律，老子說「人法地，地法天，天法道，道法自然。」（第 25 章）人依順自然，模仿自然，對於人事物之運行亦是如此，面臨逆境只好反（反面），沉潛而行，這個行徑就是（返）而準備。故當紅衛兵無法無天恣肆亂為之時，這些知識份子只好忍氣吞聲。假如 1954 年毛澤東攻擊俞平伯（1900～1990）《紅樓夢研究》裏的唯心思想，繼而批判胡適思想，這一連串的批判活動，在學術界便如瘟疫似的持續發展下去。俞平伯只好沉潛於書室，沈從文亦只好從事中國服飾研究，因為毛澤東刻意針對知識份子，當文革一開鑼，許多人因無法忍受侮辱，一個一個應聲倒地。錢先生是一個聰明人，也熟悉馬克斯主義的辯證思想，理解黑格爾之辯證法，如恩格斯所說「黑格爾之辯證法之所以是顛倒的，是因為辯證法在黑格爾看來應當是思想的自我發展。」全在於思想的自我發展，故反與返之互動性於人類思維是一項難以泯滅的思想準則，黑格爾說「矛盾乃一切事物之究竟動力與生機」，又說「辯證法可象以圓形，端末銜接。」（《管錐編》頁 446）由訓詁學意義引申到哲學問題之討論，反與返形成一個圓形循環，「反者道之動」一話也抵得黑格爾的辯證方式，錢先生說「數十百言均《老子》一句之衍義。」（《管錐編》頁 446）並不是誇張的話。

　　從以上之討論，我們可以做如此結論：一、對於訓詁義理，這種歧出分訓（反訓）在訓詁學是一種特別的修辭方式，即是存在也是滅絕。二、就時事而論，在文革動亂中，每個人皆陷於兩難中，也就是 Aufheben 之情境，錢先生就文化現象及時代現象，分析創設出這種與黑格爾的見解可互為抗衡的闡述，不僅是他見解獨到，同時也表現出他心境的無奈，因為如果強作反抗，將步入老舍、傅雷、胡風、賈植芳等人的後塵，因此他只能愧對良心，減少參加活動。

〔註129〕恩格斯《反杜林論》，收入《馬克思恩格斯選集》第三卷（北京：人民出版社，1972），頁 181。

此種生存，事實上也是滅絕的。這種心理上之「奧伏赫變」就是錢先生想藉訓詁學之意義及黑格爾的哲學思辯，表達出他個人無奈而且複雜的心思。

（三）修　辭

1. 比　喻

錢先生關於修辭之論題及方式討論也很多，由於他的博大，各種見解均有獨到之處。他在《圍城》、《寫在人生邊上》、《人獸鬼》等均以修辭爲主要論述要點。其中譬喻（比喻）爲最。各式各樣比喻令人歎服，他在〈魔鬼夜訪錢鍾書先生〉上說「我會對科學家談發明，對歷史學家談考古，對政治家談國際情勢，展覽會上講藝術鑑賞，酒席上講烹調。」〔註130〕這些議論不外是他在炫博及掉書袋，事實上，他在《管錐編》所表現的也正是如此，他又能以幽默之比喻手法來調侃人、事、物，無不各如其情，令人捧腹噴飯。他說「人生據說是一部大書。」（《寫在人生邊上》序），〔註131〕「吃飯有時極像結婚，名義上最主要的東西，其實往往是附屬品。」（〈吃飯〉收入《寫在人生邊上》頁26，以下僅錄頁數）；「我常想，窗可以算爲房屋的眼睛。」（〈窗〉頁17）；「劉繼莊《廣陽雜記》云，驢鳴似笑，馬嘶如笑。而馬並不以幽默名家，大約因爲臉太長的緣故。老實說，一大部份人的笑，也只等於馬鳴蕭蕭，充不得什麼幽默。」（〈說笑〉頁22）；「快樂在人生裏，好比引小孩子吃藥的方糖。」（〈論快樂〉頁19）；「看文學書而不懂鑑賞，恰等於帝皇時代，看守後宮，成日價在女人堆裏廝混的偏偏是個太監，雖有機會，卻無能力。」（〈釋文盲〉頁47）；「至於一般文人，老實說，對於文學並不愛好，並且擅長。他們弄文學，彷彿舊小說裏的良家婦女做娼妓，據說是出於不甚得以，無可奈何。」（〈論文人〉頁53）；「《論語，季氏》說人生三戒，只說少年好色，壯年好打架，老年好利，忘了說中年好教訓。」（〈談教訓〉頁38）；「生前養不活自己的大作家，到了死後偏有一大批人靠他生活，譬如開追悼會寫紀念文字的親戚和朋友。」（〈讀伊索寓言〉頁33）；以上是從《寫在人生邊上》各篇文章節引出來的，均可令人發會心一笑。這些比喻就是他之觀察及人生歷練，加上廣博知識，融爲一爐，發出智言，發人深省，也就以戲謔話語調侃人、事、物，這樣的描述手法，是修辭上純練的功夫。

〔註130〕錢鍾書《寫在人生邊上》（臺北：書林出版公司，1989），頁10。
〔註131〕錢鍾書《寫在人生邊上》（臺北：書林出版公司，1989），頁5。

　　《管錐編》對於比喻之手法也是一樣，多如牛毛。例如，「關於豕之象擬示淫欲」，在《太平廣記》卷 216〈張璟藏〉條云：「准相書，豬視者淫」（《管錐編頁 28》）；「顧豕不僅象徵色慾，亦復象徵食欲。」（《管錐編》頁 28），以飲食男女，以甘為喻匹，猶巴爾扎克謂愛情與饑餓類似。（《管錐編》頁 73）；《全漢文》卷 23，以圓作為比喻甚多，如「基督教《聖經》亦以驢轉磨石喻人生。」（《管錐編》頁 921）；又「古希臘哲學家嘗宿妓，妓後有身，往告謂是其所種，此人答：『脫汝經行刺葦叢中，肌膚劚創，汝能斷言某一葦直傷汝尤甚耶？』」（《管錐編》頁 551）這些是順手拈來比喻的例子，令人贊嘆他的幽默及智慧，同時能應用西方的相似例子，更有精彩絕倫的譯筆。

2. 反　詞

　　《詩經‧行露》「誰謂雀無角，何以穿我屋，……誰謂鼠無牙，何以穿我墉。」這就是反詞的修辭方法。依理雀是無角，鼠是無牙的。說牠們皆有之，但「明清以來，或求之於訓詁，或驗之禽獸，曲為之解，以圓其說。」（《管錐編》頁 74）明清文人釋《詩經》皆設法自圓其說，以符合原文。王船山（夫之）《詩經稗疏》「說角為咮之假借」，由此之說，則雀實有角，亦如鼠有牙矣。但陳奐（1786～1863）《詩毛氏傳疏》謂「《說文》牙、壯齒也。段注云：壯齒者，齒之大者也，統言之皆稱齒，稱牙析言之，前當唇者稱齒，後在輔車者稱牙，牙較大於齒，鼠齒不大，故謂無牙也。」〔註 132〕陳奐引了東方朔說驢牙為齒小牙大之證明，錢先生引了上述例子來說明明清文人解《詩經》名物，要自圓其說，其實很是不妥，所以提出反例來說明這不過是修辭的「反詞」。又角通常又可訓為鳥喙，有銳與不銳之分。錢先生說「竊以為科以修詞律例，箋詩當取後說。蓋明知事之不然，而反詞質詰，以證其然，此正詩人妙用。夸飾以不可能為能，譬喻以不同類為類，理無二致。」（《管錐編》頁 74）這是錢先生為反詞提出的說明。

3. 兼　言

　　古人修辭兼言之例甚妙，《易經‧繫辭上》「吉凶與民同患」，孔穎達《正義》說「凶雖民之所惡，吉亦民之所患也。既得其吉，又患其私，故老子云『寵辱若驚』也。」（《管錐編》頁 47）錢先生以為孔氏之言是強為之說。事實上，是從一而省文也。又《繫辭》上「潤之以風雨」這些修辭皆是「兼言」

〔註 132〕陳奐《詩毛氏傳疏》（北京：中國書店，1984），卷 2，頁 14。

之例。顧炎武《日知錄》卷二十七〈通鑑註〉「愚謂愛憎，憎也。」又如《禮記・學記》「君子知至學之難易」，這「難易」即難，困難而兼言易。又如《左傳》昭公四年「子產曰：苟利社稷，生死以之。」(《管錐編》頁48)說至死不惜，亦兼言生也。以上析言，可知修辭上另有兼言之用。

4. 詞之實非虛

文字之詞有時是虛設但非僞造，如《詩經・河廣》「誰謂河廣，曾不容刀。」《箋》「小船曰刀，作舠，亦作魛。」亦可解為刀、劍之刀。如「一葦杭之」以一葦為津梁。(《管錐編》頁95)汪中在《述學・內篇》〈釋三九〉「時數可稽也，虛數不可執也。何以知其然也。」〔註133〕所以他說：「《易》『近利市三倍』。……《春秋傳》『三折肱為良醫』，此不必限以三也。……《孟子》『陳仲子食李三咽』。《史記》管仲『三戰三走』，此不必其果為三也。故三者虛數也。《楚辭》『雖九死其猶未悔。』《史記》『若九牛之亡一毛。』此不必限以九也。……故知九者，虛數也。」章學誠〈述學駁文〉「三為數之加，九為數之極，古人以數之加累為三，極多為九，其字必不可執，說甚明通。」〔註134〕劉師培〈古籍多虛數說〉如引「白居易〈長恨歌〉後宮佳麗三千人，亦屬表多之詞，非必限於三千之數，亦未必足於三千數也。」〔註135〕以上三者論文詞之表示非以實指之，但虛數亦非僞也，只是古人用詞之方式，如汪中所說「實數可稽也，虛數不可執也。」這亦是《孟子・萬章》所說「不以文害辭，不以辭害志。」，亦如〈孟子・盡心〉篇「盡信書則不如無書」所示的警訊。這些修辭方式，有的是為了表現文句之盛大及壯觀，但是並非僞造。錢先生說「蓋文詞有虛而非僞，誠而不實者。語之虛實與語之誠僞，相連而不相等，一而二焉。是以文而無害，夸而非誣。」(《管錐編》頁96)這些文詞如亞里斯多德所說「詩文詞句非同邏輯命題（Proposition），無所謂真理。」(neither has truth nor falsity)(《管錐編》頁98)可見文人行文用詞，有時不按真正之實數指之，如一日不見如三秋，故虛數不可執也。但有時亦取具「有名無實」之方式來表述。如《金樓子・終制》「金蠶無吐絲之實，瓦雞乏司晨之用。」皆是用有名無實之修辭，又如針有頭而無髮，山有足而無股，錶有手而無指等

〔註133〕林慶彰、蔣秋華編《汪中集》（臺北：中央研究院中國文哲研究所，2000），頁72～73。

〔註134〕章學誠《文史通義》〈外篇一〉（臺北：華世出版社，1980），頁215。

〔註135〕劉師培《劉申叔遺書》《左盦集》卷八（杭州：江蘇古籍出版社，1997），頁1286。

等皆是。(《管錐編》頁 155)

5. 詞正而意負

《日知錄》卷二十二〈語急〉「《公羊傳》隱公元年，毋欲立之，己殺之，如勿與己矣。註：如，即不如。」〔註 136〕這就是詞似正，而意負也。《小爾雅‧廣訓》便引「無念，念也。無寧，寧也。不顯，顯也。不承，承也。」這是詞是負而意是正。錢先生更引他幼時的事跡作佐證。說「余幼時及見老輩酬對，甲於乙請上坐，讓先行，道欽遲等，乙必曰豈敢！豈敢！」(《管錐編》頁 189)皆是詞負意正也。這種情況也就是說文字之表示，有時不必從表面上來觀察，要從環境場面而定。這亦是修辭的方式。

6. 因果句與兩端句

文詞有因果句如《論語‧述而》「不憤不啟，不悱不發。」《墨子‧尚賢》「不義不富，不義不貴。」(《管錐編》頁 169)後半句之事乃由前半句之事而生。又一種為兩端句如《圓覺經》「不即不離」，《心經》「不生、不滅、不垢、不淨，不增、不減。」這種語句之意往往相反，如韓愈〈原道〉「不塞不流，不止不行。」塞與流相反，止與行相反，這種語句要明瞭其意，更要從上下文觀之。蘇東坡〈書篆髓後〉「自漢以來，學者多以一字考經，字同義異，皆欲一之。」〔註 137〕因此，語句不可一字一之，如《孟子‧梁惠王》「老吾老幼吾幼者」此老吾老幼吾幼是尊之，愛之。但《列女傳‧齊管妾婧》「毋老老，毋少少。」此老老及少少，皆是輕之賤之。這全是文同不害意異，不可一字一之，必要觀辭(text)必究其終始(context)，也就是本文與上下文脈絡之間互動的關係，「字義同而不害詞意異，字義異而復不害詞意同，」(《管錐編》頁 170)也就是說不可以一說蔽一，如屈即曲也，但委屈與委曲不同也，詞即言也，但微詞與微言亦不同也，軍即兵也，但軍法與兵法異也。又年即歲，但棄十五年之妻與棄十五歲之妻不同也。(《管錐編》頁 170)這皆是因「辭」與「終始」之間有互動關係，所形成的語句之間的不同。

7. 語句的倒置

錢先生在講《楚辭‧離騷》時，對離騷二字，有其詮釋。王逸在《離騷章句》序說「離，別也。騷，愁也。」但洪興祖補註說「太史公曰：離騷者，

〔註 136〕顧炎武《日知錄》(蘭州：甘肅出版社，1997)，頁 1382。
〔註 137〕蘇東坡《蘇東坡全集》上冊(臺北：河洛圖書出版社，1975)，頁 305～306。

猶離憂也，班孟堅曰：離猶遭也。」《國語‧楚語上》「且夫私欲弘侈，則德義鮮少，德義不行，則邇者騷離而遠者距違。」〔註138〕韋昭註云「騷，愁也。離，叛也。」因此，離騷即騷離，以爲「楚人之語自古如此。」不過這是方言的問題，也就是楚方言之用法。韋昭解騷離爲民愁而叛，而王逸解離騷以爲叛而愁。（《管錐編》頁 582）因此，語句倒置也就是有所不同，如東西與西東，風流與流風，雲雨與雨雲，日月與月日，大老與老大，中人與人中，小妻與妻小，主事與事主，相公與公相，主公與公主，均完全不同。（《管錐編》頁 582）錢先生認爲騷離並不完全等於離騷，舉了前面引的例子。因此，他認爲王逸的解釋是對的，即以離別而愁，而不是離愁。

〔註138〕《國語》（臺北：漢京出版公司，1983），頁 544。

第五章 結 論

第一節 錢學在中國現代學術史上的地位

　　錢鍾書生於宣統二年（1910），即是清代末年，於二十世紀末過世，他走過了辛亥革命、五四運動、抗日戰爭、國共內戰、新中國的文化大革命運動、及八九年天安門事件，這一串歷史長河中，他都面臨過，經歷過諸般的社會動亂，及內心的創痛。其作品大多在艱難的時局下完成的。〔註1〕民國以來，學術與政治之間，絲毫脫離不開彼此之間互動關係，又知識份子總扮演一個重要的角色。從晚清以來，奔走於國事，勤奮於學問的如康有為（1858～1927）、梁啓超、章太炎等人，他們眼見國家衰亡，痌瘝在抱的胸懷，如何面對現代化的衝突，突破保守的禁錮〔註2〕，而這股社會運動亦促成學術活力，如譚嗣同（1865～1898）的《仁學》、康有為《大同書》等，固然對於清末衰敗局勢沒有救援的力量，但對於像毛澤東這樣的人物，便形成偶像，影響甚遠。〔註3〕關於錢鍾書之學術之成就，我們若用客觀方式評價他，似乎在八十

〔註1〕 李進曾述說：「《圍城》和《談藝錄》對應著抗日戰爭，《宋詩選注》對應著1957年的反右鬥爭，《管錐編》對應著恐怖的十年文革。《人獸鬼》是在兵火倉皇中錄副，《圍城》是在淪陷區寫作，《談藝錄》雖賞析之作，實憂患之書也。」李進〈論錢鍾書著作的話語空間〉，《文學評論》（2000年2期），頁119。

〔註2〕 蕭功秦《危機中的變革──清末現代化進程中的激進與保守》（上海：上海三聯書店，1999）

〔註3〕 魏裴德（F. J. Wakeman）書中曾說「譚嗣同是小學時代的毛澤東及其同學崇拜的英雄」參見魏裴德《歷史與意義──毛澤東思想的哲學透視》（貴陽：貴州人民出版社，1994），頁133。

年代之中國，才漸漸對他有認識，海外也是在夏志清之推介下，才漸漸爲人所矚目。同時，認識他也僅在於《圍城》一書，《管錐編》之學術成就，也僅少數人去研究它。因此，以錢先生之學術成績，看來要與民國以來這些著名學人如陳寅恪、胡適、馮友蘭等人相抗衡似乎顯得薄弱些，主要因爲他著作不多，同時，沉潛又太久，以至於將他的《管錐編》呈現出來時，令眾人大爲驚奇。加上中國在文化大革命之後，封閉的中國一時大爲開放。一九七八年美國漢學界有一組訪問團如芮效衛（D.T.Roy，1933）與余英時、傅漢思（Hans Frankel，1916～）、史普魯（Dong Spelman）等人，訪問中國社會科學院，這位被阻隔甚久的大學者，在芮效衛（D.T.Roy）記錄中說：「從我們抵達到我們離開，他（指錢鍾書）滔滔不絕的談論發揮出逼人的光芒和無邊的機智。」又說「錢鍾書侃侃談論中國教育系統的弊端，又指出中國人應該看看外面的世界。」〔註4〕從這兩段記述可知錢先生在封閉的中國，在文化大革命運動後，與外界接觸，抒發自己的感慨及發揮自己的知識，使得老外目瞪口呆，歎爲觀止。中國共產黨在十一屆三中全會後，新中國又有另一股新的活力，要求「解放思想、實事求是、團結一致向前看」。〔註5〕世人開始熟悉錢先生便是他到國外訪問及《管錐編》的問世，有了《管錐編》之出世，「錢學」一詞，便應聲而來。從廈門大學鄭朝宗提倡「錢學」，並指導研究生研究《管錐編》爲專業，這是「錢學」盛行的里程碑。「錢學」如「紅學」、「敦煌學」之類的學術術語，儼然形成另一個學術名詞，亦形成了顯學。由於這一門學問的研究者，逐漸增加，但這一窩蜂似的心態，仍不免令人不解。錢先生自己便感歎的說：「大抵學問是荒江野老屋中二三素心人商量培養之事，朝市之顯學必成俗學。」〔註6〕從《圍城》拍成連續劇之後，海峽兩岸在學術界，對於「錢學」形成一股風潮，也使得錢先生只好拒人於千里之外，表示隱居不與人往來。從以上的現象看來，「錢學」在中國現代學術史上，顯然地位是很高的，由於他的著作的獨特加上外界對他的崇拜，更加添了神秘感。但這樣的學術研究也只有對於中國傳統及西方學術的比較有興趣的人，才會更深入的去探

〔註4〕 芮效衛（D.T.Roy）〈一九七八年的錢鍾書〉，《明報月刊》（2000 年 11 月），頁104～107。

〔註5〕 譚合成編《世紀檔案》（北京：中國檔案出版社，1995），頁 494～505。這段標題是鄧小平的演講題目。

〔註6〕 鄭朝宗〈編委筆談〉，《錢鍾書研究》第一輯（北京：藝術文化出版社，1989），頁 1．

討。當錢先生被人問到像他這一代接受過傳統和西方訓練的學者後繼無人之問題時，他感慨的說「大去者幾，大休者希」（Few Die and None Retire）。「錢學」在中國現代學術史上，代表錢先生在文革動亂時代中所創造出來的一種傳統與現代融合的產物，而這樣之學術著作，目前從事研究者也逐漸增加，因為「錢學」所鳩集的是中西比較的一門學問，它詮釋中國傳統學問，又能與西方之學術互為比較，形成一門獨特之學術，在中國現代學術史上是一門相當耀目，同時奇特的學問，透過他的學術心靈及結晶，提供學術界的參考及討論，對於中國現代學術史的貢獻是很大的。

第二節 《管錐編》學術思想的特性

《管錐編》作為錢鍾書先生精煉鉅作，它代表二十世紀八十年代，中國改革開放後，學術界一朵奇葩，綻放出作者思索問題的廣度及對時事的諷喻，文字中沒有意識形態、政治字眼，不畏當權者的批判，如此風骨至晚年仍然不動。本書前面三、四章的分析中，我們可以看出《管錐編》全書以母題為主軸，就每個母題中，發揮他的淵博知識，把每個問題引述各家說法，無論中西，合為一爐，使問題更為深入，使讀者更能瞭解問題所在。本文雖然以錢先生討論《老子》為主要對象，但對於全書中，論及相同的母題，均曾予與討論。以下綜合以上幾章，對《管錐編》再做一個簡要的綜合歸納：

一、這部書雖沒有明確理論體系，但有它討論問體的方法。關於這一點，錢先生有一番自己的看法。他說：「許多嚴密周全的思想和哲學系統經不起時間的推排銷蝕，在整體上都垮塌了，但是它們的一些個別見解還為世所採取而未失去時效。好比龐大的建築物已遭破壞，住不得人，也唬不得人了，而構成它的一些木石磚瓦，仍然不失為可資利用好材料。往往整個理論系統剩下來的有價值東西只是一些片段思想。脫離了系統而遺留的片段思想和萌發而未構成系統的片段思想，兩者同樣是零碎的。眼裡只有長篇大論，瞧不起片眼隻語，甚至陶醉於數量，重視廢話一噸，輕視微言一克，那是淺薄庸俗的看法。」〔註7〕這段話對於批評錢先生著作沒有理論體系的人，是當頭棒喝。他對於張隆溪更說：「他不是學者，只是通人。他自己有太多的想法，若要一

〔註7〕 錢鍾書〈讀《拉奧孔》〉，收入《七綴集》（上海：上海古籍出版社，1995），頁34。

一鋪開寫來，實在沒有足夠的時間。」〔註8〕從這兩段話可知錢先生對於自己著作的想法，是外界人所不能理解的。他受黑格爾、老子的影響很深。敏澤曾說：「先生生前，曾兩次對我說過這樣的話，我平生爲學得益最多者，爲老子及黑格爾之辯證法。」〔註9〕這段話透露出《管錐編》是從黑格爾辯證法出發，在正、反、合思辯的過程中，於文字上做思辯的討論。其中以奧伏赫變（揚棄）爲思辯的主要核心，因政治氣候的關係，以既是正面又是反面的形態來論辯母題，使問題更加有思辯性，錢先生要與黑格爾相抗衡，從中可以瞭解錢先生的思辯哲學。

　　二、錢先生在《管錐編・老子》一書的詮釋，是因時代關係及政治氣候的情境下所展開的。他受《老子》及黑格爾的辯證法影響很深。他又認爲黑格爾鄙視我國語文，是他不知漢語所致（《管錐編》頁1～2），所以他在詮釋《周易正義》時，便明白指出黑格爾的不是，同時用《周易》之「易之三名」來展示吾國文字之辯證意義。在《老子》一書的詮釋更能發揮我國文字之辯證思維，不亞於黑格爾的奧伏赫變（Aufheben）。黑格爾的奧伏赫變是有肯定及否定的雙重意義〔註10〕，這如同《老子》第四十章「反者道之動」及第七十八章「正言若反」的義理，錢先生更明示的說「《老子》用反字，乃背出分訓之同時合訓，是與奧伏赫變（Aufheben）齊功比美。」（《管錐編》頁 445）這也是錢先生對於《老子》詮釋上的用心，是要與黑格爾比美。錢先生在文革期間醞釀撰《管錐編》，因處於馬列主義意識形態掛帥政治氣候下，任何人的著作皆要以馬列主義哲學及毛澤東思想爲依據，才能過關。可是《管錐編》全書中看不到有這方面的字眼。李愼之向錢先生祝賀說：「《管錐編》自說自話，無一趨時話」，錢先生搖搖頭說：「天機不可洩露」〔註11〕，這代表他心中，是有許多的無奈及苦處。同時，也是他對於世俗的批判及諷喻。這樣的態度不也令人連想到文革期間，他處於「資產階級學術權威」的困境中，加上惡鄰的相向，女婿自殺的牽累，這些情境下，他當然對於《老子》的詮釋有不同的心境及看法。除了前面所述

〔註8〕 張隆溪《自成一家風骨》，收入李明生、王培元《文化崑崙——錢鍾書其人其書》（北京：人民文學出版社，1999），頁 402。

〔註9〕 敏澤〈永留的豐碑——追憶錢鍾書先生〉，收入何暉、方天星編《一寸千思》（瀋陽：遼海出版社，1999），頁 295。

〔註10〕黑格爾著，賀麟譯《小邏輯》（北京：商務印書館，1994），頁 213。

〔註11〕李愼之〈千秋萬歲名，寂寞身後事〉，收入何暉，方天星編《一寸千思》（瀋陽：遼海書社，1999），頁 188。

的辯證意涵外，更涉及人生哲學的體驗，所以對於《老子》詮釋，這方面的章節特別多。如「後其身」、「外其身」（第七章）、「無之以爲用」（第十七章）、「有身爲患」（第十三章）、「法自然」（第十七章）、「知者不言」（第五十六章）、「禍福相依」（第五十八章），這些章節，全是《老子》討論人生哲學的重要章節。錢先生自己表示「慚愧自己是儒怯鬼」（《幹校六記》補記），因爲他不願對當時政治氣候表示異議與反抗，固然保身，不像許多人遭到不幸，這也是他對於李慎之所說的「那是爲了破執、破我執、破人執、破法執。」又說「I never commit myself」〔註12〕。對於這臭皮囊的看法，表面上藉戒欲、戒女色的論題來發揮，顯然用黑格爾的 Aufheben 的道理來說明《老子》的涵義，「『正言若反』，乃老子立言之方。」（《管錐編》頁463）而使用「正言若反」道理，在文革動亂中，更能洞見人、事、物的微妙關係。所以，他明瞭一切當以退爲原則，「大巧若拙」、「大直若屈」、「大辯若訥」的義理，故能顯現他對於惡鄰的態度及退避的心境。雖然是《毛澤東選集》、《毛澤東詩詞》英譯本的參與者，他也不去提它，「禍兮福之所依，福兮禍之所伏」的道理是了然於心。他舉《晉書》卷七十五〈王湛等傳・論〉「大兒腴肥，不知禍之將及」（《管錐編》頁463），更能明瞭他的心境。總之，除了在辯證思想上他想用《老子》與黑格爾相抗衡，應用老子義理與 Aufheben 之辯證方法，相互印證，來說明他的洞見之外，同時應用《老子》的人生哲學來面對他所處的環境。這兩個意義，可以說是他對於《老子》詮釋的主要目的。

三、因政治氣候文化大革命運動的影響，迫使他埋頭沉潛於這部傑作的寫作。不因環境之惡劣，他仍能將他畢生之思想整理出一部份。他拒絕從事無謂的活動，雖然他感到慚愧自己爲儒怯鬼，但他仍用全力寫出這部重要著作。文中在在透露出隱退人生哲學，表示對於時代的無言抗議。這種心境，我們當然能體會。他周遭的親人（女婿）因五一六政治運動而自殺，又如好友傅雷夫婦也因不滿而走向黃泉路，諸如此類的情形一再發生。這種憂傷心境，只好藉文字來加以發洩。

四、「打通」是本書的一種方法。他對於中國向外看的心願，是期待的。封閉中國十年的文革〔註13〕，使人成天在運動中，互相詆毀、互相指控，造

〔註12〕李慎之〈千秋萬歲名，寂寞身後事〉，收入何暉，方天星編《一寸千思》（瀋陽：遼海書社，1999），頁190。
〔註13〕李洪林《中國思想運動史》（1949～1989）（香港：天地圖書公司，1999）。

成人害人之社會動亂，對於開放的期待當然是十分渴望的。因此，他藉打通方式在著作中，來加以發揮，詮釋中國文化經典又能融合西方各種文化典籍，在比較過程中，找到一個基準點，並圍繞這個核心，加以闡釋，也開始中國文化能與西方文化互爲打通的途徑。

五、比喻是錢先生最爲專長的手法。無論小說或是論文，他總是能使用比喻之手法來描繪某事物，他不願正面去揭示，總是以比喻的例子來表示自己的見解，這些比喻文字往往令人發生會心一笑，同時感受到他淵博知識的本領。

六、對於儒釋道思想問題，因爲氣候及意識形態的關係，討論儒家的地方並不多，而落在道家之義理闡釋，其中以《老子》、《列子》最爲主要。因爲對政治的敏感，加上個人的不願意參與，故一切謹言慎行。錢先生當然要「後其身」、「外其身」更深深體會「禍福倚伏」的道理，借用「揚棄」的哲理來保身，這個義理在書中也大大顯示。對於儒釋道三家的義理，他借彼此間的互通的看法，互爲比較及詮釋。

七、對於生死及養生之道理的重視，恐怕仍然是因爲環境使然。文革中他受到人誣指對於毛澤東不敬的說法；又下放五七幹校體會了工、農、兵的勞動生活；又有喪失女婿之悲痛及惡鄰的仇視，同時身體又爲病魔所折磨，他對於生死的理解了然於心，對於名利之規避，到他臨終也仍是如此看待。

八、他受傳統中國文字、訓詁、修辭的訓練，藉這些中國典籍的討論，先以字義的討論開始，進而深入義理的詮釋，保持乾嘉時代漢學研究的傳統，融合西方社會科學的方法深入著作，使問題更爲明確，使廣度的義理的更爲深入。

九、女性問題在錢先生所有著作中是一個經常討論的課題，女性的面容、姿態、心性、及情欲在錢先生筆下褒貶有加，這個課題是錢先生長期對於女性問題觀察的成績，對於褒貶的文字，目前我們很難去探索他內心的本質，不過從《圍城》以下，各部著作都脫離不了女性課題的文字描繪，其中的問題，值得再深入研究。

第三節　研究的檢討與展望

前兩節綜合本書一些看法，做一點簡要的歸納。「錢學」研究的熱潮仍會持續下去，不會因時間、空間的轉移有所變化。阮元（1764～1849）曾說過：

「學術盛衰，當於百年前後論升降焉。」〔註14〕「錢學」被外界認爲沒有成系統的學問，這一點錢先生已經說明了。但任何一種學說當然有其體系及其獨特性，錢先生駕馭多種語言都游刃有餘，他在《管錐編》裏發揮，他的文心及詩心，表述了他自己對於傳統古籍的新穎見解，這種貫穿古今中外的思惟，充分表現了智者敏銳的觀察及高尚的智慧。我們或許可引用韋勒克（Rene Wellek，1903～）贊賞奧爾巴哈（Erich Auerbach，1892～1957）那本精彩絕倫的文學批評著作《模擬》（Mimesis）的話來說明錢先生之著作：「本書乃是語言學，文體學，思想史與社會學精細學問與藝術格調，以及歷史想像與當代意識等至爲成功的結合。」〔註15〕引述此段話無非說明「錢學」涉及範圍，是打通一切學科的學問。錢先生借中國傳統經典無論是經、史、子、集，都想用打通的方式，去闡釋他的「文化學」的思惟。這樣的取徑是他個人對於學術思惟的一大貢獻，也是表現他個人學思的創舉。劉大櫆在（1698～1780）《論文偶記》說：「文字只求百世後一人兩人知得，不求並時之人人知得。」錢先生這種學思又何必急求他人的瞭解。筆者向來以爲「錢學」之研究可做爲東西交通重要的指標，無論中國人或外國人都可以借他的著作《管錐編》或《談藝錄》的架構去體會中國傳統學問的深奧及典雅。以下幾點是筆者就本書寫作過程中，認爲應在「錢學」研究方法與內容上，更進一步的努力及思考的課題：

一、「錢學」在文學研究方法上是否就是「比較文學」的方法？錢先生強調自己的方法是「打通」，並非是「比較文學」。我們嘗試引用以下三種對「比較文學」的定義：

（1）雷馬克（H. H.Remak）的定義：〔註16〕

比較文學是超出一國範圍文學研究之外，並且研究文學與知識信仰領域之間的關係，包括藝術（如繪畫、雕刻、建築、音樂）哲學、歷史、社會科學（如政治、經濟、社會學）、自然科學、宗教等等。簡言之，比較文學是一國文學與另一國文學或多國文學的比較，文學與人類其他表現領域的比較。

〔註14〕錢大昕《十駕齋養新錄》《四部備要》本阮元序（臺北：中華書局，1965 年 5 月），頁 1。

〔註15〕奧爾巴哈著，張平男譯《模擬》（Mimesis）（台北：國立編譯館，1980 年 1 月），頁 2。

〔註16〕雷馬克〈比較文學的定義和功用〉，收入張隆溪譯：《比較文學譯文集》（北京：北京大學出版社，1982 年 6 月），頁 2。

（2）布呂奈爾（P.Brunel）的定義：〔註17〕

比較文學是從歷史、批評和哲學的角度，對不同語言間或不同文化間的文學現象進行的分析性描述、條理性和區別性的對比和綜合性的說明，目的是爲了更好地理解做爲人類精神的特殊功能的文學。

（3）李達三（John J.Deeney）的定義：〔註18〕

比較文學是研究兩國或兩國以上的文學，以及文學與其他知識領域的研究。所謂其他知識，乃廣指藝術（繪畫、雕塑、建築、音樂）、哲學、歷史、社會科學（如政治學、經濟學、及社會學）、自然科學、宗教等。

假若我們用以上三種「比較文學」的定義來檢驗錢先生著作，是否應將錢先生研究方法，等同上述三種「比較文學」的定義呢？前面雖已談論過錢先生反對自己的方法是「比較文學」的說法，因此，他使用「打通」來說明他在方法上的別出心裁。他是不想使用時下的「比較文學」的字眼，或許是他自己想突出對於文學、思想及各領域的學科的獨到見解，更顯示出他在方法上的獨特性及對於中西文化的打通、融貫有所展現。1980 年他在日本愛知大學文學部的演講〈我對文學現狀的一點的感想〉〔註19〕，文中論說「這三四年來，各位在刊物上可以看到，文學研究的花樣也漸漸多起來了，結構主義有人講了，研究比較文學也不是罪名了。」顯然這些皆是改革開放後的另一股新的研究風氣。

二、前文已提到錢先生的《談藝錄》、《管錐編》皆在憂患環境下動筆完成的，《談藝錄》序說「雖賞析之作，而實憂患之書」；錢先生 1949 年後，除了擔起《宋詩選注》的任務外，又任《毛澤東選集》，《毛澤東詩詞》英譯本的定稿者。文革中他潛心完成了《管錐編》，其錐指管窺所指的又是何義？錐指管窺典故來自《莊子・秋水》「是直用管闚天，用錐指地也，不亦小乎。」這是錢先生謙虛罷了，加上當時環境使然，中共文革結束，十一屆三中全會剛結束不久，由於文革的經驗，一切仍以審愼爲要。他爲何別出心裁用文言文去書寫，背後的用意如何呢？我想使用文言文，原本他在讀書思考時所做札記全用的文言文，序中說：「瞥觀疏記，識小積多。」文革中爲了文稿不遭

〔註17〕布呂奈爾等《什麼是比較文學》（北京：北京大學出版社，1989 年 7 月），頁 229。

〔註18〕李達三《比較文學研究新方向》（台北：聯經出版事業公司，1986 年 4 月），頁 201。

〔註19〕錢鍾書〈我對文學現狀的一點感想〉，《書城》（1999 年 5 期），頁 19。

不肖之徒的破壞，使用文言文或許是一項安全考量。除了這十部書，另有《全唐文》、杜甫詩，韓愈詩，可見《管錐編》所選用著眼在中國經、史、子、集中，而詮釋的書，又是大家公認的經典。莫芝以為他有「借古諷今」之用意，在論到《史記・李斯列傳》時有一段武則天與狄人傑之對話，莫芝以為他用武則天影射江青。又提錢先生寫焚書、文字獄，迫害知識份子之舉動，明眼人皆可嗅出其用意。〔註 20〕大陸學者身處的環境相當清楚，不過許多人皆不能有那樣的文筆把個人的遭遇描繪出來，有的也只是蜻蜓點水點到為止。至於這種論斷是否正確或有意義，皆有待探索。「借古諷今」的想法，是讀者站在歷史時空中，去窺探原作者在那時候的歷史處境所做的反省。不過，我們既沒有充份的證據來印證。也只是一種揣測而已。有人建議將《管錐編》譯成白話文，〔註 21〕這意義不大，反而失去它原來風貌。但較為重要的是為《管錐編》及《談藝錄》做註解。如同周予同為皮鹿門《經學歷史》在文獻上做註解；在學術精神及心境上如余英時對陳寅恪晚年之詩文所做的釋證，假若我們對於錢先生嘔心瀝血之《談藝錄》、《管錐編》也依余先生方法來詮解，寫出較客觀的註解，當使讀者更能了解，並掌握書中的涵義。

　　三、陸文虎已完成《管錐編》人名索引及書名篇目索引，而《談藝錄》只完成人名索引，還缺書名篇目索引，這一部份的工作還有待完成。這種工具書錢先生向來是支持的，如欒貴明的《論語數據庫》、《永樂大典索引》、《全唐詩索引》等書〔註 22〕，他自己向來用札記體著書，要核對原文，頗費心力。故他認為「作為一個對於《全唐詩》有興趣的人，我經常感到尋檢詞句的困難，對於這個成果提供的很大便利，更有由衷的喜悅，這是人工智能在中國古典文學研究上的重要貢獻。」〔註 23〕錢先生便是經歷對文獻材料使用種種不便，包括檢查不易，同時體悟對中國文化體大思精，在有限生命中，如何能夠掌握並消化分解這麼龐大的材料呢？索引工具的使用方便，他是大力支

〔註 20〕莫芝〈中西靈犀一點通——錢鍾書的《管錐編》〉《錢鍾書研究》第二輯（北京：文化藝術出版社，1990），頁 114～115。

〔註 21〕莫芝〈中西靈犀一點通——錢鍾書的《管錐編》〉《錢鍾書研究》第二輯（北京：文化藝術出版社，1990），頁 118。

〔註 22〕陸文虎《〈管錐編〉〈談藝錄〉索引》（北京：中華書局，1990 年 3 月）；中國社會科學院文學研究所計算機室編《論語數據庫》（北京：人民日報出版社，1987 年 12 月）；欒貴明《永樂大典索引》（北京：作家出版社，1997 年 10 月）；欒貴明等人編：《全唐詩索引》中華書局與現代出版社分別出版。

〔註 23〕錢先生給楊潤時的信，未發表。

持的。因此，若能將陸文虎未完成部份補齊，也許人們就更能掌握錢先生所引用過的資料。

四、關於《管錐編》及《談藝錄》專有名詞或術語的整理。這個工作黃維樑曾提議過。錢先生喜用一些術語如「並行分訓」（《管錐編》頁 2）、「岐出分訓」（《管錐編》頁 2）、「闡釋的循環」（《管錐編》頁 17）等等，這些術語本書前面雖有略述，但仍不夠深入。這些術語是他自己的或是他人的，其涵義有何差別？在全書中引用的定義又如何？皆應更深入臚列爬梳。

五、錢先生自小所受庭訓及教育，皆受錢基博的薰陶，那麼他們父子間的思想有何不同或相同呢？錢基博《古籍舉要》序中，錢先生曾與他父親辯論過陳澧的文筆不如朱一新精彩的話，可見他們兩人的學術意見不完全相同。不過錢先生自小受庭訓，多少受子泉先生的影響。〔註 24〕又錢先生與他丈人楊蔭杭之學術往來，有沒有互爲影響？〔註 25〕楊蔭杭爲律師，美國賓夕法尼亞大學碩士，研究論文是《日本商法》。曾在《申報》寫過無數時事評論，大都收入近年印行的《老圃遺文輯》。楊絳說：「錢鍾書和我父親詩文上有同好，有許多共同的語言。」〔註 26〕可見他們在學問上有往來。錢先生在清華求學時，他的老師吳宓、葉公超、I. A. Richards 等人對他有沒有影響？其學術淵源的研究也有待開發。又他老師吳宓受教於白璧德（I. Babbitt），他所倡導的學衡派（即東南學派）與當時北京大學的學者互相抗衡，兩者對於錢先生的影響又怎樣？〔註 27〕學衡派向來被認爲是新文化運動的反對者，從《學衡》雜志的創刊宗旨「論究學術、闡求眞理、昌明國粹、融化新知」，看來它除囿守傳統文化外，也吸收新的知識，並非死守傳統舊棄。學衡派的領導人有吳宓、梅光迪、胡先驌、湯用彤等人。在《學衡》創刊號中（1922 年 1 月）梅光迪發表了一篇〈評提倡新文化〉，文中大力批評新文化運動者，說：「一、

〔註 24〕錢基博《古籍舉要》（台中：文宗出版社，1970 年 5 月），頁 3。

〔註 25〕楊蔭杭著，楊絳整理《老圃遺文輯》（武漢：長江文藝出版社，1993 年 10 月）。李慎之〈通才博識，鐵骨冰心，《讀書》（1994 年 10 月），頁 44～49。

〔註 26〕楊絳〈回憶我的父親〉，《楊絳散文》：（杭州：浙江文藝出版社，1994 年 12 月），頁 82～140。范旭侖〈楊蔭杭《申報》文史札記目錄〉；范旭侖李洪岩《錢鍾書評論》卷一（北京：社會科學文獻出版社，1996 年 11 月），頁 341～349。

〔註 27〕侯建《從文學革命到革命文學》（台北：中外文學出版社，1974 年 12 月）；徐葆耕《釋古與清華學派》（北京：清華大學出版社，1997 年 5 月）；沈松僑《學衡派與五四時期的反新文化運動》（台灣大學文學院），（1984 年 6 月）。沈衛威《回眸學衡派——文化保守主義的現代命運》（北京：人民文學出版社，1999）。

彼等非思想家，乃詭辯家也；二、彼等非創造家，乃模仿家也；三、彼等非學問家，乃功名之士家也；四、彼等非教育家，乃政客也。」〔註28〕這引來魯迅〈估《學衡》〉的反擊，他調侃的說：「夫所謂《學衡》者，據我看來，實不過聚在「聚寶之門」，左近的幾個假古董所放的假毫光。」〔註29〕這個學術史上的論爭，以錢先生曾在清華大學求過學，加上他的老師吳宓參與其內，在學術思考上恐怕多少也會受其影響。

六、錢先生抗戰時期，在上海淪陷區寫了《圍城》（1944～1946），他在序中說：「兩年裏憂世傷生」，他淪陷在孤島的心境如何？在《談藝錄》序中亦說「雖賞析之作，而實憂患之書。」想見當時的處境及心境，楊絳說錢先生在三十五歲生日有詩「書癖鑽窗蜂未出，詩情繞樹鵲未安」〔註30〕之心情，錢先生學術思想研究上，這段轉折有待深入的研究。由於目前閱讀材料中並沒有討論錢先生在上海孤島時期的情況，在當時環境及氣候下，他對於時事的看法如何？也有待探索。

七、錢先生對於中國面臨封閉處境，面對海洋走向世界是他一直嚮往的，八十年代出國訪問的興緻可見。晚清以來，中國面對政治改革的要求，四九年之後的新中國也是如此，他為鍾叔河《走向世界叢書》寫序，所抱的切望更是如此，「中國走向世界」的劓切心聲，正是他面對百年中國的反思。同時他借用西方文學理論或哲學思想方法之方式與目的，也有進一步探討的必要。

以上是本書在處理過程中，發現應該進一步去探討及處理的問題。近百年來中國面對國內動亂及外人侵略的危機，學術價值往往呼應時代而誕生，在傳統與現代的追逼下往往會去追求新的時代思潮，而又要顧及傳統，對於這兩種選擇造成兩難。錢先生誕生於民國初創之際，在傳統教育制度下，又接受西方學術思潮，故能面對兩難做出了抉擇。因此「錢學」的產生不無它背後的動力，而今它既已形成一股研究思潮，回顧過去研究者努力成果及前瞻未來探索的目的，是有興趣做這工作的人應該盡力的。回顧即對未來的檢討，前瞻即對過去的補充，「錢學」可預期發揮的空間仍是很大。

〔註28〕孫尚揚、郭蘭芳《國故新知論──學衡派文化論著輯要》（北京：中國廣播電視出版社，1995 年 12 月），頁 71～77。

〔註29〕魯迅〈估《學衡》〉，《魯迅全集》第一卷（北京：人民文學出版社，1987 年），頁 377

〔註30〕楊絳〈錢鍾書與《圍城》〉，見錢鍾書：《圍城》（台北：書林出版公司，1989 年 9 月），頁 373。

　　錢鍾書為現代學術思想史上的重要學者，不可諱言，他倍受爭議，無論出自主觀的攻擊或客觀的批評，皆有待後人對他檢證，他所作《談藝錄》、《管錐編》的學術，享有極高的評價不容置疑，唯有更多熱切者從多元角度去探索及研究，使他在傳統文化中無論是文學、哲學或小學的詮釋得到更正確的評價，歸納出他所受和所建立的學術系統，釐清他的學術本質及方法。從以上的討論，可知我們今天對他的研究仍待加強。我們該從歷史思潮中，追溯「錢學」的發展，也可以印證錢先生在二十世紀整個歷史發展脈絡中，他隨時代環境的起伏轉折。在抗戰上海孤島時期、文革慘痛勞動中，他如何承接及回應，我們或仍可從他的著作中更作深入的探尋。

　　總之，「錢學」研究，不會因錢先生故去而降溫，更會在此世紀交替中，重新給他一個新的評價，這種評斷應當會更客觀，更公正。

附錄一　錢鍾書《管錐編》引文錯誤更正表

這個附錄是在研讀《管錐編》時，核對原文，發現錢先生引用錯誤之處，臚列以下以供研究參考。

管錐編原冊數	頁數	行數	管錐編引文	核對原書之原文	原書所使用的版本
第一冊	20	倒數第4行	顧炎武《日知錄》引文，「不如其畏鬼責矣」	「不如其畏鬼責矣」前少一「常」字。	陳國慶，周蘇平點注《日知錄》（蘭州：甘肅民族出版社，1997），頁91。
	同上	倒數第2行	王政行乎上	王政行於上	同上
	同上	同上	有道之世	有道這世	同上
	50	倒數第1行	皆老子第二章之枉則直	應為二十二章按：新版《管錐編》第一冊上卷頁98已改過	朱謙之《老子校釋》（臺北：里仁書局，1995），頁91。
	57	第6行	述己志而作詩	應為述己志而作詩為詩	《毛詩正義‧詩譜序》（臺北：藝文印書館，1965），頁2b/4。
	同上	第8行	志之所之	應為志之所之也	《毛詩正義》卷1之1（臺北：藝文印書館，1965），頁5a/13。
	74	第3行	誰謂雀無角？何以穿我屋！誰謂鼠無牙？	應為誰謂雀無角？何以穿我屋！……誰謂鼠無牙？	《毛詩正義》卷1之4（臺北：藝文印書館，1965），頁11a/56。
	83	第7行	《箋》：「無恩之甚！……	原箋文中並無「無恩之甚」	《毛詩正義》卷2之2（臺北：藝文印書館，1965），頁12a/90。

第一冊	同上	倒數第8行	愛汝之新婚，恩如兄弟	應爲愛汝之新婚，**其**恩如兄弟	《毛詩正義》卷 2 之 2（臺北：藝文印書館，1965），頁 12a/90。
	86	第 3 行	非爲其徒說美色而已	應爲非爲**羌**徒說美色而已	《毛詩正義》卷 2 之 3（臺北：藝文印書館，1965），頁 14a/105。
	88	倒數第9行	《正義》：「武公殺兄篡國，……	應爲《正義》：**武公以其賄賂士以襲攻共伯而殺兄竄國**，……	《毛詩正義》卷 3 之 2（臺北：藝文印書館，1965），頁 10b/126。
	121	倒數第4行	唯僞《古文尚書》有……	應爲**唯晚**出《古文尚書》〈**冏命**〉有……	《嘉定錢大昕全集》第 9 冊《潛研堂文集》卷 6，〈答問三〉（南京：江蘇古籍出版社，1997），頁 73。
	251	第 5 行	軼事時見於他說	應爲其乃軼**時**時見於他說	《史記會注考證》（臺北：洪氏出版社，1985），頁 39。
	290	倒數第4行	王偃盛血以革囊	應爲盛血以**韋**囊按：新版《管錐編》第一冊下卷頁 547 已改過	《史記會注考證》（臺北：洪氏出版社，1985），頁 618。
第二冊	550	倒數第2行	一雌二雄	應爲一雌三雄	尚秉和《焦氏易林》（北京：中國書店，1990），卷 15，頁 22。
	579	倒數第4行	別見《老子》卷論第二章	應爲第二十章	嚴復《評點老子道德經》（臺北：廣文書局，1979），頁 18。
	754	倒數第3行	李季蘭	應爲李**秀**蘭按：新版《管錐編》第二冊下卷頁 651 已改過	《太平廣記》（臺北：古新書局，1980），頁 570。
第三冊	921	第 10 行	全漢文卷二二	應爲全漢文二三按：新版《管錐編》第三冊頁 111 已改過	嚴可均輯《全上古三代秦漢三國六朝文》第一冊《全漢文》（北京：中華書局，1987）卷 23，頁 1a/250。
	942	倒數第7行	男子好色，五十未衰	應爲男子五十，好色未衰按：新版《管錐編》第三冊頁 148 已改過	嚴可均輯《全上古三代秦漢三國六朝文》第一冊《全漢文》（北京：中華書局，1987）卷 31，頁 4a/298。

第三冊	959	倒數第2行	《全漢文》卷五二揚雄〈解嘲〉	應在《全漢文》五三	嚴可均輯《全上古三代秦漢三國六朝文》第一冊《全漢文》（北京：中華書局，1987）卷53，頁3b/413。
	999	倒數第10行	《全後漢文》卷三六汝南陳伯敬行必矩步	應在《全後漢文》卷三七	嚴可均輯《全上古三代秦漢三國六朝文》第一冊《全後漢文》（北京：中華書局，1987）卷37，頁9a/681。
	1003	註1	I.Kings, 3.16-18	應為 I.Kings, 3.16-28	《新舊約全書·列王紀上》第四章（香港，香港聖經公會，1959），頁491～492。
	1028	第7行	秦之邦	應為秦之都	嚴可均輯《全上古三代秦漢三國六朝文》第一冊《全後漢文》（北京：中華書局，1987）卷84，頁2b/925。
	1052	第8行	《全三國文》卷一六	此段應置《管錐編》頁1064討論。	
	1124	第13行	匆匆不暇草書	應為忽忽不暇草書	嚴可均輯《全上古三代秦漢三國六朝文》第二冊《全漢文》（北京：中華書局，1987）卷30，頁9a/1631。

附錄二 錢鍾書先生信函

（1989 年 9 月 23 日）

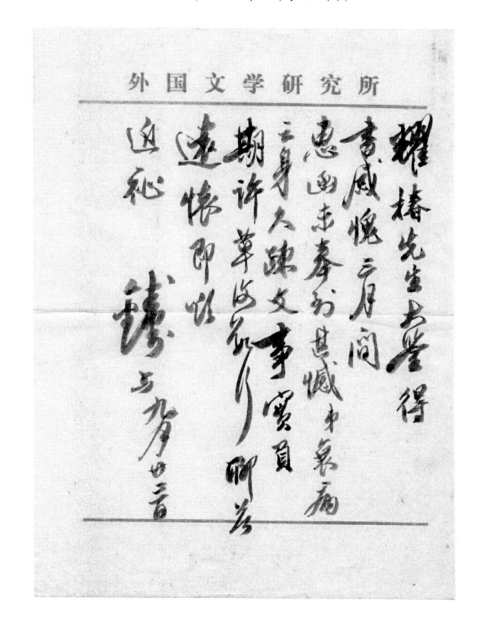

錢鍾書先生信函

（1990 年 11 月 13 日）

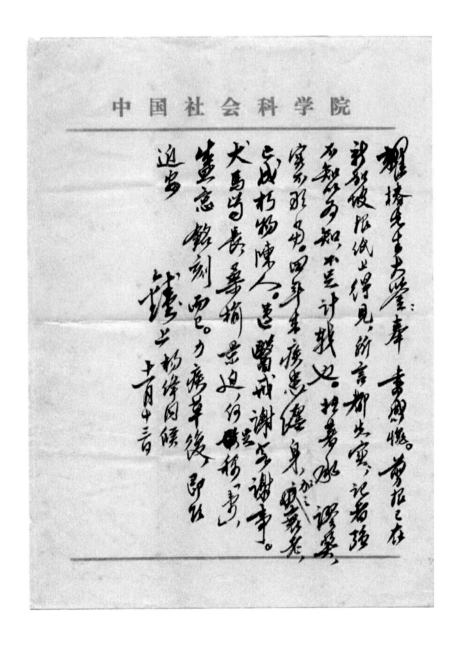

附錄三　欒貴明先生信函

林耀椿先生：

您四月十一日札，楊絳先生已經收到。由於錢先生生病，楊先生需日夜照拂，又加之其愛女錢瑗近亦患染大疴，楊先生心力交瘁，實無法直接向您謝忱，特囑我代為復函，務祈原諒。

您所寄大作，楊先生已讀過，也向臥床的錢先生轉達了您的美意，他們都十分高興和感激。

錢先生多次談起過五十年前的寶島行，對海天青山，學府學人均讚不絕於口，閱讀到您的大作，猶感響應之音也，在下畏友林慶彰先生多年來不見，盼轉致問候！順頌

大安

欒貴明代筆 1996.5.20

附錄四　林耀椿〈錢鍾書在臺灣〉

　　當代著名學者錢鍾書先生在中國學術界的魅力，很難有人與他相比，也因此一有他的新作或是蹤跡，便會引人圍觀，爭相走告。已有相當時刻沒有錢先生的訊息，李黎在《聯合文學》寫了一篇〈一封遲到多年的信〉，述說錢老給她的信遲了十一、二年，放在一位「收藏家」手上，爾後又得到錢老覆函，這是近年來有關錢老的一點「蛛絲馬跡」[註1]，讀之感到特別親切。依回信可知他們夫婦身體情況：

> 七年來，衰病相因，愚夫婦皆遵醫戒，杜門謝客謝事，只恨來信太多，也多懶不復。

楊絳也因「輕微的腦血栓病」入院，這對深居簡出的夫婦，是學術界舉目注視之焦點，又《聯合文學》繼「楊絳專卷」[註2]事隔七年，又推出「楊絳雜憶」[註3]，所選散文除了〈第一次觀禮〉外，皆選自《雜憶與雜寫》，[註4]而中國社會科學出版社也在 1993 年推出三厚冊《楊絳作品集》，洛陽紙貴一

〔註 1〕　《聯合文學》第九卷第六期（1993 年 4 月號），頁 178～181。近來在聯合副
　　　　　刊見黃韋：〈錢鍾書智退賀壽人〉（《聯合副刊》1995 年 12 月 4 日），文中敘述
　　　　　錢老午睡，使一些賀壽的中國作協領導打退堂鼓。另中副有陶思浩：〈巴金、
　　　　　施蟄存與錢鍾書、楊絳夫婦〉（《中央副刊》1995 年 12 月 8 日）一文，陶文說
　　　　　明錢老身體羸弱，相當嚴重。引述楊絳的話：「據根絳在電話中說，默存兄的
　　　　　病比較嚴重，是泌尿系統癌症擴散，現賴鼻飼，每天由楊絳將雞、魚、肉類
　　　　　和蔬菜煮熟搗成漿糊，通過管道灌入胃腸，以保持足夠的營養。」
〔註 2〕　《聯合文學》第四卷二期（1987 年 12 月號），頁 154～233。
〔註 3〕　《聯合文學》第十卷第三期（1994 年 1 月號），頁 46～96。
〔註 4〕　楊絳：《雜憶與雜寫》（廣州：花城出版社，1992 年 7 月）。

年間竟然印了四次，而浙江文藝出版社也出版了《楊絳散文》〔註5〕，南京譯林出版社也出版《楊絳譯文集》〔註6〕，錢老《七綴集》也再重新出版。〔註7〕這是一、二年來他們著作出版情況。反觀學術界已不再評介他們文章，《錢鍾書研究》、《錢鍾書研究采輯》已銷聲匿跡。〔註8〕除了零星幾篇評論文章出現，已不像《圍城》拍成電影版，評論文章那樣熱絡。今年錢老出版了《槐聚詩存》〔註9〕，這訊息早在去年 1994 年 9 月號《讀書》已見曉（出的是線裝書）〔註10〕，錢老在序文述說：

> 自錄一本，絳恐遭劫火，手寫三冊，分別隱藏，幸免灰燼。去年余大病，絳也積勞成疾，衰弊餘生，而或欲以流傳篇什印爲一書牟薄利者。絳謂余曰：「與君皆如風燭草露，宜自定詩集，卑免俗本傳訛。」因助余選定推敲，並力疾手書。

這一本詩集著錄自 1934 年到 1991 年，即是選自他清華大學畢業後，在上海光華大學執教時至今的作品。依孔慶茂的《錢鍾書傳》說：「1934 年前之詩作皆收在《中書君詩》之此書當時爲自印本，非賣品很難看到。」〔註11〕吳宓（雨僧）喜悅看到自己學生出詩集，並爲它題了一首詩〈賦贈錢君鍾書即題中書君詩初刊中〉：〔註12〕

> 才情學識誰兼具，新舊中西子竟通，大器能成由早慧，人謀有補賴天工，源深顧趙傳家業，氣勝蘇黃振國風，悲劇終場吾事了，交期兩世許心同。

當我在《槐聚詩存》1948 年見有〈草山賓館作〉、〈贈喬大壯先生〉兩首詩時，心中喜悅至極。懸宕多年無法解決的一件事，終於乍見曙光，就是錢鍾書先生何時來臺灣的公案，二年前我在拙文〈從錢鍾書「退」的人生觀看「錢學」的發展〉〔註13〕提及「舊地重游」之事，當時只根據錢老給蘇正隆先生的信，

〔註 5〕 楊絳：《楊絳散文》（杭州：杭州文藝出版社，1994 年 12 月）。

〔註 6〕 楊絳：《楊絳譯文集》（南京：譯林出版社，1994 年 11 月）。

〔註 7〕 錢鍾書：《七綴集》（上海：上海古籍出版社，1994 年 8 月）。

〔註 8〕 《錢鍾書研究》目前只出三輯，《錢鍾書研究采輯》只出一輯。

〔註 9〕 錢鍾書：《槐聚詩存》（北京：三聯書店，1995 年 3 月）此版爲鉛排本。

〔註10〕 時報文化出版公司 1994 年 11 月根據線裝本重印，改爲平裝本，在臺灣發行。

〔註11〕 吳慶茂：《錢鍾書傳》（南京：江蘇文藝出版社，1992 年 4 月）頁 61～62。

〔註12〕 吳宓：《吳宓詩文集》（台北：地平線出版社，1971 年 1 月）頁 287。

〔註13〕 林耀椿：〈從錢鍾書「退」的人生觀看「錢學」的發展〉，《國文天地》第 9 卷第 2 期（1993 年 7 月），頁 98～100。

承他厚愛邀請到臺灣訪問，錢老說：

> 承邀愚夫婦訪臺灣極感厚愛，但弟自年前訪日歸來，自覺老懶身心，
> 不宜酬應，且無意走江湖，賣狗皮膏藥，古溯歲遠則歐美澳、近則
> 新加坡、香港、日本皆有招邀，一律敬謝。今復多病，更安土重遷，
> 臺灣為弟舊遊之地，嘗寓草山一月⋯⋯。

這條訊息，引起我無比興奮，到處探尋。逢有相關研究學者便就近求教，如許雪姬、秦賢次、黃英哲等先生對於民國三十六、七年的報紙熟悉無比，可是對於錢鍾書先生來臺的事，他們皆沒有印象，當時書林出版社蘇恆隆先生提供說《臺大校刊》聽說有錢老一篇文章〔註 14〕，這本校刊，臺大圖書館未必有藏。今年有機會到上海，復旦大學王水照先生提及錢老來臺之事，因王先生當年曾經參與錢老主持編寫《中國文學史》唐宋段〔註 15〕，他很願意有機會向錢老求證。我也曾經向中國社會科學院文學研究所楊義先生求證，他也不清楚。可是我仍然不放棄此公案的探詢，也就冒昧給北京三里河錢老寫信，可是無回音這是預料之事。

　　錢先生既然來過臺北，為何在大陸出版幾本傳記都沒有提及，令人喪氣。〔註 16〕黃維樑先生策劃「錢鍾書專輯」〔註 17〕也沒有提及。莊申先生在《名家翰墨》寫一篇〈「為君壽」與「為君長年」——對臺靜農世伯治文與所書聯語所寫的腳註〉〔註 18〕提及：

> 民國三十六年，教育部組織過一個文化訪問團，訪問的目的地是臺
> 灣。訪問團的團員有錢鍾書、向達、鄭振鐸，等知名學者，此外，
> 先父也是團員之一。

這條資料算是最清楚說明錢老訪問臺灣的資料，到底是三十六年或是三十七

〔註 14〕《臺大校刊》根據《自立晚報》1947 年 10 月 12 日第四版，有報導「《臺大校刊》第一期業已出版，第二期也於日內發刊。」

〔註 15〕中國科學院文學研究所中國文學史編寫組《中國文學史》（北京：人民文學出版社，1992 年 5 月），另見王水照先生：《唐宋文學論集》的〈後記〉（山東：齊魯書社，1984 年 7 月），頁 389。

〔註 16〕近年來大陸出版有關錢鍾書傳記有以下幾種：孔慶茂：《錢鍾書傳》見註 11；愛默：《錢鍾書傳稿》（天津：百花文藝出版社，1992 年 4 月）；張文江：《文化崑崙——錢鍾書傳》（臺北：業強出版社，1993 年 6 月）；胡志德（Theodore Huters）：《錢鍾書》（北京：中國廣播電視出版社，1990 年 12 月）。

〔註 17〕《聯合文學》第五卷第六期（1989 年 4 月），頁 112～187。

〔註 18〕《名家翰墨》1990 年 12 月第 11 號〈臺靜農、啟功專輯〉。

年，又幾月來，有多少人，拜訪哪些人、哪些機構，種種問題，有待查證。
莊先生此文乃是爲《名家翰墨》「臺靜農、啓功」專輯寫的。當時臺先生在臺
大，也因此這訪問團必拜訪臺大中文系，而三十六年臺大中文系主任是許壽
裳先生，當北岡正子、秦賢次、黃英哲等先生編的《許壽裳日記》出版〔註19〕，
我借得勤奮翻閱想從中獲得一點訊息，這本日記記自 1940 年 8 月 1 日至 1948
年 2 月 18 日，即是許先生被殺當日。當時許先生受陳儀之邀請來臺主持臺灣
省編譯館（1946 年 8 月 7 日正式成立），這組織許先生投下很大心力，懷有極
大熱忱爲臺灣同胞在文化事業奉獻心力，可是種種阻力，不到一年此組織便
遭裁撤。他來臺灣的第一年日記（1947 年 7 月 25 日）寫下：

> 來台整整一年，籌備館事，初以房屋狹窄，內地交通阻滯，邀者遲
> 遲始到，工作難以展開，迨今年一月始得各項開始，而即有二二八
> 之難，停頓一月，而五月十六日即受省務會議決裁撤……。〔註20〕

由於當時國內的確危急，來臺交通並不方便，到館者有李霽野、袁珂（聖時）、
李竹年（何林）等人。該組織分有四組：（1）學校教材組，（2）社會讀物組，
（3）名著編譯組，（4）臺灣研究組。開鑼不久，皆有成果出版，社會讀物組
「光復文庫」第一種許壽裳《怎樣學習國語和國文》、第二種黃承燊編《標點
符號的意義和用法》、第三種楊乃藩《簡明應用文》皆在 1947 年 4 月發行。
而名著編譯組也在 1947 年 1 月出版第一種由李霽野翻譯英人吉辛（George
Gissing）的《四季隨筆》（The Private Papers of Henry Ryecroft），這書是李霽
野於 1944 年在北碚所譯的。〔註21〕除此之外待印另有五種，其中有李霽野夫
人劉文貞譯哈德生散文集《鳥與獸》。〔註22〕相當可惜許先生有許多計畫皆無
法進行，移交給省教育廳編審委員會計近三十件。

　　雖然在許先生日記找不到蛛絲馬跡，那繼承許先生任臺大中文系主任的

〔註19〕北岡正子、秦賢次、黃英哲編：《許壽裳日記》（1940 年 8 月 1 日至 1948 年 2
　　　月 18 日）（東京：東京大學東洋文化研究所，1993 年 3 月）。

〔註20〕同註19，頁 254。

〔註21〕李霽野譯：〈四季隨筆〉（台北：臺灣省編譯館，1947 年 1 月）。另見李霽野：
　　　〈美國的散文名著——《四季隨筆》〉，聯合報副刊 1991 年 4 月 2 日。

〔註22〕李霽野：〈自傳及著譯簡談〉，《中國當代社會科學家》第二輯（北京：書目文
　　　獻出版社，1982 年 6 月），頁 182。關於李霽野先生近況見鄴十踐：〈憶往談
　　　舊錄——李霽野、魯迅、周作人、朱安和臺靜農〉一文，《人物》（1995 年 4
　　　月），頁 87～96。從此文得知李何林長期擔任北京魯迅博物館館長，他於 1988
　　　年 11 月 9 日逝世於北京。

喬大壯（喬劬），他的資料更少，1948 年暑假後，臺大並未再續聘他，於是離開臺灣，令人惋惜的是當年喬氏便棄世自沉蘇州平門梅村橋下〔註 23〕，享年五十七歲，重演屈原、李白、王國維的悲劇。而接任者是臺靜農先生，如今他也作古。因此，這條線索已很難追尋。

　　另一可探尋的線索，便是秦賢次先生提供翻印的《臺灣文化》〔註 24〕，這個刊物是「臺灣文化促進會」之機關刊物，發行人游彌堅，主編有蘇新、楊雲萍、陳奇祿，創刊於 1946 年 9 月 15 日，至 1950 年 12 月 1 日停刊，秦先生說：

　　　　光復初期創刊的期刊中，爲時最久，水準最高，影響最大的一份雜誌。

此刊物有「文化動態」、「本會日誌」、「近事雜記」、「本省文化」等專欄，穿插在各期中，但從中並沒有發現文化訪問團的報導。從此刊物看出中國文化生命傳承與臺灣是不能分離的。譬如在第一卷第二期便是「魯迅逝世十週年特輯」。〔註 25〕從文章比例看來所謂「臺灣文化」似乎不成比例，事實上看看「臺灣文化促進會」宗旨便清楚知道：

　　　　本會以聯合熱心文化教育之同志及團體協助政府宣揚三民主義傳播
　　　　民主思想改造臺灣文化推行國語國文爲宗旨。〔註 26〕

這種刊行方式，也招來抗議，因此，主編便接受批評而說：

　　　　本期自下期起，擬多載有關臺灣的文化的文字。日前，有一位朋友
　　　　批評本誌說：《臺灣文化》，每找不到「臺灣文化」，我們願接受這批
　　　　評。〔註 27〕

此後對於「臺灣文化」之文章，顯然大幅度增加。

　　經過如此折騰翻滾，仍然沒有半點眉目，於是我向莊申先生請教，所得答案應是 1947 年來臺，但莊先生也不完全確定，要我翻閱報紙及查教育部檔案，但始終沒有去嘗試，這次爲了澈底解決問題先查詢較容易得到的《自立晚報》。這也是幾年前林慶彰老師要我查詢的報紙。

〔註 23〕劉紹唐主編：《民國人物小傳》第七冊（台北：傳記文學出版社，1985 年 12
　　　　月），頁 334。
〔註 24〕《臺灣文化》（台北：傳進文化事業有限公司，影印本，不著出版年月）。
〔註 25〕這專輯有許壽裳、田漢、雷石榆、楊雲萍等人撰稿紀念。
〔註 26〕《臺灣文化》第一卷第一期（1946 年 9 月），頁 28。
〔註 27〕《臺灣文化》第三卷第四期（1948 年 5 月），頁 28。

　　《自立晚報》創始於 1947 年 10 月 10 日，我以爲錢老必在 1948 年 2 月以後來的，因爲《槐聚詩存》有〈贈喬大壯先生〉的詩：

> 一樓波外許摳衣，適野寧關吾道非，春水方生宜欲去，青天難上苦思歸。耽吟應惜抵髭斷，得酒何求食肉飛，著處行窩且安隱，傳經心事本相違。

錢先生有小註「先生思歸蜀，美髯善飲」，可見錢先生必拜訪當時剛接系主任的喬大壯，同時也透露出喬先生想回內地心情。因此，1948 年以後的部分我便小心的閱讀，2 月 18 日後，因「許壽裳事件」每日皆可見報導，直到 3 月 23 日抓到兇手爲編譯館前工友高萬俥。這個事件對於許多學者再回大陸有相當大的影響。千辛萬苦搜尋中，終於在 4 月 14 日看到「錢鍾書先生講〈中國詩與中國畫〉文展學術演講紀錄稿之五，本報記者未名筆記」。〔註 28〕原來是教育部在臺北要舉行一個文物展覽會，應邀參加這個展覽會的人員在 1948 年 3 月 18 日抵達基隆，由當時省政府教育廳長許恪士親自登輪迎接，有當時中央圖書館館長蔣復聰（應作璁）、中央博物館向達、王振鐸、故宮博物院莊尙嚴，及教育部人員、上海市收藏家計二十二人。促成這次文物展覽會者乃當時教育部長朱家驊先生，報載說：

> 教育部長朱家驊，前次蒞臺視察返京後，爲關懷啓發臺胞教育，使臺灣同胞借鏡觀覽祖國歷代文物，特諭由中央圖書館，中央博物院，故宮博物院酌配歷代文物及善本圖書，並邀滬市藏家參加。
>
> 品類有圖書、瓷器、陶器、銅器、銀器、俑及善本書等，計 661 件。〔註 29〕

展覽會 3 月 24 日在臺北市省博物館、圖書館舉行，當時由教育部次長田培林主持開幕。依當時國事蜩螗，多事之秋，有這樣的舉動，可預料當時政府已有遷臺之構想，而當時來臺視察的要人很多，如蔣介石夫婦（1946 年 10 月 21 日）、宋子文（1946 年 1 月 25 日）、蔣經國（1947 年 3 月 17 日）……等人。

　　此次展覽會，故宮博物院文物並沒有來臺展出，田先生在當場答覆觀眾說：「故宮博物院存品，若是拿到外邊來，必須經過理事會通過，理事會不即

〔註 28〕《自立晚報》1948 年 4 月 14 日第一版。

〔註 29〕《自立晚報》1948 年 3 月 19 日第一版。另見朱家驊：〈向臺灣全省教育人員廣播詞〉（1948 年）及〈臺灣省第一屆全省教育會議致詞〉（1948 年 1 月 18 日在臺中），《朱家驊先生言論集》（臺北：中央研究院近代史研究所，1977 年 5 月），頁 207～213。

召開，受時間上的限制，所以沒有來臺參加。」〔註30〕故宮的文物沒有來臺，當然這可看性就沒有那樣高，因爲此次展覽以書畫爲主。我猜測當時故宮文物已開始準備遷臺，約半年後在 1948 年 12 月 21 日由南京運出。〔註31〕

　　除了展覽會外，另有專家專題演講，依《自立晚報》記者記錄有以下幾場演講：

第一場	3 月 30 日上午	向達〈敦煌佛教藝術〉	（登載在民國 37 年 4 月 12 日）
第二場	3 月 30 日下午	李玄伯〈中國古代社會與近代初民社會〉	（4 月 4、5、6 日）
第三場	3 月 31 日上午	王振鐸〈指南針發明史〉	（4 月 7、9、10 日）
第四場	3 月 31 日下午	莊尙嚴〈中國繪畫概說〉	（4 月 11.、2 日）
第五場	4 月 1 日上午	錢鍾書〈中國詩與中國畫〉	（4 月 14、15、16）
第六場	4 月 1 日下午	屈萬里〈中國刻本書前的圖書〉	（4 月 17、18 日）
第七場	4 月 2 日上午	蔣復璁〈中國書與中國圖書館〉	（4 月 19、20、21 日）

　　這七場演講皆與書畫、文物相關，因 4 月 22 日之後便無記錄稿的刊載，可見只有七場。這些演講地點是在臺灣大學法學院，從報紙報導情況聽講的人似不多，「學術演講一般說地點太偏了，中心一點，也許聽的人還要多」。〔註32〕可是在 4 月 1 日晚報記者有消息報導錢鍾書先生那一場演講情形，盛況空前，茲轉錄如下：〔註33〕

　　　　文物展覽學術講座今日爲第三日，上午第五次演講，當講者，爲小說家錢鍾書，題爲「中國詩與中國畫」，九時後聽眾漸多，女師商職學生佔了三分之一座位，是三日以來最多者。十時錢氏步上講台，由劉院長（按：乃指法學院院長劉鴻漸）介紹後即幽默語調開始說，劉院長介紹使我心理很惶恐，像開出一張支票，怕不能兌現，引得哄堂大笑。後又說：好在今天是愚人節，我這愚人站在這裡受審判。接著開講，由中外畫上引證畫與詩本是一件東西用兩種技巧，二種不同工具表現出來得東西，後即對中國畫與中國詩並不是足可以代

〔註30〕《自立晚報》，1948 年 3 月 24 日第一版。
〔註31〕那志良：《慪今憶往話國寶》（香港：里仁出版社，1984 年 8 月），頁 201。
〔註32〕《自立晚報》1948 年 4 月 1 日第四版。
〔註33〕《自立晚報》1948 年 4 月 1 日第一版。

表，中國畫的畫中就可以找到中國詩的特點，說明頗詳，旁敲側擊，

說得頭頭是道，至十一時始畢。

幽默風趣的錢先生被視爲小說家，早於四十七年前的臺灣已如此風采，受人歡迎。當時他三十八歲，《圍城》剛出版一年，臺灣的讀者必有不少人看過，否則聽眾不會門庭若市。

錢先生講〈中國詩與中國畫〉與這次展覽會相當契合，因爲展覽會以書畫作品爲主。當時錢先生是《書林季刊》(Philobiblon) 的主編（國立中央圖書館發行），館長是蔣復璁先生，任此次展覽會的團長，當然會邀請錢先生一起來，以壯行色。錢先生講題雖然八年前已發表過〔註34〕，但配合展覽會的設計有其可聽性。可惜記錄稿有些錯誤，可能手民誤植，如「好在今天是 aprie fooe」應是「April fool」；斯屈來欠（人名）Lyttonrachey，應是 Lytton Strachey；《人物與評論》(Charactersd Commenta resi) 應是（Characters and Co-mmentaries）。〔註35〕

每一場記錄稿皆沒有讓講者看過，當因稿件刊出時，這訪問團可能已回大陸，因爲展覽時間只有三週〔註36〕，這些記錄稿，雖然有些訛誤之處，但是從文化命脈來看，彌足珍貴。這次文物展覽會也遭人批評，尤其是書畫部分，楊雲萍說：「此次教育部舉行的文物展覽會，確給予我們一些興奮。……只是，老實說，所展覽的字畫的所謂名家，大家的作品中，除董其昌的書法屏，華喦的〈寒山拾得圖〉等少數外，作者的眞贗，頗有可議的。」〔註37〕前已提及故宮博物院的書畫不能來臺展覽，只能向上海私人收藏家商借來展示，才會有如此質疑。所以莊尚嚴先生在演講說：

〔註34〕〈中國詩與中國畫〉初載藍田《國立師範學院季刊》第六期，而後收入《開明書店二十周年紀念文集》（北京：中華書局，1985 年 8 月）；頁 157～188。後又收入《舊文四篇》（上海：上海古籍出版社，1979 年 9 月）；《七綴集》（上海：上海古籍出版社，1985 年 12 月）。

〔註35〕葉聖陶編：《開明書店二十周年紀念集》（北京：中華書局，1985 年 6 月），頁 186。

〔註36〕根據昌彼得編：〈蔣慰堂先生九十年表〉，見 1948 年「三月，教育部組織文化宣慰團，派先生爲團長，邀集中央圖書館、中央博物院籌備處、以及滬上收藏家，各選擇所藏圖書文物精品，運赴臺灣，假省立博物館舉辦文物展，以宣揚祖國文化，於四月初抵臺（應是三月二十二日左右），展覽三周後返京。」見《蔣慰堂先生九秩榮慶論文集》（台北：中國圖書館學會，1987 年 11 月），頁 715。

〔註37〕楊雲萍：〈近事雜記〉（十四），《臺灣文化》第三卷第四期（1948 年 5 月），頁 38。

這次教育部主辦的文物展覽會，以書畫佔大部份，因為時間關係，
故宮博物院的書畫不能帶來，多半是上海私人收藏家的珍品，東鱗
西爪，看不出中國畫演變的梗概。〔註38〕

大陸學者在當時有許多人來臺，主要是臺灣回歸祖國懷抱，要在此處建設中
國文化的根基。這訪問團正好遇上許壽裳先生被刺事件，《自立晚報》幾乎每
天有此事件的報導，我們猜測錢先生看到此情況，再加上與喬大壯等人會晤，
心中必有不同的感受，又「二二八」事件發生不久，使得一些學人對留在臺
灣猶豫不定。錢先生詩作〈草山賓館作〉：

空明丈室面修廊，睡起憑欄送夕陽，花氣侵身風入帳，松聲通夢海
掀床。放慵漸樂青山靜，無事方貪白日長，佳處留庵天倘許，打鐘
掃地亦清涼。〔註39〕

從詩作中看出錢老心境，幽靜空靈的草山，松聲山泉飛瀑，鳥語花香滿室，
桃源人間仙境，與世無爭。可見錢先生對此地的印象，極為讚賞，否則不會
有「打鐘掃地亦清涼」的心境。

當陳儀主政臺灣時，有許許多多學者隨他來或是自行來訪問、參觀、表演。
例如馬思聰（1946 年 7 月）、歐陽予倩（1947 年 1 月）〔註40〕、巴金（1947 年
6 月）〔註41〕、田漢（1947 年 11 月）〔註42〕、豐子愷（1949 年 10 月）〔註43〕、
劉海粟（1948 年 2 月）〔註44〕、袁珂（聖時）、李霽野、魏建功、羅根澤等人。
〔註45〕楊雲萍如實的說：「近來，有一種流行，就是從省外來臺灣視察的貴客，

〔註38〕《自立晚報》1948 年 4 月 19 日第一版。

〔註39〕錢鍾書：《槐聚詩存》（北京：三聯書店，1995 年 3 月），頁 95～96。

〔註40〕歐陽予倩於 1947 年 1 月隨「新中國劇社」來臺演出，演出劇目有〈鄭成功〉、
〈桃花扇〉、〈日出〉、〈牛郎織女〉等。《歐陽予倩全集》第六卷（上海：上海
文藝出版社，1990 年 9 月），頁 452。

〔註41〕巴金於 1947 年 6 月 25 日訪臺。參見《臺灣文化》第二卷第五期（1948 年 8
月），頁 9；巴金：《巴金隨想錄》第二〈探索集──懷念烈文〉（香港：三聯
書店，1988 年 5 月），頁 59～69。

〔註42〕《臺灣文化》第三卷第一期（1948 年 1 月），頁 31〈文化動態〉有載「戲劇
家田漢，偕音樂家安娥女士，以及田之女公子媽瑚，於月前來臺。」

〔註43〕《臺灣文化》第四卷第一期（1949 年 3 月），頁 21〈本會日誌〉有載「下午
三時，假中山堂貴賓室，舉行茶會歡迎豐子愷先生。」

〔註44〕《臺灣文化》第三卷第三期（1948 年 4 月），頁 24〈本會日記〉有載「本會
暨省記者公會、省教育會、省文藝社、省藝術建設協會等假中山堂貴賓室聯
合舉行歡迎名畫家劉海粟先生茶會。」

〔註45〕王叔岷先生《慕廬憶往》（台北：華正書局，1993 年 12 月），頁 70。

莫不以稱贊本省，嘉許本省的現狀的話，作他們的視察的感想。」〔註46〕當時臺灣剛回歸祖國，內地的人皆懷有憧憬，想來看看。他們的意見不見得皆是好的。錢歌川（味橄）說：

> 勝利到臨，許多朋友，多隨著陳儀長官到了臺灣。從事文教工作，也頗不乏人，有的流連忘返，有的卻不到幾個月就重返內地了。……有的人把臺灣比同仙境，說的天花亂墜，有人卻訴說臺灣生活之苦，枯燥無味，一無可取。〔註47〕

我們不難看出當時臺灣與內地學術界往來之頻繁，同時對出版界資訊、文藝活動等皆有掌握。可是政治情勢的改變，有些人畏懼二二八事件、許壽裳事件諸如此類悲劇再發生便紛紛回到內地。李霽野在二二八事件發生之後，便逃回內地，他無奈的說：「要逮捕我的傳聞又迫使我深夜攜家逃亡，經香港於1949年五一節前夕到達天津。」〔註48〕當時兩地的確不太穩定，尤其內地情況更糟，如「黎烈文原擬離臺赴閩，聞因臺灣生活比較安定關係，臨時打消原意」。〔註49〕

　　這次文物展覽會大約是1948年4月中旬便結束，政治情勢詭譎多變，造成兩岸日後為文物之所有權恣肆謾罵。臺灣百姓有機會欣賞到此次展覽，雖不全是精品，但也見識到故國的文物之美。朱家驊先生用心良苦，有其貢獻。各演講人配合展覽，其演講內容也發揮最大效果。而錢先生這一次旅臺演講「寓草山一月」，如今不想再「舊地重遊」，就四十七年後今天看來，其意義非凡。對於因政治體制造成文化上的隔閡，令人惋惜。但臺灣與中原文化血源命脈，始終脫離不了關係。

　　補記：本文原載《中國文哲研究通訊》第五卷第四期（1995年12月），頁33～43。曾寄呈錢鍾書先生夫婦指正。楊季康先生請欒貴明先生代筆覆函，欒先生大札說：「錢先生多次說起五十年前的寶島之行，對海天青山，學府學人均讚不絕於口。」可見錢先生對臺灣之印象。本文收入此書時，僅就原刊有數處更正補充。

〔註46〕楊雲萍：〈近事雜記〉（二）《臺灣文化》第二卷第一期（1947年1月），頁18。
〔註47〕味橄（錢歌川）：〈入臺記〉，《臺灣文化》第二卷第六期（1947年9月），頁6～9。
〔註48〕同註22，頁183。
〔註49〕《臺灣文化》第二卷第七期（1947年10月），頁7。

相關文獻

1. 林耀椿：〈錢鍾書在臺灣〉，中國文哲研究通訊，第 5 卷第 4 期（總第 20 期），頁 33～43，1995 年 12 月。

2. 林耀椿：〈錢鍾書在臺北演講〉，中央日報・副刊，1996 年 1 月 26 日。

3. 林耀椿：〈錢鍾書在臺灣演講〉，范旭侖，李洪岩編：《錢鍾書評論》・卷一，頁 30～43，北京：社會科學文獻出版社，1996 年 11 月。

4. 沈冰編：《不一樣的記憶：與錢鍾書在一起》，頁 226～234，北京：當代世界出版社，1999 年 8 月。

附錄五　錢鍾書先生講〈中國詩與中國畫〉

（1948 年 4 月 1 日於臺灣大學法學院）

　　今天有這樣機會到最高學府來演講，我非常高興。在沒有演講前我感覺到惶恐，因爲今天開了這張支票，尤其是劉院長剛才說「優秀學者」，實在不敢當；因爲我這銀行裡並沒有現款，好在今天是 April Fool，愚人節，只覺得是我這愚人在這裡受各位審判的感覺。

　　關於〈中國詩與中國畫〉這個題目有三種講法，一種是以美學的眼光來講，研究中國詩與中國畫在藝術上有什麼關係，有什麼相同相異的地方；第二種是中國詩與中國畫在中國藝術史上的地位，曾經有什麼關係；第三種是以美術批判史的傳統的批評觀念來講。前兩種不是我要講的，今天我所講的是以美術批判史的傳統批評觀念來講中國詩與中國畫之間某些關係是否正確。

　　按照中國傳統的說法，詩與畫是有某種關係，可以用一個方式表現，「詩是有聲畫，畫是無聲詩」，詩與畫是一個方法的二方面表現，也就是說一種情緒用色彩、線條表現的就是畫，用文字語言表現的就是詩。這種概念可在北宋時蘇東坡、黃山谷二位的詩裡面，有許多這樣意見可以看到，在張浮休《畫墁集》卷一、《宋詩紀事》卷五十九錢鍪一、惠洪《石門文字禪》、孫紹遠的《聲畫集》等的書裡面，也可找到很多這概念，用得最多的是惠洪，這概念在《石門文字禪》裡有五次之多。到南宋這概念差不多成了每個人的常識，姓孫的（孫紹遠）並且把它描寫在幾首詩裡。

　　這種概念並非只有中國有，西洋也有。西洋古代希臘、羅馬詩人的作品裡也可以找出來，與這意思完全相同。Plutarch 著 Montia（《英雄傳記》）裡找到二篇文章，提到爲什麼希臘在文化上這樣偉大，和青年人應怎樣「念詩」，並引用了一位希臘詩人 Simonides of Ceos（他是第一個罵女人的外國詩人）的

話說：「詩就是能講話的畫，畫就是不講話的詩）」。在羅馬當時最有影響的人Cicero，他在十八十九世紀間外國人的剛發現中國的文學時，有人把他比做中國的孔子，他著有一本《修辭學》，里格爾（哲學家）曾說：「中國文化沒有什麼，不必看，只看 Cicero 的就行了。」這就看出他當時的地位。在他的一本教 Auctor ad Herennium 書裡第四卷第 28 節上這樣說：「詩就是能講話的畫，畫就是沉默的詩。」此外不必講，單只這兒點，很可以表示希臘、羅馬當時對詩與畫的概念，和南北宋是相同的，即使文化不溝通，也可以知道東方和西方人文學上的心理是相同的。從中國傳統上看，就是說一種東西是用二種技巧、二種工具來表現，效果是相同的。

有人說，中國詩和中國畫是一氣相通，是姐妹藝術，今天我門來審查一下「詩中有畫，畫中有詩」這觀念的正確性。

中國最代表的畫，是南宗畫，從唐宋以來最有力量最風行的是南宗畫。南宗畫特點是含蓄、飄渺、虛零（靈），在表現上意思比它筆墨深遠。而南宗畫的創始人是王維，他不是南方人，是山西人，由禪而分過來的，創始南宗畫的人同時也是大詩人，所以詩與畫的相通一點在王維身上證明得很清楚，他的畫的特點在他的詩裡可以找出來的。蘇東坡有詩說在開元寺看了王維的畫，說王維的畫有他的詩一樣的風格。王維的畫當然有他的價值，而他的詩的價值是不是同他畫一樣，這是有問題的。因爲傳統的中國人對是有一種看法，對畫又是另一種看法。

有許多外國人說中國詩與中國畫具有同樣的風格，這多半是十九世紀後能看翻譯的中國詩的一部分人的批評，都說中國詩「虛零（靈）」、「飄渺」、「含蓄」。在 Lytton Strachey 的傳記革明心記的「Characters and Commentaries」裡論中國是有這樣幾句，Light（輕）Intangible（不可抓摸）Suggestive（意在言外）。不過這三個字能不能應用到杜甫、陶淵明、蘇東坡甚至白樂天呢？不能，更不能代表中國的詩，只能說某一派的作風。可以應用到從王維到清朝王漁洋這一派所謂神韻派的詩的作風。在中國文化史上神韻派地位並不高，王漁洋在清朝跟本是瞧不起的，王維本身他的畫是最高的祖師，而詩全壓在杜甫下面，到明清時已有很多人反對他的詩了。而杜甫是不是「輕」，「不可抓摸」、「意在言外」呢？現在提出三個證據：任華《寄杜拾遺》、元微之《故杜員外墓系》、《朱子語類》卷 139 等普通的書裡，就可發現把杜甫稱爲正宗，把他比做孔子「詩聖」。而王維不過是詩賢而已。

　　與南宗畫對立的是北宗畫，北宗畫領袖吳道子，在蘇東坡的題跋裡可以看出，他把杜甫的詩來比作吳道子的畫。這就是說，以王維的風格來作畫是上品，而以他的風格來作詩，只能在杜甫之下，以吳道子的風格來作畫，只能在王維之下，而以吳道子的風格來作詩，可以作成杜甫一樣，也就是說以杜甫的風格作畫只能作成吳道子一樣，而寫詩可以寫成佳作。畫要王維，而詩要杜甫、白居易。就是因為有這樣一個交叉，一個交接，在中國傳統上說，把中國詩裡面的作風放到畫裡，只能作成次等的畫，而把中國畫裡面的作風放在詩裡面，也只能作成次等的詩。因為畫要抽象的，而詩是文字語言，只要求具體的。所以往往畫上的題跋超過畫。

　　這在歐陽修的〈盤車圖〉裡寫得很清楚，他說：「古畫畫意不畫形，梅詩詠務無遁形，忘形得意知者寡，不若見詩如見畫。」這就是說，畫要求畫意，詩要求詠物，所以要求不同而表現也不同。這在近代美術家都也曾經討論到這問題，不是中國所特有的。這叫「脫離本位企圖」或「藝術換位（Transposition of arts）。詩要有畫的功能，畫要詩的功能。今天是愚人節，就算我騙了大家來空跑一趟。

　　（三十七年四月一日，上午十時在臺大法學院講，本稿因時間關係，未經錢先生過目，如與原講有出入處，當由記錄者負責。）按：本文原刊於《自立晚報》（1948 年 4 月 14～16 日），記錄稿為《自立晚報》未名筆記。

附錄六　錢基博序錢賓四《國學概論》

　　賓四此書，屬稿三數年前，每一章就，輒以油印本相寄，要余先覩之，予病懶，不自收拾，書缺有間。惟九章清代考證學十章，最近期之學術思想以郵致會後得存，餘八章余皆亡之矣。雖然其自出手眼，於古人貌異心同之故，用思直到聖處，則讀九、十兩章，而全書固可以三隅反者也，第十章所論，皆並世學人，有鉗我市朝之懼，未敢置啄，第九章竟體精審，然稱說黃梨洲、顧亭林、王船山、顏習齋。而不及毛奇齡是敘清學之始，未爲周匝也。殿以黃元同、俞蔭甫、孫仲容而不及陳澧，是述清學之終，未爲具盡也。西河生產浙中，姚江之學，故爲鄉獻，期全書屢推良知爲入聖階梯，所作折客辨學文，以爲知行合一，亦發於朱子中庸注，特朱子不能踐而王踐之，幾乎晚年定論之說。則其與朱子相水火，寧挾私好勝而已哉，無亦曰素所蓄積然也，然毛氏雖奉著意精微之學，雅不欲拾前人餘唾，以支離榛塞斥朱子，乃務爲弘覽博物，針朱膏盲，起朱廢疾，以見即朱子之於傳注，亦非眞能留心。此則承數百年朱陸異同之辨，而入徽國之室操矛以伐徽國者也。學問鏃鏃，與古爲新，豈得舉亭林、梨洲諸君子而概以掩之乎。焦理堂作西河集序，僅以開始之功歸之，（擘經室集西河全集序實雕菰手筆，見鄦齋叢書理堂先生佚文中。）固云皮相，即洪良品駁正全謝山論西河諸文。（見洪致袁忠節書，在于湖題襟集中，洪文惜未之見。）恐亦考訂名物而已。於毛氏精神命脈所在，未之或見也，毛氏既以朱子之學反害朱子，遞嬗三百年，考正之言滿天下，學者窮而思變，通經學古如焦理堂，亦謂時人折宋申漢，其弊足賊人心而害經學。（見與阮芸台論易書，錄且朴齋題跋中，亦雕菰軼文，而鄦齋叢書所未及收者。）種以遭時多難，世奮於武，言經士者失學而遁於朱子，其恣肆如

孫芝房姚石甫之流，皆以漢學爲詬厲，高心空腹，朱子固且以斥陳同甫者斥之耳。然世人遂知宋學於講章語錄而外，別有挾策橫議之學。後來永嘉之由誨而顯，蓋濫觴於是矣。東塾駿作粵中，不以時人託朱子以自重者尊朱子，而以西河之所以斥朱子者歸功於朱子，以爲凡考證之譏朱子，皆數典而忘其祖者也。援漢入宋，猶夫亭林經學即理學之意，而識力勝於方氏之作商兌矣。豈以二人者尚不足賓四所耶，乃無一字及之，不已略乎。賓四論學與余合者固多，而大端違異，其勇於獻疑發難，耳後生風，鼻頭出火，直是伯才，豈敢援憨山信不信以爲說，要歸於不相菲薄不相師而已。今則譬之無米而炊，不得不就此一章毛舉細故。賓四將笑吾爲窘耶。又此章於梁氏概論，稱引頗繁，其非經學既理學一語，亦自梁書來，然梁氏忍俊不禁，流爲臆斷，李詳所駁，雖其細已甚，足徵梁書於名物之末，疏漏亦彌復可驚。賓四佳人，乃亦耽此耶。略憶此書前八章亦專言經子，不及文史，控名責實，豈屏之不得與於國學，抑張皇補苴，而有所備耶。顧此所云云，特初稿如是，今定本當已有增改耶。賓四日進無疆，而余執不全之本未是之稿以定賓四之所新得，於是乎不足以盡賓四矣。雖然，苟徵之鄙說而不期以合，則予與賓四冥契於無言之表，方且誦杜陵吾宗老孫子之語，而相視以笑，莫逆於心也。宗人基博謹序。十九年七月。

參考書目

一、古　籍（依經史子集排列）

1. 〔清〕阮元校刻：《十三經注疏》（台北：藝文印書館，1973 年 5 月）。
2. 〔漢〕鄭玄：《毛詩鄭箋》（台北：新興書局，1981 年 8 月，相臺岳氏本）。
3. 〔清〕阮元《經籍纂詁》（北京：中華書局，1982 年）。
4. 〔魏〕王弼，〔晉〕韓康伯：《周易王韓注》（台北：新興書局，1989 年 8 月，相臺岳氏本）。
5. 〔清〕裴大中：《無錫金匱縣志》（台北：無錫同鄉會，1968 年）。
6. 無錫文獻叢刊編委會：《無錫文獻叢刊》（台北：無錫同鄉會，1972 年）。
7. 〔三國吳〕韋昭：《國語韋氏解》（台北：世界書局，1975 年 8 月）。
8. 〔清〕姚際恒：《古今僞書考》（台北：開明書店，1977 年 10 月）。
9. 〔漢〕司馬遷：《史記》（台北：河洛圖書出版社，1979 年 1 月）。
10. 〔清〕章學誠：《文史通義》（台北：華世出版社，1980 年 9 月）。
11. 〔日本〕瀧川龜太郎：《史記會注考證》（台北：洪氏出版社，1985 年 9 月）。
12. 〔漢〕焦延壽：《易林》（台北：台灣商務印書館，出版年不詳，《四部叢刊初編縮本》據元刊本烏程蔣氏藏影元鈔本影印）。
13. 〔清〕俞正燮：《癸巳存稿》（台北：台灣商務印書館，1956 年 4 月）。
14. 〔明〕謝肇淛：《五雜俎》（北京：中華書局，1959 年）。
15. 〔清〕俞正燮：《癸巳類稿》（台北：世界書局，1960 年 11 月）。
16. 〔清〕陳澧：《東塾讀書記》（台北：台灣商務印書館，1965 年 8 月）。
17. 〔魏〕王弼注：《道德眞經註》（台北：藝文印書館，1965 年，《無求備齋

老子集成》據明刊正統道藏本景印）。

18. 〔漢〕河上公注：《老子道德經》（台北：藝文印書館，1965 年，《無求備齋老子集成》據《四部叢刊》景印宋建安虞氏刊本景印）。

19. 〔漢〕焦延壽：《易林》（台北：中華書局，1966 年 3 月，《四部備要》據士禮居校宋本校刊）。

20. 〔清〕魏源：《老子本義》（台北：台灣商務印書館，1968 年 6 月）。

21. 〔宋〕李昉編：《太平廣記》（台北：古新書局，1980 年 1 月）。

22. 〔魏〕王弼注：《老子》（台北：中華書局，1981 年 10 月，《四部備要》據華亭張氏本校刊）。

23. 〔晉〕張湛注：《列子》（台北：中華書局，1981 年 10 月，《四部備要》據明世德堂本校刊）。

24. 〔清〕魏祝亭：《壹是紀始》（台北：廣文書局，1981 年 12 月）。

25. 〔明〕孫能傳：《剡溪漫筆》（北京：中國書店，1987 年 4 月）。

26. 〔清〕文廷式：《純常子枝語》（揚州：江蘇廣陵古籍刻印社，1990 年 3 月）。

27. 〔宋〕洪興祖：《楚辭補注》（台北：藝文印書館，1965 年 11 月）。

28. 〔漢〕王逸：《楚辭章句》（台北：藝文印書館，1974 年 4 月）。

29. 〔宋〕蘇軾：《蘇東坡全集》（台北：河洛圖書出版社，1975 年 4 月）。

30. 〔明〕王守仁：《王陽明全集》（台北：河洛圖書出版社，1977 年 5 月）。

31. 〔清〕汪中：《述學》（台北：台灣商務印書館，1979 年 11 月）。

32. 〔宋〕洪興祖：《楚辭補注》（台北：漢京文化事業公司，1983 年 9 月）。

33. 〔清〕嚴可均校輯：《全上古三代秦漢三國六朝文》（北京：中華書局，1991 年 10 月）。

34. 〔清〕戴震：《戴震全集》（北京：清華大學出版社，1997 年 7 月）。

二、專　著

（一）錢鍾書著作（依出版時間先後排列，以下均同）

1. 錢鍾書等人：《論形象思維》（台北：里仁書局，1985 年 1 月）

2. 錢鍾書：《談藝錄》（台北：書林出版公司，1988 年 11 月）。

3. 錢鍾書：《人・獸・鬼》（台北：書林出版公司，1989 年 9 月）。

4. 錢鍾書：《圍城》（台北：書林出版公司，1989 年 9 月）。

5. 錢鍾書：《寫在人生邊上》（台北：書林出版公司，1989 年 9 月）。

6. 錢鍾書：《宋詩選注》（台北：書林出版公司，1989 年 9 月）

7. 錢鍾書：《管錐編》1～5（台北：書林出版公司，1990 年 8 月）

8. 錢鍾書：《管錐編》1～5（北京：中華書局，1991 年 6 月）

9. 錢鍾書：《七綴集》（上海：上海古籍出版社，1994 年 8 月）

10. 錢鍾書：《舊文四篇》，收入《七綴集》（上海：上海古籍出版社，1994 年 8 月）

11. 錢鍾書：《也是集》，收入《七綴集》（上海：上海古籍出版社，1994 年 8 月）

12. 錢鍾書：《槐聚詩存》（北京：三聯書店，1995 年 3 月）

13. 錢鍾書：《石語》（北京：中國社會科學出版社，1996 年 1 月）

14. 錢鍾書，羅俞君編：《錢鍾書散文》（杭州：浙江文藝出版社，1997 年 7 月）

15. 錢鍾書：《錢鍾書集》1～13（北京：三聯書店，2001 年 1 月）

（二）錢學相關著作

1. 周錦：《《圍城》研究》（台北：成文出版社，1980 年 6 月）。

2. 鄭朝宗編：《《管錐編》研究論文集》（福州：福建人民出版社，1984 年 4 月）。

3. 錢鍾書研究編委會：《錢鍾書研究》第一輯，（北京：文化藝術出版社，1989 年 11 月）。

4. 錢鍾書研究編委會：《錢鍾書研究》第二輯，（北京：文化藝術出版社，1990 年 11 月）。

5. 錢鍾書研究編委會：《錢鍾書研究》第三輯，（北京：文化藝術出版社，1992 年 5 月）。

6. 舒展：《錢鍾書論學文選》1～6，（廣州：花城出版社，1990 年 1 月）。

7. 何開四：《碧海掣鯨錄——錢鍾書美學思想的歷史演進》（成都：成都出版社，1990 年 3 月）。

8. 田蕙蘭，馬光裕編：《錢鍾書楊絳研究資料集》（武昌：華中師範大學出版社，1990 年 1 月）。

9. 陸文虎編：《《管錐編》《談藝錄》索引》（北京：中華書局，1990 年月）。

10. 胡志德（Huters, Theodore）著，張晨等譯：《錢鍾書》（北京：中國廣播電視出版社，1990 年 12 月）。

11. 蔡田明：《《管錐編》述說》（北京：中國友誼出版社，1991 年 4 月）。

12. 張泉編譯：《錢鍾書和他的《圍城》——美國學者論錢鍾書》（北京：中國和平出版社，1991 年 11 月）。

13. 陸文虎：《圍城內外——錢鍾書的文學世界》（北京：解放軍文藝出版社，

1992 年 4 月）。

14. 愛默：《錢鍾書傳稿》（天津：百花文藝出版社，1992 年 4 月）。

15. 孔慶茂：《錢鍾書傳》（南京：江蘇文藝出版社，1992 年 4 月）。

16. 周振甫，冀勤編：《錢鍾書《談藝錄》讀本》（上海：上海教育出版社，1992 年 8 月）。

17. 陳子謙：《錢學論》（成都：四川文藝出版社，1992 年 8 月）。

18. 臧克和：《語象論》（貴陽：貴州教育出版社，1992 年 9 月）。

19. 陸文虎編：《錢鍾書研究采輯》第一輯（北京：三聯出版社，1992 年 11 月）。

20. 陸文虎編：《錢鍾書研究采輯》第二輯（北京：三聯出版社，1996 年 2 月）。

21. 臧克和：《錢鍾書與中國文化精神》（南昌：百花洲文藝出版社，1993 年 5 月）。

22. 胡範鑄：《錢鍾書學術思想研究》（上海：華東師範大學出版社，1993 年 5 月）。

23. 張文江：《文化崑崙——錢鍾書傳》（台北：葉強出版社，1993 年 6 月）。

24. 胡河清：《靈地的緬想》（上海：學林出版社，1994 年 12 月）。

25. 辛廣偉，李洪岩編：《撩動繆斯之魂——錢鍾書的文學世界》（石家莊：河北教育出版社，1995 年 1 月）。

26. 李洪岩：《智者的心路歷程——錢鍾書的生平與學術》（石家莊：河北教育出版社，1995 年 5 月）。

27. 胡河清：《真精神與舊途徑》（石家莊：河北教育出版社，1995 年 5 月）。

28. 牟曉明，范旭侖：《記錢鍾書先生》（大連：大連出版社，1995 年 11 月）。

29. 羅思編：《寫在錢鍾書邊上》（上海：文匯出版社，1996 年 12 月）。

30. 范旭侖，李洪岩編：《錢鍾書評論》卷一（北京：社會科學文獻出版社，1996 年 11 月）。

31. 孔慶茂：《錢鍾書與楊絳》（海南：海南國際新聞出版中心，1997 年 3 月）。

32. 王衛平：《東方睿智人——錢鍾書的獨特個行與魅力》（石家莊：河北教育出版社，1997 年 5 月）。

33. 張明亮：《槐陰下的幻境——論《圍城》的敘事與虛構》（石家莊：河北教育出版社，1997 年 7 月）。

34. 莫芝宜佳著（Motsch，Monika），馬樹德譯：《《管錐編》與杜甫新解》（石家莊：河北教育出版社，1998 年 1 月）。

35. 李洪岩：《錢鍾書與近代學人》（天津：百花文藝出版社，1998 年 5 月）。

36. 臧克和：《漢字單位觀念史考述》（上海：學林出版社，1998 年 11 月）。

37. 劉玉凱：《魯迅、錢鍾書平行論》（保定：河北大學出版社，1998 年 8 月）。

38. 王吟鳳：《走出魔鏡的錢鍾書》（北京：金城出版社，1999 年 1 月）。

39. 何暉，方天星編：《一寸千思——憶錢鍾書先生》（瀋陽：遼海出版社，1999 年 4 月）。

40. 李明生，王培元編：《文化崑崙——錢鍾書其人其文》（北京：人民文學出版社，1999 年 7 月）。

41. 沈冰編：《不一樣的記憶——與錢鍾書在一起》（北京：當代世界出版社，1999 年 8 月）。

42. 馮芝祥編：《錢鍾書研究集刊》第一輯（上海：上海三聯書店，1999 年 11 月）。

43. 馮芝祥編：《錢鍾書研究集刊》第二輯（上海：上海三聯書店，2000 年 12 月）。

44. 李洪岩，范旭侖編：《為錢鍾書聲辯》（天津：百花文藝出版社，2000 年 1 月）。

45. 張文江：《《管錐編》讀解》（上海：上海古籍出版社，2000 年 3 月）。

46. 孔慶茂：《丹桂堂前——錢鍾書家族文化史》（武漢：長江文藝出版社，2000 年 9 月）。

（三）楊絳相關著作

1. 楊絳：《記錢鍾書與《圍城》》（香港：三聯書店，1987 年 1 月）。

2. 楊絳：《將飲茶》（北京：三聯書店，1987 年 5 月）。

3. 楊絳：《雜憶與雜寫》（廣州：花城出版社，1992 年 7 月）。

4. 楊絳：《幹校六記》（台北：時報文化出版公司，1992 年 9 月）。

5. 楊絳：《楊絳作品集》1～3（北京：中國社會科學出版社，1993 年 12 月）。

6. 楊絳著，羅俞君編：《楊絳散文》（杭州：浙江文藝出版社，1994 年 12 月）。

7. 楊絳：《從丙午到流亡》（北京：中國青年出版社，2000 年 1 月）。

8. Plato 著，楊絳譯《斐多》（瀋陽：遼寧人民出版社，2001 年 1 月）

（四）方法論著作

1. 許冠三：《史學與史學方法》（台北：萬年青書店，出版年不詳）。

2. Bernheim，E.著，陳韜譯：《史學方法論》上下（台北：臺灣商務印書館，1975 年 3 月）。

3. 康樂，黃進興編：《歷史學與社會科學》（台北：華世出版社，1981 年 12 月）。

4. Collingwood，R.G.著，何兆武，張文杰譯：《歷史的觀念》（北京：中國社

會科學出版社，1987 年 7 月）。

5. 杜維運，黃俊傑編：《史學方法論選集》（台北：華世出版社，1987 年 9 月）。

6. 杜維運：《史學方法論》（台北：三民書局，1995 年 9 月）。

（五）經學相關著作

1. 錢穆：《國學概論》，（上海：商務印書館，1933 年）。

2. 錢基博：《古籍舉要》，（台中：文宗出版社，1970 年 5 月）。

3. 皮錫瑞：《經學歷史》，（台北：河洛圖書出版社，1974 年 9 月）。

4. 錢基博：《經學通志》，（台北：中華書局，1978 年 9 月）。

5. 楊伯峻：《春秋左傳注》，（北京：中華書局，1990 年 5 月）。

6. 袁梅：《詩經譯注》，（濟南：齊魯書社，1985 年 1 月）。

7. 沈玉成：《左傳譯文》，（北京：中華書局，1987 年 12 月）。

8. 高亨：《周易雜論》，（濟南：齊魯書社，1988 年 7 月）。

9. 尚秉和：《周易尚氏學》，（北京：中華書局，1990 年 8 月）。

10. 錢世明：《易林通說》，（北京：華夏出版社，1990 年 6 月）。

11. 尚秉和：《焦氏易林注》上下，（北京：中國書店，1990 年 7 月）。

12. 呂紹綱：《周易闡微》，（長春：吉林大學出版社，1990 年 8 月）。

13. 尚秉和：《焦氏易詁》，（北京：中華書局，1991 年 12 月）。

14. 黃壽祺，張善文：《周易譯注》，（上海：上海古籍出版社，1992 年 6 月）。

15. 林慶彰編：《中國經學史論文選集》上下，（台北：文史哲出版社，1992 年 10 月）。

16. 周予同：《周予同經學史論著選集》（增訂本），（上海：上海人民版社，1996 年 7 月）。

17. 劉師培：《劉申叔遺書》，（南京：江蘇古籍出版社，1997 年 11 月）。

18. 譚嗣同：《仁學》，（鄭州：中州古籍出版社，1998 年 11 月）。

19. 皮錫瑞：《經學通論》，（北京：中華書局，1998 年 12 月）。

20. 林慶彰，蔣秋華編：《汪中集》，（台北：中央研究院中國文哲研究所，2000 年 3 月）。

（六）哲學相關著作

1. 楊伯峻：《列子集釋》（香港：太平書局，1965 年 10 月）。

2. 毛澤東：《毛澤東選集》（北京：人民出版社，1967 年 7 月）

3. Lau, D.C.，*Lao Tzu Tao Te Ching*（England Penguin Books, 1971）

4. 中共中央馬克思恩格斯列寧斯大林著作編譯局：《馬克思恩格斯選集》（北京：人民出版社，1972 年 5 月）。

5. 〔清〕郭慶藩：《莊子集釋》（台北：河洛圖書出版社，1974 年 3 月）。

6. 〔日本〕石田羊一郎：《老子王弼注》（台北：河洛圖書出版社，1974 年 10 月）。

7. 梁啓雄：《荀子柬釋》（台北：河洛圖書出版社，1974 年 12 月）。

8. 梁啓超：《清代學術概論》（台北：台灣商務印書館，1977 年 2 月）。

9. 林麗眞：《王弼及其易學》（台北：台灣大學文學院，1977 年 2 月）。

10. 嚴靈峰：《易簡原理與辯證法》（台北：正中書局，1978 年 7 月）。

11. 嚴復：《評點老子道德經》（台北：廣文書局，1979 年 4 月）。

12. 王志銘編：《老子微旨例略，王弼注總輯》（台北：東昇出版事業公司，1980 年 10 月）。

13. 陳寅恪：《陳寅恪文集》（台北：里仁出版社，1981 年 3 月）。

14. 龐朴：《沉思集》（上海：上海人民出版社，1982 年 6 月）。

15. 余培林：《生命的智慧——老子》（台北：時報出版文化事業公司，1983 年 11 月）。

16. 湯用彤：《魏晉玄學論集》（台北：里仁出版社，1984 年 1 月）。

17. 沈松僑：《學衡派與五四時期的反新文化運動》（台北：台灣大學文學院，1984 年 6 月）。

18. 蔣伯潛：《諸子通考》（南京：浙江古籍出版社，1985 年 2 月）。

19. 陳鼓應：《老子今註今譯》（台北：台灣商務印書館，1985 年 2 月）。

20. 朱謙之：《老子校釋》（台北：里仁出版社，1985 年 3 月）。

21. 牟宗三：《才性與玄理》（台北：台灣學生書局，1985 年 4 月）。

22. 鍾叔河：《走向世界——近代中國知識份子考察西方的歷史》（北京：中華書局，1985 年 5 月）。

23. 程兆熊：《道家思想——老莊大義》（台北：明文書局，1985 年 12 月）。

24. 陳癸淼：《公孫龍子今註今譯》（台北：台灣商務印書館，1986 年 1 月）。

25. 牟宗三：《中國哲學十九講》（台北：台灣學生書局，1986 年 10 月）。

26. 陳鼓應：《老子註譯及評介》（香港：中華書局，1987 年）。

27. 樓宇烈校釋：《王弼集校釋》上下（北京：中華書局，1987 年 2 月）。

28. 張世英：《黑格爾《小邏輯》譯註》（台北：唐山出版社，1987 年 5 月）。

29. 王葆玹：《正始玄學》（濟南：齊魯書社，1987 年 9 月）。

30. Cassirer，E.著，甘陽譯：《語言與神話》（北京：三聯書店，1988 年 6 月）。

31. Cassirer，E.著，李小兵譯：《符號、神話、文化》（北京：東方出版社，1988年8月）。

32. Berlin，I.著，彭懷棟譯：《俄國思想家》（台北：聯經出版事業公司，1989年1月）。

33. 劉文典：《淮南子集解》上下（北京：中華書局，1989年5月）。

34. 張世英編：《黑格爾辭典》（長春：吉林人民出版社，1991年1月）。

35. 柳存仁：《和風堂文集》上中下（上海：上海古籍出版社，1991年10月）。

36. 亞里士多德著，吳壽彭譯：《形而上學》（北京：商務印書館，1991年12月）。

37. 黑格爾著，楊一之譯：《邏輯學》上下（北京：商務印書館，1991年12月）。

38. 許抗生：《老子與道家》（北京：新華出版社，1991年12月）。

39. 王叔岷：《先秦道法思想講稿》（台北：中央研究院中國文哲研究所，1992年5月）。

40. 《《馬克思恩格斯選集》專題摘錄》（北京：中國廣播電視出版社，1992年8月）。

41. 王曉毅：《中國文化的清流》（北京：中國社會科學出版社，1992年9月）。

42. 梁慧皎著，湯用彤校注：《高僧傳》（北京：中華書局，1992年10月）。

43. 馬良懷：《崩潰與重建中的困惑》（北京：中國社會科學出版社，1993年4月）。

44. 湯用彤：《魏晉玄學論稿》（台北：里仁書局，1994年1月）。

45. Wakeman，F.著，鄭大華等譯：《歷史與意志——毛澤東思想的哲學透視》（貴陽：貴州人民出版社，1994年4月）。

46. 黑格爾著，賀麟譯：《小邏輯》（北京：商務印書館，1994年5月）。

47. 程裕禎編：《中國學術通覽》（北京：北京語言學院出版社，1995年2月）。

48. 丁偉志，陳崧：《中西體用之間》（北京：中國社會科學出版社，1995年5月）。

49. 孫尚揚，郭蘭芳編：《國故新知論——學衡派文化論著輯要》（北京：中國廣播電視出版社，1995年12月）。

50. 劉夢溪：《傳統的誤讀》（石家莊：河北教育出版社，1996年2月）。

51. Schwartz，Benjamin 著，葉鳳美譯：《尋求富強：嚴復與西方》（南京：江蘇人民版社，1980年9月）。

52. 劉夢溪編：《中國現代學術經典》（石家莊：河北教育出版社，1996年10月）。

53. Wittgenstein，Ludwig 著，賀紹甲譯：《邏輯哲學論》（北京：商務印書館，

1996 年 12 月）。

54. 朱維錚：《求索眞文明》（上海：古籍出版社，1997 年 4 月）。

55. 張亨：《思文之際論集》（台北：允晨文化事業公司，1997 年 11 月）。

56. 張世英：《天人之繼──中西哲學的困惑與選擇》（北京：人民出版社，1997 年 5 月）。

57. 徐葆耕：《釋古派與清華學派》（北京：清華大學出版社，1997 年 5 月）。

58. 曹毓英編：《錢基博學術論著選》（武昌：華中師範大學出版社，1997 年 12 月）。

59. 崔仁義：《荊門郭店楚簡老子研究》（北京：科學出版社，1998 年 10 月）。

60. 陳漢生：《中國古代的語言和邏輯》（北京：社會科學文獻出版社，1998 年 10 月）。

61. 陳平原：《中國現代學術之建立》（北京：北京大學出版社，1998 年 11 月）。

62. 劉信芳：《郭店楚簡老子解詁》（台北：藝文印書館，1999 年）。

63. 蕭功秦：《危機中的變革──清末現代化進程中的激進與保守》（上海：上海三聯書店，1999 年 1 月）。

64. 沈衛威：《回眸學衡派──文化保守主義的現代命運》（北京：人民文學出版社，1999 年 4 月）。

65. 中國社會科學院科研局編：《中國社會科學院學術大師治學錄》（北京：中國社會科學出版社，1999 年 9 月）。

66. 李澤厚：《己卯五說》（北京：中國電影出版社，1999 年 12 月）。

67. 彭浩：《郭店楚簡老子校讀》（武漢：湖北人民出版社，2000 年 1 月）。

68. 汪暉：《死火重溫》（北京：人民文學出版社，2000 年 1 月）。

69. 柳存仁：《道教史探源》（北京：北京大學出版社，2000 年 5 月）。

70. Levenson，J.R.著，鄭大華等譯：《儒教中國及其現代命運》（北京：中國社會科學出版社，2000 年 5 月）。

71. 沈衛威：《吳宓與學衡》（開封：河南大學出版社，2000 年 8 月）。

72. 蜂屋邦夫著，雋雪豔、陳捷譯：《道家思想與佛教》（瀋陽：遼寧教育出版社，2000 年 10 月）。

73. 王叔岷：《慕廬雜稿》（台北：大安出版社，2001 年 2 月）。

（七）文學相關著作

1. 錢基博：《現代中國文學史》（出版地，年不詳）。

2. 梁實秋：《白璧德與人文主義》（上海：新月書店，1929 年 12 月）。

3. 陳衍：《石遺室詩話》（台北：台灣商務印書館，1961 年 12 月）。

4. 《全上古三代秦漢三國六朝文篇目目錄及作者索引》（北京：中華書局，1965 年 12 月）。

5. 吳宓：《吳宓詩集》（台北：地平線出版社，1971 年 1 月）。

6. 宋淇：《海內知己》（台北：晨鐘出版社，1971 年 9 月）。

7. 侯健：《從文學革命到革命文學》（台北：中外文學月刊社，1974 年 12 月）。

8. 楊勇：《陶淵明集校箋》（台北：成偉出版社，1976 年 1 月）。

9. 施友忠：《二度和諧及其他》（台北：聯經出版事業公司，1976 年 7 月）。

10. 夏志清：《人的文學》（台北：純文學出版社，1977 年 3 月）。

11. 夏志清：《中國現代小說史》（香港：友聯出版社，1979 年）。

12. 沈謙：《文學批評時代的來臨》（台北：時報文化出事業公司，1979 年 5 月）。

13. 吳宓：《空軒詩話》（台北：鼎文書局，1979 年 2 月）。

14. 夏志清：《新文學的傳統》（台北：時報文化出版事業公司，1979 年 10 月）。

15. 彥火：《當代中國作家風貌》（香港：昭明出版公司，1980 年 5 月）。

16. 陳若曦：《城裡城外》（台北：時報文化出版事業公司，1981 年 9 月）。

17. 思果：《沙田隨筆》（台北：洪範書店，1982 年 1 月）。

18. 陳若曦：《尹縣長》（台北：遠景出版事業公司，1982 年 9 月）

19. 胡頌平編：《胡適之先生晚年談話錄》（台北：聯經出版事業公司，1984 年 6 月）。

20. 秦賢次編：《葉公超其人其文其事》（台北：傳記文學出版社，1986 年 4 月）。

21. 金兆：《師友篇》（台北：聯經出版事業出版社，1987 年 7 月）。

22. 陳子展：《楚辭直解》（南京：江蘇古籍出版社，1988 年 2 月）。

23. 施蟄存：《唐詩百話》（上海：上海古籍出版社，1988 年 4 月）。

24. 巴金：《隨想錄》（香港：三聯書店，1988 年 5 月）。

25. 梁羽生：《筆、劍、書》（台北：風雲時代出版公司，1988 年 7 月）。

26. 潘耀明：《當代大陸作家風貌》（台北：遠景出版事業公司，1990 年 6 月）。

27. 鄧嗣禹編：《太平廣記引得》（上海：上海古籍出版社，1990 年 12 月）。

28. 傅雷：《傅雷家書》（北京：三聯書店，1991 年 5 月）。

29. 黃壽祺，梅桐生譯：《楚辭全譯》（貴陽：貴州人民出版社，1991 年 11 月）。

30. 吳宓：《文學與人生》（北京：清華大學出版社，1993 年 8 月）。

31. 余嘉錫：《世說新語箋疏》（上海：上海古籍出版社，1993 年 12 月）。

32. 陳青生：《抗戰時期的上海文學》（上海：上海人民出版社，1995 年 2 月）。

33. 巴金：《再思錄》（上海：上海遠東出版社，1995 年 7 月）。

34. 王秀梅，王泓冰編：《太平廣記索引》（中華：中華書局，1996 年 6 月）。

35. 胡曉明編：《胡河清文存》（上海：上海三聯書店，1996 年 2 月）。

36. 張隆溪著，馮川譯《道與邏各斯》：（成都：四川人民出版社，1998 年 1 月）。

37. 曹聚仁：《文壇五十年》（上海：東方出版中心，1998 年 1 月）。

38. 吳宓：《吳宓日記》（北京：三聯書店，1998 年 3 月）。

39. 鄭振鐸：《鄭振鐸全集》（石家莊：花山文藝出版社，1998 年 11 月）。

40. 孔慶茂：《楊絳評傳》（北京：華夏出版社，1998 年 2 月）。

41. 徐葆耕：《會通派如是說──吳宓集》（上海：上海文藝出版社，1998 年 10 月）。

42. 郭延禮：《中西文化碰撞與近代文學》（濟南：山東教育出版社，1999 年 4 月）。

43. 龔自珍：《龔自珍全集》（上海：上海古籍出版社，1999 年 6 月）。

44. 解志熙：《生的執著──存在主義與中國現代文學》（北京：人民文學，1999 年 7 月）。

45. 蔣寅：《學術的年輪》（北京：中國文聯出版社，2000 年 3 月）。

（八）時事與史學相關著作

1. 羅根澤編：《古史辨》第六冊（出版地，年不詳）。

2. 嚴家其，高皋：《中國文革十年史》上下（出版地、年不詳）。

3. 王國維：《觀堂集林》（北京：中華書局，1961 年 6 月）。

4. 易君左：《鋒火夕陽紅》（台北：三民書局，1971 年 3 月）。

5. Leys, Simon 著，黃文範譯：《中國大陸的陰影》：（台北：中央日報出版社，1979 年 3 月）。

6. 傅斯年：《傅斯年全集》（台北：聯經出版事業公司，1980 年 9 月）。

7. 《中國共產黨中央委員會關於建國以來黨的若干歷史問題》（北京：人民出版社，1981 年 7 月）。

8. 王叔岷：《史記斠證》（台北：中央研究院歷史語言研究所，1983 年 10 月）。

9. 王樹明編：《悲愴紀事》（台北：聯經出版事業公司，1985 年 1 月）。

10. 魯迅：《魯迅全集》（北京：人民文學出版社，1989 年）。

11. 王亞夫，章恒忠：《中國學術界大事記 1919～1985》（上海：上海社會科學院出版社，1988 年 9 月）。

12. 李輝：《胡風集團冤案始末》（南昌：人民日報出版社，1989 年 2 月）。

13. 景有泉編:《中國歷史研究專題述評》(哈爾濱:黑龍江出版社,1990 年 9 月)。

14. 顧昕:《中國啓蒙的歷史圖景》(香港:牛津大學出版社,1992 年)

15. 汪榮祖:《史傳通說》(北京:中華書局,1992 年 2 月)。

16. 吳學昭:《吳宓與陳寅恪》(北京:清華大學出版社,1992 年 3 月)。

17. 夏承燾:《天風閣詞學日記》(二)(杭州:浙江古籍出版社,1992 年 7 月)。

18. Allan, S.著,汪濤譯:《龜之謎——商代神話祭祀藝術和宇宙觀研究》(成都:四川人民版社,1992 年 8 月)。

19. 楊蔭杭:《老圃遺文輯》(武漢:長江文藝出版社,1993 年 10 月)。

20. 楊曦光:《牛鬼蛇神錄》(香港:牛津大學版社,1994 年)。

21. 李銳:《盧山會議實錄》(台北:新銳出版社,1994 年 1 月)。

22. 費正清著,劉敬坤譯《劍橋中華民國史》(北京:中國社會科學出版社,1994 年 8 月)

23. 金毓黻:《靜晤室日記》(瀋陽:遼瀋書社,1995 年 10 月)。

24. 黃延復,馬相武:《梅貽琦與清華大學》(太原:山西教育出版社,1995 年 10 月)。

25. 李澤厚,劉再復:《告別革命——回望二十世紀中國》(香港:天地圖書公司,1996 年)。

26. 陸鍵東:《陳寅恪的最後二十年》(北京:三聯出版社,1996 年 5 月)。

27. 蘇雲峰:《從清華學堂到清華大學》(台北:中央研究院中國近代史研究所,1996 年 8 月)。

28. 譚合成,江山編:《世紀檔案——影響二十世紀中國歷史進程的 100 篇文章》(北京:中國檔案出版社,1996 年 12 月)。

29. 鄭之洪:《史記文獻研究》(成都:巴蜀書社,1997 年 10 月)。

30. 史景遷(Spence,Jonathan D.)著,張連康譯:《知識份子與中國革命》(台北:絲路出版社,1997 年 3 月)。

31. 張紫葛:《心香淚酒祭吳宓》(廣州:廣州出版社,1997 年 3 月)。

32. 周蘇平,陳國慶點注:《日知錄》(蘭州:甘肅民族出版社,1997 年 11 月)。

33. 顧潮:《歷劫終教志不灰——我的父親顧頡剛》(上海:華東師範大學出版社,1997 年 12 月)。

34. 冒懷蘇編:《冒鶴亭先生年譜》(上海:學林出版社,1998 年 5 月)。

35. 周一良:《周一良全集》(瀋陽:遼寧教育,1998 年 8 月)。

36. 北京大學等編:《國立西南聯合大學史料》1～6(昆明:雲南教育出版社,1998 年 10 月)。

37. 于光遠《我親歷的那次歷史轉折——十一屆三中全會的台前幕後》：(北京：中央編譯出版社，1998 年 11 月)。

38. 張樹軍：《大轉折——中共十一屆三中全會實錄》(杭州：浙江人民出版社，1998 年 12 月)。

39. 李洪林：《中國思想運動史——1949～1989》(香港：天地圖書公司，1999 年)。

40. 季羨林：《牛棚雜憶》(香港：三聯書店，1999 年)。

41. 莊申等人：《故宮、書法、莊嚴》(台北：雄獅圖書公司，1999 年 9 月)。

42. 齊家瑩：《清華人文學科年譜》(北京：清華大學版社，1999 年 1 月)。

43. 常任俠：《戰雲紀事》(深圳：海天出版社，1999 年 9 月)。

44. 浦江清：《清華園日記、西行日記》(北京：三聯書店，1999 年 11 月)。

45. Allan, Sarah 著，楊民等譯：《早期中國歷史》(瀋陽：遼寧教育出版社，1999 年 12 月)。

46. 許子東：《為了忘記的集體記憶——解讀五十篇文革小說》，(北京：三聯書店，2000 年 4 月)。

47. 黃延復：《二三十年代清華校園文化》(桂林：廣西師範大學出版社，2000 年 3 月)。

48. 蘇雲峰：《抗戰前的清華大學 1928～1937》(台北：中央研究院中國近代史研究所，2000 年 8 月)。

（九）比較文學與文學批評相關著作

1. Tieghem，P. Van 著，戴望舒譯：《比較文學論》(台北：台灣商務印書館，1972 年 1 月)。

2. 古添洪，陳慧樺：《比較文學的墾拓在台灣》(台北：東大圖書公司，1976 年 6 月)。

3. 王潤華：《比較文學理論集》(台北：成文出版社，1979 年 4 月)。

4. Richard，I.A.著，徐進夫譯：《實驗批評》(台北：環球書社，1979 年 9 月)。

5. 鄭樹森，周英雄：《中西比較文學論集》(台北：時報文化出版事業公司，1980 年 3 月)。

6. Gifford，Henry 著，李有成譯：《比較文學》(台北：成文出版社，1990 年 4 月)。

7. 張隆溪選編：《比較文學譯文集》(北京：北京大學出版社，1982 年 6 月)。

8. 王潤華編譯：《比較文學理論集》(台北：國家出版社，1983 年 7 月)。

9. 陳鵬翔編：《主題學研究論文集》(台北：東大圖書出版公司，1983 年 11 月)。

10. 張隆溪，溫儒敏編：《比較文學論文集》（北京：北京大學出版社，1984年5月）。

11. 李達三（Deeney，John J.）：《比較文學研究之新方向》（台北：聯經出版事業公司，1986年4月）。

12. 盧康華，孫景堯：《比較文學導論》（台北：蒲公英出版社，1986年9月）。

13. 鄭樹森：《文學理論與比較文學》（台北：時報文化出版事業公司，1986年10月）。

14. 劉獻彪：《比較文學及其在中國的興起》（南寧：廣西人民出版社，1986年11月）。

15. 北京大學比較文學研究所編：《中國比較文學年鑑 1986》（北京：北京大學出版社，1987年6月）。

16. 干永昌，廖鴻鈞，倪蕊琴等人譯：《比較文學研究譯文集》（上海：上海譯文出版社，1987年7月）。

17. 樂黛雲：《比較文學與中國現代文學》（北京：北京大學出版社，1987年8月）。

18. Fokkema, D., Ibsch, E.著，袁鶴翔等人譯：《二十世紀文學理論》（香港：中文大學出版社，1988年）。

19. Hoy，D.C.：《批評的循環》（台北：南方叢書出版社，1988年8月）。

20. 樂黛雲：《比較文學原理》（香港：中華書局，1989年2月）。

21. 北京大學比較文學研究所編：《中國比較文學研究資料 1919～1949》（北京：北京大學出版社，1989年3月）。

22. Brunel, P.著，葛雷，張連奎譯：《什麼是比較文學》（北京：北京大學出版社，1989年7月）。

23. 周英雄：《比較文學與小說詮釋》（北京：北京大學出版社，1990年3月）。

24. 智量編：《比較文學三百篇》（上海：上海文藝出版社，1990年5月

25. 李達三，劉介民主編：《中外比較文學研究》上下（台北：台灣學生出版社，1990年9月）。

26. Barthes, R.著，李幼蒸譯：《寫作的零度》（台北：時報出版事業公司，1991年2月）。

27. 曹順慶：《比較文學史》（成都：四川人民出版社，1991年5月）。

28. 李奭學：《中西文學因緣》（台北：聯經出版事業公司，1991年6月）。

29. 黃慧玉，王道南譯：《何謂比較文學》（上海：上海社會科學院出版社，1991年5月）。

30. 季羨林：《比較文學與民間文學》（北京：北京大學出版社，1991年7月）。

31. 張雙英，黃景進：《當代文學理論》（台北：合森文化事業公司，1991年9

月）。

32. 亞里士多德著，羅念生譯：《修辭學》（北京：商務印書館，1991 年 10 月）。

33. Hirsch, E. D.著，王才勇譯：《解釋的有效性》（北京：三聯書店，1991 年 12 月）。

34. Bernstein, Richard J.著，郭小平等人譯：《超越客觀主義與相對主義》（北京：光明日報出版社，1992 年 2 月）。

35. Eagleton, Terry 著，吳新發譯：《文學理論導讀》（台北：書林出版公司，1993 年 4 月）。

36. 劉介民：《比較文學方法論》（天津：天津人民出版社，1993 年 7 月）。

37. 范伯群，朱棟霖：《1898～1949 中外文學比較史》（南京：江蘇教育出版社，1993 年 9 月）。

38. Jameson, F.著，張京媛譯：《馬克思主義——後冷戰時代的思索》（香港：，1994 年）。

39. Palmer, Richard E.著，嚴平譯：《詮釋學》（台北：桂冠圖書公司，1995 年 4 月）。

40. 王寧：《比較文學與中國文學闡釋》（台北：淑馨出版社，1996 年 2 月）。

41. 亞里士多德著，陳中梅譯：《詩學》（北京：商務印書館，1996 年 7 月）。

42. Payne, Michael 著，李奭學譯：《閱讀理論》（台北：書林出版公司，1996 年 9 月）。

43. 徐志嘯：《中國比較文學簡史》（漢口：湖北教育出版社，1996 年 12 月）。

44. Hawkes, T.著，瞿鐵鵬譯：《結構主義和符號學》（上海：上海譯文出版社，1997 年 2 月）。

45. Eco, Umberto 著，王宇根譯：《詮釋與過度詮釋》（北京：三聯書店，1997 年 4 月）。

46. Richard, I. A.著，楊自伍譯：《文學批評的原理》（南昌：百花洲文藝出版社，1997 年 12 月）。

47. 黃維樑，曹順慶：《中國比較文學學科理論的懇拓》（北京：北京大學出版社，1998 年 4 月）。

48. Tracy, O.著，馮川譯：《詮釋學宗教希望》（上海：上海三聯書店，1998 年 5 月）。

49. 樂黛雲，陳躍紅，王寧根，張輝：《比較文學原理新編》（北京：北京大學出版社，1998 年 8 月）。

50. Frye, Northrop 著，陳慧等人譯：《批評的剖析》（天津：百花文藝出版社，1998 年 11 月）。

51. 徐向揚：《中國比較文學源流》（鄭州：中州古籍出版社，1998 年 12 月）。

52. Jameson, Fredric 著，王逢振譯：《政治無意識》（北京：中國社會科學出版社，1999 年 8 月）。

（十）翻譯相關著作

1. 王佐良：《一個業餘翻譯者的回顧》（南京：江蘇人民出版社，1984 年 3 月）。

2. 羅新璋：《翻譯論集》（北京：商務印書館，1984 年 5 月）。

3. 《翻譯通訊》編輯部編：《翻譯研究論文集 1949〜1983》（北京：外語教學與研究出版社，1984 年 11 月）。

4. 王壽蘭編：《當代文學翻譯百家談》（北京：北京大學出版社，1989 年 5 月）。

5. 劉靖之編：《翻譯新論集》（台灣：台灣商務印書館，1993 年 4 月）。

6. 李家驥編：《林紓翻譯小説未刊九種》（福州：福建人民出版社，1994 年 1 月）。

7. 謝天振：《比較文學與翻譯研究》（台北：業強出版社，1994 年 7 月）。

8. 楊自儉，劉學雲編：《翻譯新論 1983〜1992》（漢口：湖北教育出版社，1994 年 7 月）。

9. 傅雷：《傅雷譯文集》（合肥：安徽文藝出版社，1994 年 12 月）。

10. 陳福康：《中國譯學理論史稿》（上海：上海外語教育出版社，1996 年 10 月）。

11. 王佐良：《翻譯：思考與試筆》（上海：上海外語教學與研究出版社，1997 年 7 月）。

12. 馬祖毅編：《漢籍外譯史》（漢口：湖北教育出版社，1997 年 10 月）。

13. 馬祖毅：《中國翻譯簡史——五四以前部份》（北京：中國對外翻譯出版社，1998 年 6 月）。

14. 許鈞編：《翻譯思考錄》（漢口：湖北教育出版社，1998 年 11 月）。

15. 謝天振：《譯介學》（上海：上海外語教育出版社，1999 年 2 月）。

16. 孔慧怡：《翻譯・文學・文化》（北京：北京大學出版社，1999 年 8 月）。

17. Snow，Edgar 著《西行漫記》，收入胡愈之譯：《胡愈之譯文集》（上海：譯林出版社，1999 年 8 月）。

18. 馬祖毅：《中國翻譯史》上（漢口：湖北教教育出版社，1999 年 9 月）。

19. 王宏志：《重釋信達雅——二十世紀中國翻譯研究》（上海：東方出版中心，1999 年 12 月）。

三、期刊論文

1. 陳衍：〈石遺室詩話續編〉（六）《青鶴》（第二卷，第十一期，1934 年 4 月 16 日），頁 1。

2. 錢鍾書：〈中國詩與中國畫〉（臺灣大學法學院演講稿），《自立晚報》（1948 年 4 月 14～16 日）。

3. 小川環樹：〈錢鍾書的《宋詩選注》〉，《中國文學報》（第 10 冊，1959 年），頁 160～165。

4. 鄺文海：〈憶錢鍾書〉，《傳記文學》（第 1 卷 1 期，1962 年 6 月），頁 21～22。

5. 楊樹勳：〈憶吳雨僧教授〉，《傳記文學》（第 1 卷 5 期，1962 年 10 月），頁 25～26。

6. 姚文元：〈評新編歷史劇《海瑞罷官》〉，《文匯報》（1965 年 11 月 10 日）。

7. 袁鶴翔：〈中西比較文學定義的探討〉，《中外文學》（第 4 卷 3 期，1975 年 8 月），頁 24～51。

8. 李達三：〈比較文學的基本觀念〉，《中外文學》（第 5 卷 2 期，1976 年 7 月），頁 62～79。

9. 麥炳坤：〈錢鍾書的生平和著述〉，《明報月刊》（第 11 卷 8 期，1976 年 8 月），頁 50～54。

10. 張漢良：〈比較文學研究的方向與範疇〉，《中外文學》（第 6 卷 10 期，1978 年 3 月），頁 94～112

11. 張靜二：〈研究比較文學的途徑〉，《中外文學》（第 6 卷 11 期，1978 年 4 月），頁 158～170。

12. 周振甫：〈錢鍾書所著《管錐編》簡介〉，《古籍整理出版情況簡報》（1979 年 2 月），頁 8～10。

13. 古添洪：〈中西比較文學：範疇、方法、精神的初探〉，《中外文學》（第 7 卷 11 期，1979 年 4 月），頁 74～94。

14. 秦賢次：〈錢鍾書這個人〉，《聯合報副刊》（1979 年 6 月 5 日）。

15. 莊因述，丘彥明記：〈錢鍾書印象〉，《聯合報副刊》（1979 年 6 月 5 日）。

16. 夏志清：〈重會錢鍾書記實〉，《中國時報——人間副刊》（1979 年 6 月 16 日）。

17. 水晶：〈侍錢拋書雜記——兩晤錢鍾書先生〉，《明報月刊》（第 14 卷 7 期，1979 年 7 月），頁 35～41。

18. 方丹：〈我所認識的錢鍾書〉，《明報月刊》（第 14 卷 8 期，1979 年 8 月），頁 42～44。

19. 馬蓉：〈初讀《管錐編》〉，《讀書》（第 3 期，1980 年），頁 39～44。

20. 黃維樑：〈與錢鍾書論比喻——《管錐編》管窺〉，《明報月刊》（第 4 期，1980 年），頁 58～65。

21. 夏志清：〈曹禺訪哥大紀實〉，《明報月刊》（1980 年 5 月 12～15 日）。

22. 趙毅衡：〈《管錐編》中的比較文學平行研究〉，《讀書》（第 2 期，1981 年），頁 41～47。

23. 孔芳卿：〈錢鍾書京都座談記〉，《明報月刊》（第 16 卷 1 期，1981 年 1 月），頁 98～100。

24. 張隆溪：〈錢鍾書談比較文學與文學比較〉，《讀書》（第 10 期，1981 年），頁 132～138。

25. 鄭樹森：〈文學理論與比較文學〉，《中外文學》（第 11 卷 1 期，1982 年 6 月），頁 112～136。

26. 彥火：〈錢鍾書訪問記〉，《明報》（1982 年 6 月 24 日）。

27. 鄭朝宗：〈但開風氣不爲師〉，《《管錐編》研究論文集》（福州：福建人民出版社，1984 年 4 月），頁 1～8。

28. 鄭朝宗：〈研究古代文藝批評方法論上的一種範例——讀《管錐編》與《舊文四篇》〉，《《管錐編》研究論文集》（福州：福建人民出版社，1984 年 4 月），頁 9～29。

29. 陳子謙：〈錢鍾書文藝批評中的「一與不一」的矛盾法則〉，《《管錐編》研究論文集》（福州：福建人民出版社，1984 年 4 月），頁 211～243。

30. 何開四：〈錢鍾書美學思想的歷史演進〉，《《管錐編》研究論文集》（福州：福建人民出版社，1984 年 4 月），頁 30～163。

31. 項楚：〈讀《管錐編》札記〉，《中華文史論叢》（第 2 期，1985 年），頁 56。

32. 蘇其康：〈中西比較文學的內省〉，《中外文學》（第 13 卷 8 期，1985 年 1 月），頁 4～27。

33. 吳忠匡：〈記錢鍾書先生〉，《隨筆》（第 4 期，1988 年），頁 195～199。

34. 臧克和：〈《管錐編》訓詁思想初探〉，《華東師範大學學報》（第 3 期，1989 年），頁 61～69。

35. 陳子善：〈錢鍾書佚文繫年 1930～1948〉，《聯合文學》（第 5 卷 6 期，1989 年 4 月），頁 185～188。

36. 黃慶萱：〈從《易》一名三義說到模稜語——《管錐編》讀後〉，《聯合文學》（第 5 卷 6 期，1989 年 4 月），頁 145～149。

37. 黃國彬：〈在七度空間逍遙——錢鍾書談藝〉，《聯合文學》（第 5 卷 6 期，1989 年 4 月），頁 137～144。

38. 錢鍾書：〈《圍城》日譯本序〉，《讀書》（第 2 期，1990 年），頁 97～98。

39. 王水照：〈〈對話〉之餘思〉，《隨筆》（第 2 期，1990 年），頁 7〜21。

40. 楊絳：〈車過古戰場──追憶與錢穆先生赴京〉，《聯合報副刊》（1990 年 9 月 18 日）。

41. 莫妮卡：〈《管錐編》：一座中國式的魔鏡〉，《錢鍾書研究》（北京：文化藝術出版社，第 2 輯，1990 年 11 月），頁 91〜104。

42. 莫妮卡：〈中西靈犀一點通──錢鍾書《管錐編》的管窺〉，《錢鍾書研究》（北京：文化藝術出版社，第 2 輯，1990 年 11 月），頁 105〜120。

43. 何開四：〈錢鍾書詩畫論〉，《錢鍾書研究》（北京：文化藝術出版社，第 2 輯，1990 年 11 月），頁 9〜21。

44. 宋秀麗：〈《管錐編》的訓詁理論與實踐〉，《貴州大學學報》（第 4 期，1991 年），頁 35〜40。

45. 張隆溪：《游刃於語言遊戲中的錢鍾書》《當代》（第 10 期，1991 年），頁 112〜121。

46. 林耀椿：〈窺探錢學的堂奧〉，《國文天地》（第 7 卷 6 期，1991 年 11 月），頁 51〜60。

47. 陸文虎：〈《管錐編》與比較文學〉《圍城內外──錢鍾書的文學世界》（北京：解放軍文藝出版社，1992 年 4 月），頁 56〜75。

48. 胡範鑄：〈闡釋的虛靜與視界的溶化──錢鍾書評鑑與闡釋思想論析〉，《錢鍾書研究》（北京：文化藝術出版社，第 3 輯，1992 年 5 月），頁 167〜182。

49. 張隆溪：〈自成一家風骨〉，《讀書》（第 10 期，1992 年），頁 89〜96。

50. 林耀椿：〈錢鍾書研究的里程碑〉，《國文天地》（第 9 卷 1 期，1993 年 6 月），頁 124〜129。

51. 林耀椿：〈從錢鍾書退的人生觀看錢學的發展〉，《國文天地》（第 9 卷 2 期，1993 年 7 月），頁 98〜100。

52. 宋秀麗：〈《管錐編》對傳統訓詁批評的獨特視角〉，《貴州大學學報》（第 2 期，1994 年），頁 35〜40。

53. 白克明：〈評論錢鍾書六十年〉，《貴州大學學報》（第 4 期，1994 年），頁 25〜31。

54. 林耀椿：〈錢鍾書在臺灣〉，《中國文哲研究通訊》（第 5 卷 4 期，1995 年 12 月），頁 33〜43。

55. 張健：〈三閭大學絕對不是影射西南聯大〉，《聯合副刊》（1997 年 4 月 11 日）。

56. 林耀椿：〈錢鍾書研究書目〉（上），《中國文哲研究通訊》（第 7 卷 1 期，1997 年 3 月），頁 21〜108。

57. 林耀椿：〈錢鍾書研究書目〉（下），《中國文哲研究通訊》（第 7 卷 2 期，

1997 年 6 月），頁 41～95。

58. 劉再復：〈學者、蒼蠅、臭肉〉，《中國時報‧人間副刊》（1997 年 10 月 24日），27 版。

59. 趙制陽：〈談錢鍾書先生《毛詩正義》〉，《孔孟月刊》（第 36 卷 3 期，1997年 11 月），頁 1～4。

60. 楊絳：〈吳宓先生與錢鍾書〉，《當代》（第 36 期，1998 年 12 月），頁 78～82。

61. 范旭侖、李洪巖：〈楊絳〈吳宓先生與錢鍾書〉證僞〉，《當代》（第 36 期，1998 年 12 月），頁 66～77。

62. 黃維樑：〈錢鍾書的成就〉，《羊城晚報》（1998 年 12 月 24 日）。

63. 余英時：〈我所認識的錢鍾書先生〉，《中國時報》（1998 年 12 月 24 日）第 14 版。

64. 王水照：〈記憶的碎片——緬懷錢鍾書先生〉，《文匯讀書周報》（1999 年 1月 2 日）。

65. 沙予（許德政）：〈忍淚送別錢鍾書先生〉，《東華時報》（澳洲雪梨）（1999年 1 月 4 日）。

66. 黎活仁：〈懷念錢鍾書先生〉，《聯合報副刊》（1999 年 1 月 7 日）

67. 李愼之：〈千秋萬歲名，寂寞身後事——送別錢鍾書先生〉，《東華時報》（澳州雪梨）（1999 年 1 月 28 日）。

68. 夏志清：〈錢氏未完稿《百合心》遺落何方？——錢鍾書先生的著作及遺稿〉，《明報月刊》（1999 年 2 月），頁 25～28。

69. 黃維樑：〈拜訪錢鍾書記〉，《新亞生活》（1999 年 3 月），頁 10～13。

70. 敏澤：〈論錢學的基本精神與歷史貢獻〉，《文學評論》（第 3 期，1999 年），頁 43～59。

71. 林耀椿：〈錢學研究評介與展望〉，《國際漢學論叢》（台北：樂學書局，第1 輯，1999 年 7 月），頁 187～222。

72. 滕興傑：〈皓潔坦然，無愧無憾——感念慈幼先進毛彥文教授〉，《聯合副刊》（1999 年 12 月 4 日）。

73. 蕭鳳：〈林非被打眞相〉，《魯迅研究月刊》（第 12 期，1999 年），頁 70～73。

74. 季進：〈論錢鍾書著作的語言空間〉，《文學評論》（第 2 期，2000 年），頁112～123。

75. 敏澤：〈錢鍾書先生談意象〉，《文學遺產》（第 2 期，2000 年），頁 1～15。

76. 童元方：〈初戀——費孝通和楊季康與錢鍾書〉，《聯合報副刊》（2000 年 3月 30 日）第 37 版。

77. 汪榮祖：〈章氏六經皆史說再議〉（中央研究院第三屆國際漢學會議歷史組：思想與社會論文，未出版）

78. 賈植芳：〈紀念我的兩位不幸的朋友——林同濟和楊必之死〉，《開放雜誌》（2000 年 7 月），頁 96～98。

79. 林非：〈駁方丹先生的謠言〉，《明報月刊》（第 8 期，2000 年 8 月），頁 90～91。

80. 蕭爲：〈錢濮公案〉，《明報月刊》（第 8 期，2000 年 8 月），頁 85～90。

81. 劉曉波：〈錢鍾書和他的學問〉，《開放雜誌》（2000 年 8 月），頁 90～93。

82. 芮效衛（Roy，David T.）著，潘銘燊譯：〈一九七八年的錢鍾書〉，《明報月刊》（2000 年 11 月），頁 104～107。

83. 沈衛威：〈我到台北找海倫〉，《中國時報·生活書摘》（2000 年 11 月 12 日）。

後　記

　　這篇論文的論題是談錢鍾書先生的學術思想，說來有點自不量力，從選題到完成是經過許多艱辛之路，有許多基本功夫是撰寫學術論文必須經過的磨練。對於每一課題的研究，首先必須要對該論題研究情況的掌握，這樣才能窺探目前該課題研究領域的全豹。我在林慶彰老師的指導下完成〈錢鍾書研究書目（1913〜1995）〉，這對於「錢學」研究當時的情況就有了一個梗概。「錢學」是一個專題研究，說來會讓人執疑，說它是「顯學」更讓人側目。在中國現代文學研究當中，有張愛玲研究亦被冠「張學」，說深入一點連魯迅、周作人、巴金……等人，都可發展一套學術課題。我執著這個課題，想在這篇後記來說明，讓我這個「初生之犢，不畏虎」的後生晚輩，對於執著學術研究的一點回憶。

　　學術研究這條大道，我仍懷著日日求精進的精神，戮力向上。自從我求學以來，都懷著熱切的態度，當我在專科求學階段時，受經濟學課程的薰陶，從基本的個體經濟學到體系龐大的總體經濟學，每一個課題都有廣泛的了解。臺灣銀行的「經濟學譯叢」是當時接觸面最大的一套書，儘管中譯的數百部譯著，不是那麼受讀者認同（翻譯問題），但至少給予想研讀經濟學著作者，提供一個參考方向。北京商務印書館也出版一套「漢譯名著」經濟學類，更提供一系列相關名著，讓讀者有更多的參考資料。這門學問是深邃有趣的學問，由這門學問導引我進入哲學領域的天地。

　　哲學這古老學問，探索人類宇宙的深層內涵，從宇宙論、知識論、形上學到倫理學、美學等，每一道學問都是人類思惟的精髓，人們跟隨這些龐大精深的知識，創造出無數的智慧，這些知識讓人類在這浩大宇宙裡，能更深

化及精進，讓心靈更為昇華。無論是知識之追求及理性思考或是美學的陶冶，這麼龐大的知識體系讓追求學問者目不暇給。

自從接觸錢鍾書先生著作，那是上世紀末，當海峽兩岸可互相往來時，學術著作亦逐漸開放。談起這段學術交流過程，令人記憶尤新。尤其簡體字允許閱讀，在戒嚴時代，對於閱讀大陸著作是犯法，因此，在許多專業圖書館都能在每一本大陸著作見到「限閱圖書」的戳章，這是那時代的環境背景，所產生的限制規定。有些著作根本沒有意識形態上的問題，也都限制閱讀。因此，翻印大陸著作的書商，就更改裡面的內容及作者的姓名，所以市面上常常出現更改著者的書籍，這些都是司空見慣的事。我在大學修讀「馬克思主義思想批判」的課程，鄺芷人老師帶來了德文本的《資本論》，讓大家見識，可是沒有人能懂德文，遑論裡面的內容。事實上，等到《資本論》在時報出版社正式印出，真正會去買來閱讀的人，相信不會很多，等大陸書允許進口，整套的《馬克思恩格斯全集》、《列寧全集》陳現在書局時，想要去購買者也寥寥無幾了。這時候錢先生的《圍城》、《談藝錄》、《管錐編》在市坊間都出現了盜印本。我專心閱讀這些著作，對於錢先生的學海，佩服至極。由於臺灣解嚴剛開始，兩岸人民書信往來是透過香港，再到大陸。我對於這位學者便想與他寫信。1989 年三月間我寫了信，可是這一年發生了「天安門事件」，當時並沒有想到事情會如此嚴重，信是寄到北京市中國社會科學院文學研究所，信如石沉大海。隔了幾個月的中秋節我又去信，這次錢先生回信了，這是錢先生之親筆，是用毛筆書寫的八行書式的信，字體俊秀，溫潤可親，令人捧讀再三。隔年正逢錢先生八十壽辰，為了表達對他的崇敬，又與先生寫了一封信，他老人家竟然又回了親筆信。至今我仍然不解錢先生為何會與這個遠在千里，同時並非學術圈的人回了信。他在百忙中，假若全中國對他仰慕者都寫信與他，他又如何處理呢？或許錢先生想給這個遠在對岸的學子一個鼓勵吧！給先生寫信是表達一個讀者讀了他的著作後，產生了仰慕及敬佩的心理，此外就是對於「文化中國」懷抱著熱切的信念，當時傅偉勳先生、杜維明先生等人對於「文化中國」的推闡及鼓吹，我這個剛出校門口的學子，對於「文化中國」追求的契盼及信念。由於兩岸分隔了四十幾年，解嚴對於兩岸文化交流開啓了無限的契機，這一年的八九「天安門」事件，對於中國是一個難以抹去的陰影，不過仍有無數的知識份子對於中國的體制改革，抱有無限的希望。錢先生回信是八九「天安門事件」後的中秋節過後，我在書

本上看過錢先生伉儷合照相片是這年八月拍的（見何暉、方天星編《一寸千思—憶錢鍾書先生》，遼海出版社，1999）。隔年 1990 年，我因緣際會到南港中央研究院中國文哲研究所服務。這年七月我辭去穩定的工作隻身北上應徵文哲所的技工的工作，那時是吳宏一老師籌備這個受矚目的研究所，我與吳老師不認識，他們原本已找到技工職務的人，但該員卻臨時不能來，於是他們又從應徵人員徵選我，因技工的工作就是送公文及打掃等工作，對於我來說心理上都是可以接受的。不過吳老師惠函要我北上先去看看環境再說。或許我那篇對於「文化中國」的鬯述履歷及對工作熱切的盼望，是他們選我的原因。中央研究院是每個想從事學術研究者的聖地，這一年我很榮幸參與這個研究所的工作，雖然我只是一個行政人員，但我踽踽步行在這條大道上。每兩年的院士選舉會議，剛好七月舉行，也排各院士參觀各研究所，我見到了許倬雲先生、何炳棣先生及丁邦新先生等人，吳老師與各院士說明籌備的情形。這研究所籌備處所在地蔡元培館，過去正是中央研究院院士會議開會的場所，亦是民國五十一年胡適之先生主持院士會議，因心臟病病發，倒下過世的地方。我在這個研究所見識了來自全世界的漢學家他們的宏識器度，大都是文史哲學界的學者，在服務期間，與他們接觸過、交談過，請教過，這些學人絕大多數都是第一次見到的。這也是我生命中最為有活力的時期，我因工作環境的方便努力的收輯我想研究錢鍾書的相關資料，「錢學」涉及了文學、哲學、史學、社會科學等領域的學問、尤其是「比較文學」的課題，雖然錢先生不認為他的學問是「比較文學」，可是它卻是研究「錢學」不能避開的研究題目。自從《錢鍾書手稿集——容安館札記》及《錢鍾書手稿集——中文本》出版之後，對於中外文交錯並且細如毛的筆記文本，顯現作者睿智及博學，我們不能不俯首佩服這位學者的學海，及他對於學術的嚴謹的態度。

　　我在南港服務期間計有十六載，是人生中最為快樂的一段時間。文哲所大樓從打地基樁到美輪美奐的雄偉大樓，我們都是實際參與監工工作，此大樓計分研究大樓及圖書館兩部份，是經過多少艱難的過程，參與的同仁都如此感慨，同時也感榮幸能為這研究所蓋這麼一座獨自大樓，文哲所大樓建蓋之後，中央研究院各研究所就未曾有獨自的研究大樓，因為區域空間太少了。每當夜闌人靜青燈下研讀書籍時，總是無奈及悲悵，思索這一趟路走來又與無數學人的交往，從他們的學術研究領域中，學到了方法與態度。文哲所是

在 1988 年經過中央研究院第 18 次院士會議上決定設立的研究所，過去中央研究院未成立文學研究所及哲學研究所，這是學界所契盼的研究所，終於有眉目了。回首過去中央研究院的蔡元培、胡適之、郭沫若、陳垣……等人都是與文哲有關係的學者，可是有些學人如張君勱、唐君毅、牟宗三等人都是哲學研究者與中研院搭不上關係，故令這些哲學研究者對於這個研究所的盼望。這個研究所屈指算來也近二十五年了，延攬的人才都是學界的精英，它擁有最好的學術資源及研究環境，我這個圖書館員的工作是收集圖書，初辦時林慶彰老師付出無數的心力，對於中國文史哲圖書的收輯，我們這些年輕人隨他利用閒空時間四處搜集圖書，記憶尤新如國際學舍的舊書坊，即現在的大安公園，或是光華商場，當時爲這個圖書館收入《民主評論》、《文星》、《人生》、《自由中國》等都是重要的學術刊物，當時大陸圖書剛開放，經過各種管道買進《文物》、《考古》、《文學評論》、《讀書》等刊物，又有一次有人想將楊樹達先生的一些文獻勻給文哲所看有無收藏的意願？最後不了了之。除了透過香港、日本、大陸等地收購外，有時研究人員到國外也會爲這個圖書館留意重要的書籍，並推薦購置。此外有許多捐贈的圖書，首先是霧峰林家，這是林攀龍先生在海外留學的藏書，透過秦賢次先生的介紹，從霧峰載回南港，放在空間狹小的蔡元培館，當時吳宏一老師便要我鈔寫書目，其中有不少是林獻堂先生的線裝書，書上有蓋他的藏書印。又如秦賢次先生將他畢生心力收藏的中國現當代文學書籍，悉數捐給文哲所，我與同事無數次到他家搬運圖書，每次去總是堆積如山，也不知道他的圖書又從何處搬回住處。這些珍籍現已是無價之寶，文哲所也爲他這批捐書出版了《秦賢次先生贈書目錄》，又如楊家駱先生、洪陸東先生、周錦先生、梅貽寶先生及陳榮捷等學人，都將藏書捐給文哲所圖書館，值得一提是吳大猷院長還同意將總辦事處大樓一樓的大空間讓給文哲所暫存圖書，可見當時吳院長對於文哲所的重視及支持。

　　文哲所時常邀請各國的學者來所訪問，這些訪問學者發表自己的學術專業，都展現了最新的研究成果，給於後學許多借鑑之處，彼此的交流，對於問題徵結及疑問都能互相討論。這亦是我在每場演講及討論會中吸取眾人的經驗與方法，在學習上有莫大的幫助。更有學人樂與提供資料，如王靖獻老師第一次訪問文哲所，我與他提及陳世驤先生的陸機〈文賦〉英譯，王老師回美之後，不久便惠寄了他老師的英譯本，他說這是僅存的陳世驤先生英譯

本複印本，我相當感謝王老師的厚意。從這些人的接觸及請益，得到無數的教導及經驗的吸收。又如李澤厚先生，這位被稱為上世紀八十年代之「四大導師」（方勵之、李澤厚、溫元凱、金觀濤），他是應文哲所的邀請來做半年的訪問，他的研究室是在三樓靠山邊，窗外青山綠林，一片綠意盎然。他有時會來圖書館找我，主要想找書或買書，有次想買丸山真男的《日本政治思想史研究》臺灣商務印書館出版，徐白及包滄瀾譯本，當時三聯出版社的王中江譯本還未出版，所惜當時臺灣商務印書館的譯本已售罄。當時李先生正研究中日文化比較研究，他在文哲所的專題報告是〈中日文化心理比較試略論稿〉，這一天會議室座無虛席，旁又加椅子，擠的滿滿的聽眾，當時陸鏗先生正在研究院寫他的回憶錄，他也來旁聽。李先生蓬鬆的頭髮及睿智的眼神，對於這位學人我們都是他的仰慕者，無不佩服他的見解。我之所以提起李先生，主要他的個性不太與人往來，或許他無空餘時間與人做無謂的交談及閒聊，有一次我與李先生請教，西洋哲學著作中，那一本最為重要，他想想說出黑格爾《小邏輯》，又說可讀賀麟的譯本，他又說如果念不懂隨時可到他的研究室問他，這對我來說是受鼓勵的。這半年中與李先生互動的機會相當多，直到他離開文哲所那天他仍要我陪他到機場，或許他認為途中若有狀況，應有人來解決。李先生對我的激勵是很大的，因為在錢鍾書《管錐編》對於黑格爾的「奧伏赫變」（Aufheben）概念與在老子思想的論述是相當精彩的，這是我當時沉浸在「錢學」研究中一次激盪。選定了「錢學」研究，另一層原因是我長期對中國現代學術發展有很大的興趣，民國以來，中國內部經過無數的折騰與洗煉，文人對於政府的期望及挑戰，這些過往無論是文學、思想、或是社會科學都有無數的演變，錢先生出生於 1911 年，看盡了民國事及自己也親身經驗了。對於《管錐編》凡是讀過的人都會佩服錢先生對於中國典籍的熟稔及對西方典籍的深度，在一個議題上都能分析出東西方對於這個問題的看法及見解，更妙的是他對於一個議題都能探索出最早提出的人或是最早出現文獻出處，清人魏祝亭《壹是紀始》一書便是探索這樣的議題，明示出一個事務最早出現的地方。目前我們看到的《錢鍾書手稿集》或是《錢鍾書手稿集中文本》都是密密碼碼的筆記文本，其中最為可惜是文化大革命時將筆記上的日記紀錄全都剪掉，這是相當可惜的事。此外另有外文筆記待出版。這全都是楊季康先生在百歲之齡，仍為錢先生出版這麼珍貴的筆記，以讓世人見識錢先生對於學術的用功及嚴謹態度，也讓世人見到錢先生學海的背後

是如此的勤快。當年我考證錢先生在 1948 年 4 月來臺灣演講（演講稿〈中國詩與中國畫〉另見附錄）的事蹟，寫出〈錢鍾書在臺灣〉（另見附錄），我曾寄給楊季康先生斧正，由於錢先生當時臥病在床，楊先生也將此事轉告了錢先生，當時錢先生的女兒錢媛也患病，故楊先生請了欒貴明先生回了我一信（如附錄），從信中可以看出錢先生應知道此事。在 1946～1949 年國民黨在抗戰勝利之後，及國共內戰當時學人雅士來臺灣，如巴金、豐子愷、歐陽予倩等人來臺，對於兩岸文人往來及互動的研究上，我認爲是很重要的。莊因在《飄流的歲月──故宮國寶南遷及我的成長栖遲天涯》一書述及鄭振鐸在那次錢先生來臺訪問團中，他也來臺，事實上，鄭振鐸並沒有來，是王振鐸。在此要另說明的事，我長期對於故宮博物院的關注，尤其是來臺的過程及在霧峰北溝的事蹟，莊因先生爲莊慕陵先生的公子又是史語所莊申慶先生的胞弟，莊門四公子，個個都是成就非凡，有一年莊因先生來文哲所演講，眾人知道他善揮毫，故那天我準備了宣紙又裁成對聯，莊先生對於當日眾人的要求都有求必應，他與臺靜農先生的豪氣是一樣的，不知寫了多少字，近黃昏眾人還懇請他下筆，當日大概我收穫最大，我請先生寫了魯迅的「橫眉冷對千夫指，俯首甘爲孺子牛」的對聯，我對於周先生這聯句是感慨良多。所惜當日我未提出當年錢先生在史丹佛大學演講中與馮芝生先生的公案，再與莊因先生請教。不過莊先生在《飄流的歲月》（百花文藝出版社，2012，頁 116～127）一書中已說明了原委。

　　這篇後記略述過去在學術天地中的點滴，同時受多位學人的薰陶，我對於「錢學」是全面性的觀察，並非只是專業性議題。若深入每個議題都能發展出龐大的體系，有人批評錢先生的學問無體系，只是筆記式的發論，事實上，錢先生的論題都可發展一篇一篇的論述，近讀到余英時先生與陳致的訪談錄，提及「他贈我《管錐編》時說是上承王應麟《困學紀聞》和顧亭林《日知錄》，這是老實話。」（《余英時訪談錄》中華書局，2012，頁 37），又及提一個概念「散錢無串」，余先生認爲與其勉強錢串起來，也是無益的，我以爲錢先生的筆記式論題，不如讓它一筆一筆散落滿地，讓需要者一筆一筆拾起，去加以應用。其實錢先生的每一段都可以發揮成一篇論文，同時中西互爲打通，所惜他沒有更多時間。從後來出版的《錢鍾書手稿集──容安館札記》或《錢鍾書手稿集中文本》更可探賾索隱。

　　這篇論文要感謝林慶彰老師在百忙中，爲我修改，並提供許多意見加以

修正，使論文錯誤降低。同時感謝我在暨南國際大學中文系教導我的老師及
南港文哲所所有的老師們對我的厚愛。其次我要感謝柳存仁先生（1917～
2009），他老人家為我看了全篇論文，並在每一處提出可疑之處，需要修改或
要提出證據，或是錯字都一一提出，這是老輩學人對於學術的嚴謹態度及對
後輩的提攜關照。論文是在口試後，才寄陳一本讓柳先生過目，我想不到他
老人家竟然一字不漏，從頭到尾看了一遍，我知道他甚忙，時時有學術機構
請他看審查文件或是受邀請去參加學術會議，故不敢在口試前與他過目，但
他仍然辛苦的為我修改全篇論文，真令我銘感於心。從他在我論文批注上，
我擇出一處，見識這位長者的學養，如有關錢先生代基博先生為錢賓四先生
《國學概論》寫序，柳先生註說：「鍾書抓刀，多在一些應酬性文字，此恐怕
只指《國學概論》之序，弟早覺得如此，曾質之鍾書先生，果然。但錢子泉
先生（基博），許多別的著作，例如《文學史》、《板本通義》，……甚至《技
擊餘聞補》皆非鍾書代筆。錢子泉先生且喜談孫子兵法，也有著作。」這一
段可知柳先生與錢先生是很熟的朋友，同時對民國文人的著作，亦相當稔熟。
近來我便買得子泉先生《孫子章句訓義》重新出版的著作。（華東師範大學出
版社，2012），拜讀之餘，令人讚佩，老輩文人對當時歐洲戰事的關心及觀察
入微。我與柳先生自 1991 年認識以來，我們成為忘年之交，至 2009 年他過
世，十八年中，柳先生對我的鼓勵及厚愛，永生難忘，他給我的三百多封信，
見到他對於學術的執著及對學術的努力，及對後生晚輩的鼓勵，我陸續將這
些信鈔錄，由於柳先生的字甚小，不常見他文字者，一時很難通讀全信。我
花了許多心力鈔錄信件，有時一封將花盡了二個小時，往往為了判識一個字
便會花了數十分鐘。柳先生與錢先生也時常通信，故他會告訴我有關錢先生
的訊息，有一年他將季康先生寄的聖誕卡轉送給我，做為紀念。另一個感謝
的是王叔岷老師（1914～2008），他知道我對於學問的追求的熱衷，每每鼓勵，
有時到傅斯年圖書館他的研究室，他總是會說，想看什麼書就帶回去，王老
師在史語所不得志，他是傅孟真先生的學生，受傅先生的賞識，所內的人便
產生嫉妒，王老師不求名也不求利，有無數次在他研究室提及一些人對於他
的排擠，故他有一段時間到新加坡教書，這都是文人相輕的毛病。這兩位老
輩學人，他們的學養均受到學界的推崇，我能與他們親近往來，也是我在學
術這一條路上踽踽之行，最大的支撐力。我是在 2007 年離開南港返鄉下服務
的，李奭學老師說你離開之後，鄉下相信無人與你對話了（即對學術問題的

討論），爲我擔心。李老師亦時常惠寄新出版的著作與我，並邀我參加他主持的《古新聖經》計劃點校工作，這些都銘感於心。柳先生在我返鄉之後，仍時時來信，並請我查資料，我利用母校東海大學圖書館，由於離家只有十五分鐘的車程，柳先生這段時間仍努力撰寫曾在香港新亞研究所錢賓四先生講座，講的題目〈丘處機傳〉，將寫成一本書，他要我查書的資料及影印，正是爲〈丘處機傳〉一書而準備，所惜在他過世時，仍然未完成，這是令人惋惜的。

這篇論文已是覆甕之物，承林慶彰老師的推薦甚爲感謝。由於時間及工作的關係，實無時間再去修改原論文，只將一些「錢學」相關文獻及論文附錄於後，以補文獻上的不足。附上的是錢先生 1948 年四月在臺大的演講詞〈中國詩與中國畫〉，當日演講主持人是臺大的法學院院長劉鴻漸，渠名字正是錢先生的《圍城》主角方鴻漸，眞是巧合。此篇演講詞，范旭侖先生曾在《錢鍾書評論》卷一，收入拙文，並將它一道刊出（社會科學文獻出版社，1996年）。其二是錢先生代渠父親錢基博捉刀的序文，是爲錢賓四先生的《國學概論》寫序文。這篇序文在後來台灣商務印書館的《國學概論》的書上都不見或是聯經版《錢賓四先生全集》也未見，我使用的是 1933 年上海商務印書館的版本。這篇序文彌足珍貴，錢先生與黎活仁信上說「商務印書館出版的《國學概論》或《清儒學術思想》之類一書，有先君所作之序，實爲弟費半日之力之代筆，中引少陵『吾宗老孫子』之句，天壤間當有尚存之書，可以覆檢」（黎活仁〈懷念錢鍾書先生〉《聯合副刊》1999 年 1 月 7 日），可見錢先生爲渠父代筆捉刀，此序文可爲證。余英時先生在陳致訪談錄也提及此事，（《余英時訪談錄》頁 152～153）余先生說「此事至今尚未受人注意」，這也不是事實，我在此論文第二章便提及，又在拙著《錢鍾書與書的世界》一書第 70 頁都提到這事件，這也是我爲什麼將此序文補附錄之原因，這裡對賓四先生沒有貶之意，對默存先生也沒仰之舉，只是保存文獻的用意而已，余先生提及賓四先生對於錢氏父子有不平衡之理，這也是人之常情。

中國文化的多面向，在「錢學」可以見到，凡是想窺探中國文化的深奧，西方文化的交融，在「錢學」上是一個很重要的途徑，這也是我多年以來想探究的原因。臺灣原本是中國文化最能發揮的地域，由於島內一些意識型態的關係，對於中國文化的闡釋及推展造成了打擊，這都是令人惋惜的。記得1987 年傅偉勳先生這年去佛光山訪問，後來到東海大學哲學系演講，之後我

陪他在校門口臺中港路等車回臺北，等車之際，談起他對於「文化中國」的看法及憂心，當時蘇曉康的《河殤》正熱烈討論，由黃河文化（保守）邁向海洋文化（自由），對於中國文化的積弊的討論，傅先生談起大陸知識份子對於中國文化的使命，由於文化大革命所造成的陰影，可是他們仍積極努力是有目共睹，傅先生勉勵這代年輕人對於中國文化的使命當肩負著責任，這些勉勵仍猶言在耳。幾年後傅先生也來文哲所訪問，那時他已生病，也經過多次化療，不久他便過世了，記得我與傅先生談起此往事，他似已忘，畢竟時間已經過了十幾年之久，可是他當時對於「文化中國」的談述，仍牢記於心。中國文化命脈不會隨政治的意識型態而有所改變，當人類經過時間長久的洗煉，中國文化也不會隨之而改變。當中國崛起時，「文化中國」的大方向不會隨兩岸政治因素而有所變更，我長期關注「文化中國」的發展，是生命的宿命，這也是我選擇「錢學」的主要原因。

林耀椿寫於龍井

2012.8.13